だれもが実践できる
ネットモラル・セキュリティ

堀田龍也・西田光昭 編著

三省堂

だれもが実践できる
ネットモラル・セキュリティ

堀田龍也・西田光昭 編著

三省堂

目次

だれもが実践できる ネットモラル・セキュリティ

第1章 巻頭対談 ……… 3
ネットモラル教育の過去・
現在そして未来。……… 4

第2章 実践事例 ……… 17
情報モラル指導の実際 ……… 18
事例アニメ教材
A：情報安全 ……… 26
B：責任ある情報発信 ……… 58
C：健全な情報社会の形成 ……… 90
解説アニメ教材 ……… 122
道徳用読み物 ……… 130
情報セキュリティ ……… 138

第3章 研修 ……… 147
校内研修 ……… 148
保護者 ……… 162
管理職 ……… 168
教育委員会 ……… 174
教員養成 ……… 178

第4章 新学習指導要領と情報モラル ……181

※実践事例で使用されている教材は，広島県教科用図書販売株式会社より発売中の『事例で学ぶNetモラル』『事例で学ぶe-セキュリティ』を使用しています。
　教材についてのお問い合わせは下記へどうぞ。

広島県教科用図書販売株式会社（通称：広教）

〒733-0032
広島県広島市西区東観音町15-12
電話　082-291-1088　FAX　082-291-1082

http://www.hirokyou.co.jp/
http://www.hirokyou.co.jp/netmoral/　（事例で学ぶNetモラル）
http://www.hirokyou.co.jp/e-security/　（事例で学ぶe-セキュリティ）

第 **1** 章

巻頭対談

　ネットモラル教育に関する書籍，『事例で学ぶ Net モラル〜教室で誰でもできる情報モラル教育〜』を出版したのが，2006 年。ネットモラル教育の必要性が説かれ始めた頃でした。

　それから 10 年以上の時が経ち，子供たちにとって，ネットはますます身近なものになってきました。今やネットモラル教育は実施して当然。中身の充実が求められる時代になっています。

　ネットモラル指導の必要性を認識している先生方は増えていますが，その指導内容や回数は充分と言えるでしょうか。また，これからはどういった指導が求められているのでしょうか。

　この章では，情報教育研究の第一人者である堀田龍也先生と，学校現場の第一線で情報モラル指導に取り組んでこられた西田光昭先生の対談を通して，ネットモラル教育の，過去，現在，そして未来について考えていきます。

ネットモラル教育の過去・現在そして未来。

－教材を有効活用して，子供たちがネットと
　上手に付き合う力を育みたい。－ ・・・・・・・・・・・・・・・・・・・・・・・・・・・**4**

ネットモラル教育の過去・現在そして未来。

－教材を有効活用して，子供たちがネットと上手に付き合う力を育みたい。－

子供たちにとってネットは，生活でも学習でも，ますます身近なものになっています。そんな今，ネットモラル教育はどうあるべきか。先生，学校，教育委員会，そして保護者は何をすべきか。長年に渡り，情報モラル教育そしてネットモラル教育の研究と実践を進め，『事例で学ぶ Net モラル』の開発に携わってきた，堀田龍也教授と西田光昭先生のお二人に，語っていただきました。

対談日：2017 年 9 月 8 日

1 ネットモラル教育は，この 12 年でどう変わったか

堀田：「情報モラル」という言葉には，とても広い意味が含まれています。新学習指導要領解説の総則編を見ると，情報モラルとは，『情報社会で適正な活動を行うための基になる考え方と態度』と定義されています[1]。その情報社会に不可欠となっているネットにおいて，正しく安全に行動し，ネットの利便性を享受できる考え方や態度を育むのが，「ネットモラル教育」です。今日はこのネットモラル教育について，その変遷や現状と課題，具体的な実践方法から，先生・学校・教育委員会・保護者がすべきことについて，幅広く西田先生と話していきたいと思います。

西田：よろしくお願いいたします。

堀田：私たちが最初のネットモラル教育に関する書籍，『事例で学ぶ Net モラル～教室で誰でもできる情報モラル教育～』を出版したのが，2006 年でした。ちょうどその頃は，ネットに起因する様々な事件が発生し，社会問題化していました。2004 年には，「佐世保小 6 女児同級生殺害事件」[2]が起きています。

子供たちの携帯電話所持率も，高まっていました。高校生の携帯所持率はもう 100% に近く，中学生でその半分，小学生がさらにその半分という時代でした。特に問題視されたのが，携帯電話で子供たちがどんなやりとりをしているのか，大人には見えづらい点です。保護者や先生が知らないうちに，子供たちは携帯電話で他者とつながり，様々な事件やトラブルが発生していました。ネットに起因する事件やトラブルから子供たちを至急守らなければらない，危険から身を守る方法を子

※1 新学習指導要領解説・総則編に書かれた「情報モラル」の定義
新学習指導要領解説・総則編には，情報モラルとは「具体的には，他者への影響を考え，人権，知的財産権など自他の権利を尊重し情報社会での行動に責任をもつことや，危険回避など情報を正しく安全に利用できること，コンピュータなどの情報機器の使用による健康とのかかわりを理解すること」と書かれている。
※2 佐世保小 6 女児同級生殺害事件
2004 年 6 月，佐世保市の市立小学校内で，当時小学 6 年生の女子児童が同級生の女児を切りつけ，死亡させた事件。加害児童と被害児童は，ネットの掲示板上でトラブルを起こしており，これが事件の一因になったといわれる。

ネットモラル教育の過去・現在そして未来。

東北大学大学院 情報科学研究科
堀田龍也 教授

柏市教育委員会 教育専門アドバイザー
前・柏市立柏第二小学校校長
西田光昭 先生

供たちに教えねばならないとの声が，急速に高まり，社会全体で議論され始めた。2006年はそんな時代でした。

堀田：それから12年ほど経ち，状況はかなり変わりました。西田先生は昨年度まで小学校の校長先生を務めていらっしゃいましたが，ここ10数年で子供たちとネットの関係はどう変化しましたか？

西田：子供たちにとって，ネットはますます身近なものになっていると肌で感じています。特に小学生はネットにつながる携帯ゲーム機を使って，日常的にネットにアクセスしていますね。例えば友だちと遊ぶときも，実際には会わずに，ネット上で対戦ゲームをする様子が多く見られます。

堀田：自分の家に居ながら，自宅のWi-Fi経由で，ネット上で友だちと遊ぶわけですか？

西田：そうです。とても驚いた話があって，一日の授業が終わって下校する時に，子供は「今日何時にどこ集合ね」と遊ぶ約束をしますよね。私たちが子供の頃は，「公園に集合ね」「空き地に集合ね」でしたけど，今の子供たちは

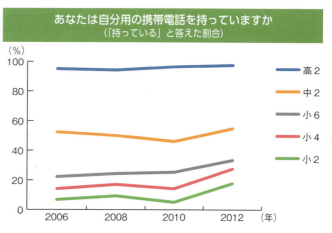

出典：独立行政法人国立青少年教育振興機構「青少年の体験活動等に関する実態調査」（平成24年度調査）報告書（平成26年3月発表）を元に，グラフ化

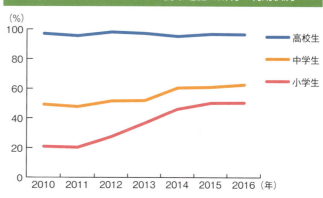

出典：内閣府「平成28年度 青少年のインターネット利用環境実態調査」（平成29年3月発表）を元に，グラフ化
※2010年度〜2013年度は「スマートフォン」及び「携帯電話」の「所有」について択一回答。2014年度〜2016年度は「スマートフォン」及び「携帯電話」の「利用」について複数回答。このため2013年度以前と2014年度以降は直接比較できない。

「ネットの対戦サーバで集合ね」なんです。公園で待ち合わせて遊ぶ感覚で，今はネット上で待ち合わせて遊ぶ。それが今の子供たちの日常です。こういう遊び方をされると，子供たちがどこで誰と，何をして遊んでいるのか，大人にはとても見えにくいのです。

堀田：子供にとってネットは今や日常の一部というお話がありましたが，それは私たち大人も同じで，仕事や生活でネットを使わない日はないと言っていいほどです。学校現場にもネットは普及し，タブレット PC を使ってネットから情報を収集してまとめる学習活動も当たり前になってきています。今後もネットはますます発展するでしょうし，情報社会もどんどん進化していくのは確実です。

　である以上，「ネットを使ってはダメ」といった禁止教育は，もはや現実的ではありません。10年ぐらい前は，禁止教育が盛んでしたね。ネットの使用を禁止するのは確かに安全かも知れませんが，それではネットの利便性を享受できません。大人になって社会に出た時に，「ネットに触ったことがない」では仕事に支障をきたします。禁止するのではなく，ネットと上手に付き合う方法，危険を知った上で安全に適切に使う方法を教える時代です。「これはダメ」と教条的な教育をするのではなく，子供に自分で考えさせ，正しく判断しながらネットを上手に活用していく力を育むことが，求められています。

2　今やネットモラル教育は実施して当然。中身の充実が求められる時代に

堀田：教育政策も，かなり変わってきました。約10年前に中央教育審議会（以下，中教審）で現行の学習指導要領を議論した時は，「これからは情報モラル教育がとても大切であり，どの教科でどんな内容を学べばいいのか」を盛んに議論しました。しかし新学習指導要領について議論した今回の中教審では，「ICT を使って仕事をしたり学習をするのが当たり前になった現在では，情報モラル教育の大切さはもう十分周知されているし，未だに実施していない学校はないだろう」という見解が大勢を占めました。これは情報モラル教育やネットモラル教育が，この10年で本当に学校に根付いた証拠だと思います。

西田：学習指導要領の内容にも，大きな変化が見られます。現行の学習指導要領の小学校の道徳では，「情報モラルに関する指導に留意すること」と書かれていました。それが新学習指導要領の小学校道徳では，「情報モラルに関する指導を充実すること」と，書き方が変わりました。

堀田：以前は，情報モラルを指導し忘れることがないように気をつけてください，という書き方でしたよね。

西田：それが新学習指導要領では，情報モラルを指導するのはもはや当然で，その中身を充実させることが求められるようになりました。

堀田：情報モラル教育の中身を充実させるという点では，情報セキュリティに関する指導も重要視されています。学校現場でも，情報セキュリティに関する教育を行うようになっていますか？

西田：増えてきていますね。先日，中学生がコンピュータウイルスを作成して逮捕された事件が起きましたが[※3]，ネット上の情報を集めて組み合わせるだけで，子供でもこのような犯罪行為ができてしまうのが今の世の中です。ですから今後は，他者を侵害しない，法律を守るといった情報セキュリティに関する指導が，ますます大事になってきます。

今年文部科学省が,「教育情報セキュリティポリシーに関するガイドライン」[※4]をまとめましたが,そのガイドライン案を見ても,セキュリティに留意して子供たちが学習活動できる環境をまず作りましょうと述べられています。

堀田：中教審の答申でも,高校の情報科に関して,「科学的な理解に基づく情報セキュリティに関する学習活動などを充実する必要がある」と書かれています。この「科学的な理解」は,重要なキーワードです。たとえば,ネットで情報の発信や受信する仕組みを科学的に理解し,その特性や危険性を知った上で,安全に情報を受発信する知識・技能を育む必要があるのです。こういった学習は,高校だけでなく,小中学校でも重要になってきていますか？

西田：はい。たとえば小学校5年生の社会科の教科書には,情報がどのように伝わっていくのかといった,情報社会の仕組みを学ぶ単元がすでにあります。高校ほど専門的ではなくとも,小中学校のうちから情報を科学的に理解することが大事だと思います。

堀田：新学習指導要領では,このような学習内容が小中学校でもさらに充実します。各教科の中にネットモラルにつながる単元や学習内容がたくさん盛り込まれるので,この機会を捉えて,ネットモラル教育の中身を充実させる必要があります。

もうひとつ,新学習指導要領の大きな特徴は,各教科を勉強するときの基盤となる能力の一つとして,情報活用能力[※5]が位置づけられたことです。これはとても大きな変化だと,僕は感じています。

要するに,学習活動でICTを使って情報を調べたりまとめたりするのはもう当たり前で,それができないと学習をうまく進められないのだから,学校もICT環境をちゃんと整備して,子供たちに情報活用能力を育みましょうということです。

この情報活用能力とは,ICTの操作スキルといった単純な力だけではなく,どこを調べれば必要な情報を入手できるか,得た情報をどう整理し,分析するか。その情報をもとに,自分の意見を構成し,集めた情報と自分の意見をはっきり区別しながら表現するといった,幅広い力を指します。この情報活用能力に,情報モラルも含まれています。これからは情報モラルを含む情報活用能力を育んでいくことが,今まで以上に大事になります。

※3 大阪中学生逮捕事件
2017年6月,コンピュータウイルスを作成したとして,「不正指令電磁的記録作成・保管」の容疑で,大阪府内の中学生が逮捕された。この生徒はネット上の情報を参考に,たった3日でウイルスを作ったという。

※4 教育情報セキュリティポリシーに関するガイドライン
「教育情報セキュリティポリシーに関するガイドライン」案では,以下のように書かれている。
学校の教育活動におけるICTの積極的な活用は,今後,ますます求められているところである。その際,昨今,学校が保有する機微情報に対する不正アクセス事案も発生している中で,児童生徒や外部の者等による不正アクセスの防止等の十分な情報セキュリティ対策を講じることは,教員及び児童生徒が,安心して学校においてICTを活用できるようにするために不可欠な条件であることはいうまでもない。

※5 情報活用能力の定義
中教審の答申では,情報活用能力は以下のように定義されている。
「情報活用能力とは,世の中の様々な事象を情報とその結び付きとして捉えて把握し,情報及び情報技術を適切かつ効果的に活用して,問題を発見・解決したり自分の考えを形成したりしていくために必要な資質・能力」。

堀田：まとめると，新学習指導要領では，次の3つのポイントが重要になってきます。

第一に，情報モラル教育やネットモラル教育に関しては，今や実施するのは当たり前で，これからは教育の中身をさらに充実させていくことが求められる。

第二に，情報セキュリティについても教える必要があります。子供たちはICTを使って様々なことを行えるようになっていますが，子供たちはICTの操作はできても，その裏で何が起きているか，自分や他者を傷つけるような危険が潜んでいるかまで考えが及ばず，興味本位や不注意で問題行動をおこしてしまうことがあります。「これをしてはダメ」と指導するのではなく，科学的な理解をさせて，自分で判断できる力を育みましょう。

そして第三に，新学習指導要領では，各教科の学習の基盤となる力として情報活用能力が位置付けられました。ICTを使って学ぶ機会が今後はもっと増えますから，情報モラルを含む情報活用能力をしっかり育む必要があります。

3 ネットモラル教育の現状と課題

堀田：では，教育現場は今どのような課題を抱えているのでしょうか。西田先生は小学校の教員，教育委員会の指導主事，小学校の校長先生などを歴任され，現在は教育委員会でアドバイザーとして活躍されていますが，その立場から，ネットモラル教育の現状と課題を教えてください。

西田：まず先生方や学校の現状ですが，ネットに関する様々な事件やトラブルが起きている時代ですので，「ネットモラルを指導しなければ」と，先生方も認識はしているんです。しかし何をどう指導すればいいかわからなかったり，指導はしているけども内容が浅かったり，回数が少ないというのが現在の課題だと思います。

たとえば，年に1回専門家を招いてネットモラルについて講演してもらい，それで当年度のネットモラル教育が終了している学校もあります。普段の授業の中で指導すべきネットモラル教育が，一過性のイベントで終わってしまっているのです。

堀田：外部から専門家が来校して教えてくれるのは，それはそれで意義深いことです。警察の方やNPO，IT企業の方が来校して，子供たちに教えてくれる機会も増えていますよね。専門家が教えてくれる知識はとても貴重ですし，説得力もあります。しかし，たった1回のイベントで情報モラル教育が完了した気になってしまっているのは問題ですね。

西田：はい。ネットモラル教育で指導すべき内容はとても幅広いので，1回の講演だけでは，すべてをカバーできません。また1回話を聞いただけでは，子供の理解は深まらず，言動にまでは影響を及ぼしません。

堀田：やはり学校のカリキュラムの中にネットモラル教育を組み込んで，指導すべき内容を一通りしっかり教え，継続的に日常的に

学習することで，子供たちの深い理解を促し，言動を変えていく必要がありますね。
西田：新学習指導要領が求める「情報モラル教育の充実」とは，まさにそういうことだと思うんです。現在のネットモラル教育は，実施はされていても教育の中身がまだまだ足りません。回数も内容も，不足していると感じます。

堀田：なぜ不足しているのでしょう？
西田：先生方もネットモラル教育を受けた経験がないし，正しい知識を持っている自信がない，だからどう指導すればいいかわからないのです。特に，情報モラル教育もネットモラル教育も教科書がありませんから，どんな指導や授業をすればいいのかイメージしづらく，とっかかりにくいのです。そのためネットモラルの指導を日常的に行うことができず，問題が発生して事態がかなり悪化してからようやく，事案に対して事後指導するケースがとても多くなっています。
堀田：それはつまり，後手に回ってしまっているということですよね。
西田：そうなんです。本来ネットモラル教育とは，後手に回らないで，先手を打つ教育です。たとえばネットで遊んでいる時点で，「こういうことに気をつけて利用するんだよ」と指導してあげれば，事件やトラブルを未然に防げます。
堀田：ネットモラル教育は危険を未然に防ぐ教育なのに，今はトラブルが起こって生徒指導上の問題が発生した後の指導になってしまっているのですね。
西田：残念なことに，ネットモラル教育とはそういう事後処理的な指導だと思いこんでいる先生は，少なくありません。
堀田：何かトラブルが発生した後に，その事案に対処するという対症療法的な指導ですね。それは「生徒指導」であって，「学習指導」とは言いがたい。
西田：生徒指導担当者は，どうしてもそういう考え方になりがちですね。
堀田：子供たちのネット利用頻度は，今後も間違いなく増えていきます。利用頻度が増えればトラブルが発生する頻度も上がるわけで，対症療法的で生徒指導的な指導では，追いつかなくなってしまいます。
西田：先生方から「子供を脅かして，ネットに近づけないようにしてください」と求められることもあります。
堀田：少し前は，そういう指導が多かったですね。「ネットは危険がいっぱいだよ」と子供たちを脅かして，ネットから遠ざけようとしていた時代がありました。でもネットが子供たちの生活の一部になった今，そんな指導は現実的ではありません。「使っちゃダメ」「危ないから近づいちゃダメ」と禁止したり脅かしたりするのではなくて，ネットの仕組みを科学的に理解させた上で，子供が自分で理性的に判断し，安全な行動を選択できる力を育むことが，今の時代は求められています。「こういう時は，こういう行動をしてはダメ」と禁止指導するだけでは，どうしてダメなのか理由

を理解しておらず，応用が効きません。たとえば「チェーンメールを回してはダメ」と指導するだけでは，チェーンメールは回さなくなるかも知れませんが，ツイッターで迷惑な書き込みやデマをリツイートして拡散してしまうかも知れません。なぜダメなのかを理屈で理解させ，異なる場面に遭遇しても，学んだことを元に自分で正しい行動を判断できる力を育むことが大切です。

堀田：子供たちの課題はどうですか？　デジタル・ネイティブと呼ばれる世代で，知識や技能の吸収は大人が驚くほど早く，子供同士で教え合って上達する光景もよく見られます。

西田：子供同士で教え合うことは多いですね。ただ，「このサイト面白いよ」といった情報の交換や，ゲームの攻略方法やアプリの使い方の教え合いが中心です。

堀田：そういった情報は，子供はすぐ入手しますよね。

西田：スマホにしてもゲーム機にしても，操作はとても簡単なんです。子供同士で教わったり，自分で少し試行錯誤したりすれば，簡単にできてしまう。だから子供たちは，自分たちは上手に使えるんだという気になってしまいます。しかし，子供たちの目は自分がしたいことだけに向きがちで，それがどういう仕組みで動いているのか，どんな危険が起きる可能性があるのかといったことには，なかなか考えが及びません。まれにネットの危険が話題になることはあっても，「こうらしいよ」といった噂話レベルだったり，不確かな情報であったりすることがほとんどです。学校がキチンと教えないと，子供たちは正確で必要な情報を得られないまま，ネットをどんどん使い続けてしまいます。

堀田：保護者の課題はどうですか？

西田：保護者も心配はしています。「こんなことをうちの子がしてるんですけど，大丈夫でしょうか，どうしたらいいでしょうか」といった相談も少なからずあります。どうしたらよいか，保護者もわからないんです。

堀田：保護者もわからないから，学校を頼ってくる。そこで学校が具体的な対応策を示せなければ，学校の信用は失墜しますよね。学校としてはこういう体制で，こういう年間の見通しで指導していますと説明できるような，ネットモラル教育のカリキュラムを，学校が持っておく必要があると思います。

西田：おっしゃる通りですね。「今こんなことが子供の間では話題になったり起きたりしています。学校ではこのような指導していますから，ご家庭ではこんな指導をしてください」と，学校が保護者に伝えることがとても大事だと思います。

4 　ネットモラル教育のカリキュラムを作ろう

西田：カリキュラムの話題が出ましたが，多くの学校はネットモラル教育のカリキュラムをまだ持っていません。これは大きな課題です。ネットモラル教育で教えなければならないことは，多岐にわたります。しかし目の前の子供たちの実態や課題に応じた指導ばかりになってしまうと，「教え漏れ」が生じてしまいます。たとえばネット上のいじめ問題が気になるからとそれに関連した指導ばかりしていると，個人情報の管理や著作権といった他のことがおろそかになってしまいます。

堀田：この話はとても重要で，学校としてちゃんとカリキュラムマネジメントをしなければなりま

せんよね。

西田：また，他の教科学習と同様，ネットモラル教育も学習の「積み重ね」が大事です。子供の発達に合わせて学習内容を変えて，以前学んだことの上に学びを積み上げていくことが求められます。しかしカリキュラムがないと，場当たり的な指導に終止してしまい，学習の「積み重ね」ができません。とはいえ，学校単独でネットモラルの教育のカリキュラムを作るのはかなり難しいかなとも感じています。

堀田：ネットモラル教育で教えなければならないことはたくさんありますから，指導すべき内容を整理して，カリキュラムに落とし込むのは，学校単独で行うのは負担が大きすぎますよね。しかもネットモラルには教科書がありません。たとえるなら，算数のカリキュラムを，学習指導要領も教科書もない状態で，学校単位で作るようなものです。では，どうすればいいですか？

西田：教育委員会がもっとイニシアチブを取って，モデルカリキュラムを作成し，各学校に示すのが良いと思います。「うちの市内ではこういうネットモラル教育をしてください」と，見本を示すのです。

堀田：モデルカリキュラムは文部科学省も作成して公表していますが[※6]，教育委員会であらためて作る良さはなんでしょうか？

西田：地域によって，子供たちの実態や課題は異なりますから，それに合わせてカリキュラムを作った方が，より効果的な指導を行えます。文部科学省が作成したモデルカリキュラムなどを参考に，教育委員会が，わが市わが町のモデルカリキュラムを作る。そして学校は，まずは教育委員会が示したモデルカリキュラムをそのまま使ってみる。そして慣れてきたらば，自分の学校の実態や課題，指導環境などに合わせてカリキュラムをアレンジすればいいと思います。大事なのは，ベースになるカリキュラムを教育委員会が示すこと。そうすれば，各学校の負担は軽減され，情報モラル教育やネットモラル教育に取り組みやすくなります。

堀田：そのカリキュラムでは，何年生からネットモラルを指導すればいいのでしょうか。

西田：基本的には小学校1年生からやったほうがいいと思います。

堀田：小学1年生にネットモラルを指導する場合，どんなことを教えればいいですか？

西田：「約束を守る」や「他人を傷つけない」といった，基本的なことから始めればいいと思います。

堀田：それはネットモラルというより，モラルの教育から始めようということですね。

西田：ネットモラルの基礎となるのが，モラルです。モラルをしっかり身につけていないと，いくらネットモラルの指導をしても効果がありません。たとえば「ネット上での言動では，他人に迷惑

[※6] 文部科学省が作成した情報モラル指導モデルカリキュラム
平成19年に，文部科学省は「情報モラル指導モデルカリキュラム」を作成し，公表。また平成23年には，国立教育政策研究所が「情報モラル教育実践ガイダンス」を作成して公開するなど，カリキュラムづくりの参考になる情報を発信している。

をかけないようにしよう」と指導しても，「なんで迷惑をかけたらいけないの？　別にいいんじゃん」となりかねません。

堀田：「情報を発信する際には，他者を傷つけないように気をつける」というネットモラルも，ネット上に限った話ではないですよね。たとえばいい加減な噂話や悪口を口伝いや手紙で広めたら，友だちを傷つけてしまいます。そうならないように，発言や行動に気をつけるというモラルを，低学年のうちから学んでおくのですね。

西田：ネットモラルを学ぶ土台として，まずモラルをしっかり教えて身につけさせる。その上で，「ネット上での発言や行動は，広まりやすく，撤回するのが難しい」といったネットならではの特性を知識として教えていくのが，ネットモラル教育だと思います。

堀田：ネットに限らず，普段の生活でも正しく適切に振る舞えるモラルを育む。その上で，ネットならではの特徴や注意点を学ばせるのですね。

西田：はい。ネットならではの特徴や注意点を学ぶのは，小学1年生ではまだ難しいですが，学年が上がるにつれて，子供たちの発達に合わせて，ネットならではのことも少しずつ学んでいく。ネットの仕組みも，科学的に理解させるようにするといいと思います。

5　良い教材の条件とは？

堀田：ネットモラル教育の現在の課題を整理してみると，まず何をどう教えればいいか先生方がわからない。安全教室のようなイベント的な指導で終わってしまって，日常的な指導ができていない。事案が発生した後に指導を行うことが多く，予防教育になっていない。カリキュラムがないため，教え漏れが起き，学びの積み重ねができていない。

こういった課題を解決するには，やはり良質な教材を整備することが大事と感じました。

西田：私もそう思います。教材があれば，何をどう教えればいいかイメージしやすくなりますし，教材を使って実際に授業をしてみれば，ネットモラル教育がどんなものか，だんだんわかってきます。しかし教材が整備されていなければ，何をどう教えればいいかわからないままですし，事案が発生して急遽指導しなければならなくなった時に，教材探しから始めなければならず，とても時間がかかります。

堀田：今は学校も先生も，教育委員会も多忙です。そんな忙しい状態で，教材を自力で開発するのは困難です。ネットモラル教育をしなければならないとわかっていながら，教材がないため実施できず，そのまま時間が過ぎていって，気がついたら子供たちが大変な目にあってしまっていた。これが一番怖いですよね。だから私は，民間や国などが提供している教材にもっと頼ってもいいと思います。

堀田：では，良い教材の条件とは何でしょうか？

西田：単発の教材よりも，体系的に作られたシリーズ教材の方が良いと私は思います。単発の教材にも優れたものもありますが，扱う内容が限られています。たとえば「ネットいじめ」を取り上げた単発教材では，著作権のことは学べません。単発教材ではネットモラル教育で学ぶべきたくさんの内容を網羅できませんから「教え漏れ」が生じやすく，学びの「積み重ね」も困難です。

堀田：単発の教材をいくつか集めて用いる手もありますが，その場合は子供が学びの「見通し」を持ちにくくなる問題が生じます。たとえばNHKの学校放送番組は，単元が異なってもどれも同じような番組展開になっていますよね。展開が同じだから，子供は安心して見通しを持って学習できます。しかし単発の教材では，教材によって展開が異なりますので，子供は「今は何をすればいいのだろう？　この次は何をするんだろう？」と見通しが持てず，学習に集中できません。だから単発の教材よりも，同じような展開で作られたシリーズ教材の方がいいと私は思います。

西田：子供だけでなく，教員にとっても同じです。単発の教材ですと，そのたびに授業展開を考えなければいけませんから，先生はとても大変です。シリーズ教材なら，どの教材でも同じように授業を展開することができるので，先生はとても助かります。安心して授業ができます。

堀田：シリーズ教材なら，教え漏れも起きにくいですね。私たちが開発した『事例で学ぶNetモラル』もシリーズ教材で，70もの事例が収録されていますが，「情報安全」や「責任ある情報発信」等の分野別に整理し，体系化してあります。教材一覧表を見るだけでも，「この分野はまだ学習していないから，今度行おう」と気付くことができるので，教え漏れをなくせます。

西田：シリーズ教材があれば，それを参考にカリキュラムも作りやすくなります。『事例で学ぶNetモラル』を教育委員会が全ての学校に導入し，どの教材を何年生で教えましょうとカリキュラムを定めるケースも増えてきています。

堀田：体系的に作られているシリーズ教材が良いとして，それを使ってどのように学んでいけばいいのでしょうか。

西田：子供たちの実態を把握しながら，学び漏れが起きないように指導していくことが大事だと思います。先程お話ししたように，多くの学校ではカリキュラムがきちんとできていない状態で，目の前の事案への対症療法としてネットモラルを指導してきていますから，教え漏れが絶対に生じています。

　『事例で学ぶNetモラル』には，子供たちのネットモラルの理解度を測る「ネットモラルけんてい」が収録されていますが，子供たちの現状と課題を把握するのにとても効果的です。「ネットモラルけんてい」を実施すると，子供たちが理解していることと，まだ理解していないことが，ひと目でわかります。その上で，まだ理解していないことを重点的に指導してい

けばいい。しかも「ネットモラルけんてい」は，この検定問題の正答率が低かった場合はこの教材を使って指導しましょうと明記されているので，とても便利です。

堀田：「ネットモラルけんてい」を実施してみて，初めて判明したこともありますか？

西田：はい。この内容はもう指導したから子供たちは理解できているだろうと思っていたことが，意外とまだできていなくて，驚くことがよくありました。「指導したのに，まだ理解できていない」箇所を明らかにするのにも有効です。

堀田：この「ネットモラルけんてい」の作成には私も携わり，子供たちに「ネットモラルけんてい」を行ってその傾向を分析して学会で発表しました。ネットで情報を発信する際の許諾や著作権についてや，情報を発信することで生じる影響などが，子供たちは苦手としているようです。

西田：同じ学校内でも，学年や学級によって，理解していることとそうでないことがかなり違います。学習してきた内容や生活体験が異なると，そういう差異が出てくるのです。そこをちゃんと見極めて，指導してほしいと思います。

堀田：最近の学校は，若い先生が急増しています。若い先生はネットに親しんでいる世代ではありますが，授業づくりや指導はまだまだ発展途上です。若い先生でも使いやすい教材の条件は何でしょうか？

西田：まず，何を教えなければならないかが，ハッキリわかる教材であること。指導内容とポイントがわかりやすい教材であることが，条件ですね。

堀田：そうですね。世の中の複雑な問題をそのまま提示したのでは，内容が多岐に渡りすぎ，どこに注目すべきか，何を学ぶべきかがわからず，先生も漠然と教えてしまって，子供も「ふぅん，こういうことがあるんだな」で，終わってしまいます。

西田：道徳の読み物教材も，そういう作りになっていますよね。世の中にはたくさんの問題があるけども，その中で特に焦点を当てたい問題を切り出して，何を議論すべきかをはっきりと認識できる教材になっています。『事例で学ぶNetモラル』もそこを意識して，教えるべきことがハッキリわかるように作りました。

堀田：現実の社会は複雑ですし，ネットモラル上の問題もさまざまな事柄が複合的に絡み合って起きますが，その中から今日の学びのポイントを明確にしてくれていることが大切ですね。

堀田：『事例で学ぶNetモラル』は主に動画教材で構成されていますが，動画や映像教材の効果はどうですか？

西田：役に立ちますね。読み物教材よりも映像教材の方が，子供たちみんなが同じ状況を捉えやすくなります。読み物だと，一人一人微妙に捉え方が異なったり，読解力の差が出たりしてしまうことがあります。その状態で話し合いを

すると，議論が噛み合わないんです。その点，映像教材であれば，読解力の差が出ず，子供たちみんなの認識が揃いやすい。その上で話し合いをすれば，議論も深まりやすいし，活性化しやすいですね。

堀田：文章を正確に読み取る読解力は大事だけれども，その育成は国語の授業でやることですし，ネットモラル教育としては，短い時間で確実に知識を習得するのがねらいですからね。

6　ネットモラル教育のために，今後がんばってほしいことは？

堀田：最後に，今後はどんなことに注意しながらネットモラル教育を進めていくべきかをまとめていきたいと思います。

　まず先生方は，ネットモラル教育をできるところからでいいので，行ってみてほしい。『事例で学ぶ Net モラル』には指導案も付属しているので，まずは指導案通りに授業をしてもいいでしょう。実際に指導してみると，授業のイメージもわき，指導のコツもつかめると思います。校長先生にはどんな役割を期待しますか？

西田：校長先生にお願いしたいのは，先生方への声かけと体制づくりです。先生方に声をかけて，「子供たちの今の課題は？」「ならば，ここを指導していこう」と方向性を示す。その時に，校長先生にとっても頼りになるのは，やっぱり教材です。何をどう指導すればいいかわからない校長先生も，まだまだ結構いらっしゃいます。その時教材があれば，「この教材を使ってしっかり指導しよう」と，先生方に促せます。教材がまだないならば，予算をやりくりして整備したり，教育委員会に働きかけたりするのも，校長先生の役割です。

堀田：校長先生がやらなければならないのは，ネットモラル教育の年間カリキュラムを組み，各学年でネットモラル教育を行う場面を設定して，子供たちを継続的・日常的に指導する体制を構築することです。新学習指導要領では，情報モラル教育の「充実」が求められています。年に1回，イベント的に安全教室を実施するだけでは足りません。学校としてカリキュラムを組み，子供たち全員に日常的にネットモラル教育を行い，事件やトラブルを未然に防ぎましょう。そうすれば保護者も安心するし，学校を信頼してくれると思います。

堀田：教育委員会には，どんな役割が求められますか？

西田：教育委員会も，やはり体制づくりが一番の使命だと思います。まず ICT 環境やネットモラル教材を，しっかり整備する。学校に「ネットモラル教育をしてください」と指示するだけでなく，そのために必要な環境を整え，カリキュラムを作成して示し，「このカリキュラムと教材を使って，こんなネットモラル教育をしてください」と，具体的に指示する。これは，教育委員会にしかできないことです。

堀田：この『事例で学ぶ Net モラル』は，2017年9月現在で，全国約5000校に導入されています。教育委員会単位で導入し，自治体内の全校に整備しているケースが多いからこそ，5000校もの学校で活用されているのです。学校設置者として責任を持って教材を整備している・教育委員会が，これだけたくさんあるのです。

西田：教材をどう活用してどんな指導をするかを，研修等で先生方に学んでもらうのも，教育委員会の重要な役割です。私は今教育委員会に在籍していますが，ワークショップ形式の研修をよく行

います。『事例で学ぶNetモラル』を使ってどんな授業をするかを先生方に話し合ってもらい，先生同士で模擬授業を行っています。授業づくりや指導方法など，授業にすぐ活かせる実践的なことを研修で伝えたいと思っています。

堀田：中央教育審議会初等中等教育分科会の教員養成部会でも，先生方が情報モラル教育をしっかり実施できるようになる必要があると提言されました[※7]。また，教員を目指す大学生にも，教員養成の段階で，情報モラルやネットモラルの大切さを学ばせると同時に，それを教える方法も習得させようと，議論されています。

堀田：保護者にはどんなことが求められますか？
西田：保護者がネットモラルに関する情報を得るチャンネルは，やっぱり学校が圧倒的に多くなっています。ですから保護者にきちんとした情報や子供の様子を伝えた上で，「だから学校ではこんな指導をしています」と伝える。すると保護者は安心して学校に任せてくれるようになりますし，「学校でこういう指導をしているなら，家ではこんな指導をしよう」と，保護者も考えてくれるようになります。柏市では，授業参観でネットモラルの授業をすることが多いのですが，いつもより参観率が高くなる傾向があります。
堀田：保護者もネットモラルについてもっと知りたいのでしょうね。授業参観でネットモラルの授業を行えば，子供だけでなく保護者の啓発にもなりますし，それをきっかけに学校と保護者の連携もしやすくなりますね。
西田：ネットモラル教育は学校だけではできません。保護者だけでもできません。両者が協力し合うことが，ネットモラル教育だけでなく学校教育の基本だと思います。

堀田：先生方が使いやすく，大事なポイントを漏れなく教えられる教材。そして子供たちが必要な知識をしっかり習得できる教材。そんな教材を目指して，私達はこの『事例で学ぶNetモラル』を開発してきました。この本には，『事例で学ぶNetモラル』を使った実践事例を多数掲載し，授業づくりのポイントや教材の活用方法を，実践者の先生方が具体的に解説しています。ぜひこの本を読んで，ネットモラル教育を始めてほしいと思います。

(取材　長井　寛)

※7 中央教育審議会教員養成部会での提言
「これからの学校教育を担う教員の資質能力の向上について」(教員養成部会 中間まとめ) (平成27年7月) では，「ICTの実践的活用や情報セキュリティ等を含めた情報モラルなどの情報活用能力の育成に資する指導に向けた教員研修が必要である」と述べている。

第2章

実践事例

　「ネットモラルやセキュリティの教育が急務なのは分かっている。でも，どうやって授業をすればいいのか分からない」「国語や算数のように教科書があるわけではないから，指導すべき内容そのものがよく分からなくて，二の足を踏んでしまう」先生方のそんな悩みをよく耳にします。

　この章では，先生が既存の教材を使って実践した具体的な授業実践事例を紹介します。この実践事例の実践者は，必ずしもネットモラルやセキュリティ，また，情報教育に特に長けているわけではありません。先生方が担任として取り組んだ実践ですので，本書を読まれて，まずは同じように授業をしてみることから始めてください。

情報モラル指導の実際 ・・・・・・・・・・・・・・・・・・・・18

事例アニメ教材

A：情報安全
- **A-01** 不適切な Web に遭遇したときの対処法・・26
- **A-20** 個人情報を守る ・・・・・・・・・・・・・・・・・・・・・30
- **A-21** 携帯ゲーム機 ・・・・・・・・・・・・・・・・・・・・・・34
- **A-22** スマホで課金 ・・・・・・・・・・・・・・・・・・・・・・38
- **A-23** トークアプリ依存 ・・・・・・・・・・・・・・・・・・・42
- **A-24** ネット上で知り合った人との約束は危険・・46
- **A-25** セキュリティソフト ・・・・・・・・・・・・・・・・・50
- **A-26** 情報の信憑性 ・・・・・・・・・・・・・・・・・・・・・・54

B：責任ある情報発信
- **B-18** 情報を発信するときの責任 ・・・・・・・・・・・58
- **B-19** ネットショッピング ・・・・・・・・・・・・・・・・・62
- **B-21** 行き違い ・・・・・・・・・・・・・・・・・・・・・・・・・66
- **B-22** グループトークでいじめ ・・・・・・・・・・・・・70
- **B-23** 不適切な書き込み ・・・・・・・・・・・・・・・・・・74
- **B-24** 写真の投稿 ・・・・・・・・・・・・・・・・・・・・・・・78
- **B-25** SNS ・・・・・・・・・・・・・・・・・・・・・・・・・・・・82
- **B-26** ネットいじめ ・・・・・・・・・・・・・・・・・・・・・・86

C：健全な情報社会の形成
- **C-14** 著作物の利用 ・・・・・・・・・・・・・・・・・・・・・90
- **C-16** ルールやマナーを守る ・・・・・・・・・・・・・・94
- **C-18** 作った人の気持ち ・・・・・・・・・・・・・・・・・・98
- **C-19** スマホ・ゲーム依存 ・・・・・・・・・・・・・・・102
- **C-20** 調べ学習と著作権 ・・・・・・・・・・・・・・・・・106
- **C-21** 架空請求や不当請求 ・・・・・・・・・・・・・・・110
- **C-22** ワンクリック詐欺 ・・・・・・・・・・・・・・・・・114
- **C-23** ネットワークの公共性 ・・・・・・・・・・・・・118

解説アニメ教材
- **K-09** スマホのマナーとルール ・・・・・・・・・・・・122
- **G-02** 正しい情報収集 ・・・・・・・・・・・・・・・・・・・126

道徳用読み物
- **EB-01** クラスのマーク ・・・・・・・・・・・・・・・・・130
- **ED-03** ゴール下のファウル ・・・・・・・・・・・・・134

情報セキュリティ
- **SB-05** 迷惑メールのしくみ ・・・・・・・・・・・・・・・138
- **SA-02** 情報発信の責任 ・・・・・・・・・・・・・・・・・142

コラム ・・・・・・・・・・・・・・・・・・・・・・・・・・・・・146

ネットモラル・セキュリティ教育で
意識すべき4つのポイント

堀田龍也

　2016年9月に，「情報モラルセミナー in 東京」が東京・秋葉原で開催されました。情報教育の研究者や学校現場で情報モラル指導を実践している教諭や教育委員会，そして情報教育を推進する文部科学省の方などが登壇し，その現状や課題，実践のノウハウについて話を聞けるとあって，会場は約200人もの観衆で埋まりました。

　ここでは，セミナーの最後に行われた総括講演での，情報モラル教育で意識すべきポイントをご紹介します。

▶ 道具を禁止するのではなく，使いこなすスキルやマインドを育てる

　一昔前，文部科学省は，携帯電話の学校への持ち込みを禁止するに近い通達を出しました。しかし今，国はタブレット端末を積極的に学校へ導入しようとしています。このこと一つ取っても，時代が変わり始めていることが実感できると思います。「学校は勉強する場なのだから，授業に支障をきたすような携帯やスマホは持ちこむべきではない」という意見と，「学習の道具としてちゃんと使えば，スマートフォンやタブレット端末はとても有用」という意見が，今後も議論されていくでしょう。

　でもたとえば，「包丁」を考えてみてください。包丁は，素晴らしい料理を作る道具にもなれば，人を傷つける凶器にもなりますよね。どちらになるかは，使い手のスキルとマインドで決まります。道具を禁止するのではなく，その道具をうまく使いこなすスキルやマインドを育てることが大切であり，それが情報モラル教育なのです。

▶ 情報モラル教育＝心の教育×情報社会に関する知識

　「情報モラル教育＝心の教育×情報社会に関する知識」，だと考えています。情報モラル教育では，この「情報社会に関する知識」が重要です。これが不足しているから，保護者も先生もいい子にしようと育てているのに，本人もいい子であろうとしているのに，失敗を犯してしまう。それは心の問題だけではなく，情報社会に関する知識不足が原因になっていることが多いのです。

　ここで強調しておきたいのは，知識は教えることが可能であり，繰り返し教え練習問題を解くなどして定着を図ったり，身につけたかどうか評価したりすることが可能な点です。広教の「事例で学ぶ Net モラル」や「事例で学ぶ e-セキュリティ」にも，情報社会に関する知識不足が原因で，問題を起こしたり失敗したりする事例が多く収録されています。知識の習得と定着に，役立つと思います。

▶ 多くの子供たちが陥りやすい問題への指導にも目を向けよう

　情報モラル教育の必要性を語る時，凶悪な犯罪に子供が巻き込まれるのを防ぐため，とよく言われます。しかし，子供たちが直面している問題は，犯罪だけではありません。たとえば，メールや SNS で友人と行き違いが生じるトラブル。スマホの使いすぎやネット依存によって，生活習慣が乱れるという問題もあります。

　この3つの問題を比べてみましょう。被害の大きさを見ると，圧倒的に「犯罪に巻き込まれる」が深刻です。では，この問題に遭遇する確率はどうでしょうか。「生活習慣が乱れる」が圧倒的に確率が高く，次いで「行き違いによるトラブル」が高いでしょう。

　そう考えると，日常的な情報モラル教育で，何を教えなければならないかが見えてきます。もちろん犯罪の被害者にならないよう指導することも大事です。しかし，被害の程度は小さくても，子供たちがよく陥りやすい問題も，忘れずに指導してほしいと思います。

▶ 情報モラル教育で意識すべき4つのポイント

　今のような話を受け，情報モラル教育で今後意識すべきポイントを，4つ紹介したいと思います。

①すべての教員による指導体制を意識する

　これまでは，情報モラルに詳しい一握りの先生が，卓越した実践を行っていました。しかし今や，すべての教員が情報モラル教育を行わなければならない時代に突入しました。

　これは，生活科や総合的な学習の時間が新設された頃に，よく似た状況です。それ以前から，優れた一握りの先生は素晴らしい実践を行っていました。それが総合的な学習の時間や生活科が新設されてすべての先生が実施する時代になると，飛び抜けた実践よりも，誰でもできる簡単な実践が中心になっていきました。

　情報モラル教育も，同じ局面を迎えています。すべての先生が，日常的に継続的に，繰り返し実施することが，今求められています。生活科は，教科として新設し，教科書を作ることで，すべての先生に普及しました。情報モラル教育はどうでしょうか。教材はどうすべきか，指導体制はどうすべきかなど，普及のための方法を考えていかねばなりません。

②アクティブ・ラーニングを意識する

　2つ目は，アクティブ・ラーニングを意識することです。アクティブ・ラーニングとは，「主体的・対話的で深い学び」ですが，このアクティブ・ラーニングと情報モラル教育は，とても相性がいいと，私は思います。

　まず主体的な学びにするには，子供たちが「これは勉強しなければ！」と心から思える題材であることが必須条件ですが，子供たちに身近なことを取り上げる情報モラル教育の題材は，この条件に叶っています。

　対話的な学びにするには，自分の考えと他人の考えが異なっていて，話し合ったり議論したりする価値があると子供が感じられる題材を設定する必要があります。情報モラルで取り上げる題材は，「どうすべきか」「何が問題なのか」など，さまざまな意見が出やすく，議論しやすい題材です。

　そして深い学び。深い学びとは，習得した「見方や考え方」を学習過程の中で働かせながら思考・判断・表現し，「見方や考え方」を更に成長させながら，資質・能力を獲得していくこと。情報モラル教育で習得した「見方や考え方」は，学習活動や生活の中ですぐに実践でき，応用もしていけます。

　次の学習指導要領では，今まで以上に主体的・対話的で深い学び（アクティブ・ラーニング）が求められますが，このアクティブ・ラーニングを意識して情報モラル教育を行うといいでしょう。

③カリキュラム・マネジメントを意識する

　3つ目は，カリキュラム・マネジメントです。まずは，ネット依存のように誰にでも起こりがちな問題に対し，すべての児童生徒を対象に，簡便な指導を繰り返し行えるカリキュラムを作ることが求められます。その一方で，深刻で込み入った問題を起こす特定の児童生徒に対し，個別の専門的な指導体制を作る必要があります。一斉指導と個別指導，この両方を管理職がマネジメントしていかなければなりません。

④リスク・マネジメントを意識する

　4つ目は，リスク・マネジメントです。情報モラル教育は，児童生徒を危険から未然に遠ざける抑止的な教育であり，そういう意味では交通安全教育と似ています。交通安全教育では，基本的なことを何度も丁寧に繰り返し教えますよね。情報モラル教育も同様に，継続的に繰り返し行うことで，リスクを軽減できます。

　この4つのポイントを意識して，これからの情報モラル教育を作っていってほしいと思います。

ネットモラル教育の進め方

　ネットモラル教育への取り組みをスムーズに進めるため，標準的な流れをまとめました。とはいえ，学校や児童生徒の置かれている状況，地域の様子などによって，取り組むべき時期や内容は大きく変わります。また，インターネットに代表される ICT の環境は時々刻々と変化します。ここに挙げるものはあくまで例とし，適宜アレンジしたり新しい要素を加えるなどしていってください。

▶ 1. カリキュラムの考え方

　指導計画を立案するにあたって，適切な指導を行うためには，児童生徒の状況を把握することが第一です。
・児童生徒がどの程度インターネットに親しんでいるか
・自分専用の端末を持っている児童生徒はどの程度いるか
・保護者等はどの程度児童生徒に指導をしているか

　自分用のスマートフォンを持っている，などは，都市部では小学校高学年になるとかなりの割合に上りますが，そうではない地域も多くあります。同じ事例を視聴するにしても普段の親しみ具合などで理解度は大きく変わりますから，状況を把握した上で，適切なタイミングを計ることが大切です。

　カリキュラムの策定にあたっては，文部科学省が 2007 年に作成した『情報モラル指導モデルカリキュラム』を参考にするとよいでしょう。右の表はそのモデルカリキュラムの概要と，『事例で学ぶ Net モラル』『事例で学ぶ e-セキュリティ』の教材の対応を表したものです。参考にしてみてください。

▶ 2. 日常的にネットモラル指導を行うコツ

　「ネットモラルを指導したいけれど，なかなか時間がとれない」そう思っている先生はたくさんいるのではないでしょうか。学校のどのような時間を活用して，ネットモラル指導をすればいいのでしょうか。実際に寄せられた先生方のお声をいくつか紹介します。

①総合的な学習の時間

　きっかけになりやすいのはやはり総合的な学習の時間。まず，調べ学習に際しての事例です。

> 「姉妹都市について調べ，発表する」という単元で，調べ学習をする際に，「情報の信憑性」について指導しました。インターネットで姉妹都市について調べていた子供たちは，ある問題に直面しました。サイトによって人口のデータが違い，「どれが本当なんだろう？」と戸惑っていたのです。この機会を逃さずネットモラル指導につなげました。

A-26「情報の信憑性」　実践は p.54

　また，総合的な学習の時間では，子供たちが発表用の資料も作成します。ここに絡めての指導もできます。

> 発表用のスライドを作る際に，「著作権」の指導をしました。きっかけは，パソコンでスライド作りに取りかかった子供たちから発せられた，一つの質問でした。「ホームページに載っている写真をコピーして，スライドに使っていいの？」と，尋ねられたのです。これは著作権について指導しなくては！ と思ったものの，著作権についてそんなに詳しいわけではありません。そこで，自治体で導入していた市販の教材を使って授業をし，「インターネッ

C-20「調べ学習と著作権」　実践は p.106

情報モラル指導モデルカリキュラム表と事例で学ぶ Net モラル・e- セキュリティの教材の対応

分類		Level-1 小学校 1・2 年	Level-2 小学校 3・4 年	Level-3 小学校 5・6 年	Level-4 中学校	Level-5 高等学校
1 情報社会の倫理	a	発信する情報や情報社会での行動に責任を持つ			情報社会への参画において，責任ある態度で臨み，義務を果たす	
		a1-1：約束や決まりを守る C-16	a2-1：相手への影響を考えて行動する B-17 K-09	a3-1：他人や社会への影響を考えて行動する A-23 B-06 B-17 B-18 B-21 B-23 B-26 K-04 K-06 K-09 EC-02	a4-1：情報社会における自分の責任や義務について考え，行動する A-23 B-06 B-18 B-21 B-23 K-04 K-06 K-04 ED-01	a5-1：情報社会において，責任ある態度をとり，義務を果たす
	b	情報に関する自分や他者の権利を尊重する			情報に関する自分や他者の権利を理解し，尊重する	
		b1-1：人の作ったものを大切にする心をもつ C-17 EA-01 EA-02	b2-1：自分の情報や他人の情報を大切にする C-01 C-14 C-18 C-20 EB-01	b3-1：情報にも，自他の権利があることを知り，尊重する B-22 B-24 C-13 C-14 C-20 G-03	b4-1：個人の権利（人格権，肖像権など）を尊重する B-22 B-24 C-13 G-03 ED-03	b5-1：個人の権利（人格権，肖像権など）を理解し，尊重する
					b4-2：著作権などの知的財産権を尊重する C-15	b5-2：著作権などの知的財産権を理解し，尊重する
2 法の理解と遵守	c	情報社会でのルール・マナーを遵守できる			社会は互いにルール・法律を守ることによって成り立っていることを知る	情報に関する法律の内容を理解し，遵守する
		c1-1：生活の中でのルールやマナーを知る A-19 C-16	c2-1：情報の発信や情報をやりとりする場合のルール・マナーを知り，守る B-17	c3-1：何がルール・マナーに反する好意かを知り，絶対に行わない A-02 B-23 K-07	c4-1：違法な行為とは何かを知り，違法だとわかった行動は絶対に行わない B-23 C-15 K-07	c5-1：情報に関する法律の内容を積極的に理解し，適切に行動する
				c3-2：「ルールやきまりを守る」ということの社会的意味を知り，尊重する A-06 B-20 G-01	c4-2：情報の保護や取り扱いに関する基本的なルールや法律の内容を知る B-20 G-01	c5-2：情報社会の活動に関するルールや法律を理解し，適切に行動する
				c3-3：契約行為の意味を知り，勝手な判断で行わない A-22 B-19 C-15	c4-3：契約の基本的な考え方を知り，それに伴う責任を理解する B-27 B-19	c5-3：契約の内容を正確に把握し，適切に行動する
3 安全への知恵	d	情報社会の危険から身を守るとともに，不適切な情報に対応できる			危険を予測し被害を予防するとともに，安全に活用する	
		d1-1：大人と一緒に使い，危険に近づかない A-19	d2-1：危険に出合ったときは，大人に意見を求め，適切に対応する A-19	d3-1：予測される危険の内容がわかり，避ける A-22 A-24 B-24 K-08	d4-1：安全性の面から，情報社会の特性を理解する A-21 A-22 B-24 K-08	d5-1：情報社会の特性を意識しながら行動する
		d1-2：不適切な情報に出合わない環境で利用する A-01	d2-2：不適切な情報に出合ったときは，大人に意見を求め，適切に対応する A-01	d3-2：不適切な情報であるものを認識し，対応できる C-21 K-01 K-03	d4-2：トラブルに遭遇したとき，主体的に解決を図る方法を知る C-21 K-01 K-03	d5-2：トラブルに遭遇したとき，さまざまな方法で解決できる知識と技術を持つ
	e	情報を正しく安全に利用することに努める			情報を正しく安全に活用するための知識や技術を身につける	
			e2-1：情報には誤ったものもあることに気付く A-26	e3-1：情報の正確さを判断する方法を知る B-18 G-02	e4-1：情報の信頼性を吟味できる B-19 G-02	e5-1：情報の信頼性を吟味し，適切に対応できる
		e1-2：知らない人に，連絡先を教えない A-20	e2-2：個人の情報は，他人にもらさない A-20	e3-2：自他の個人情報を，第三者にもらさない A-05 A-17 A-18 A-21 B-24 B-25	e4-2：自他の情報の安全な取り扱いに関して，正しい知識を持って行動できる A-08 A-18 A-25 C-22	e5-2：自他の情報の安全な取り扱いに関して，正しい知識を持って行動できる
	f	安全や健康を害するような行動を抑制できる			自他の安全や健康を害するような行動を抑制できる	
		f1-1：決められた利用の時間や約束を守る A-12	f2-1：健康のために利用時間を決め守る A-12 C-19	f3-1：健康を害するような行動を自制する A-23 C-04 C-19 K-05 EC-01	f4-1：健康の面に配慮した，情報メディアとの関わり方を意識し，行動できる A-23 C-04 C-19 K-05 ED-01	f5-1：健康の面に配慮した，情報メディアとの関わり方を意識し，行動できる
				f3-2：人の安全を脅かす行為を行わない B-23 K-02	f4-2：自他の安全面に配慮した，情報メディアとの関わり方を意識し，行動できる A-22 K-02	f5-2：自他の安全面に配慮した，情報メディアとの関わり方を意識し，行動できる
4 情報セキュリティ	g	生活の中で必要となる情報セキュリティの基本を知る			情報セキュリティに関する基礎的・基本的な知識を身につける	
			g2-1：認証の重要性を理解し，正しく利用できる A-03	g3-1：不正使用や不正アクセスされないように利用できる K-08	g4-1：情報セキュリティの基礎的な知識を身につける A-08 A-18	g5-1：情報セキュリティに関する基本的な知識を身につけ，適切な行動ができる
	h			情報セキュリティの確保のために，対策・対応がとれる	情報セキュリティの確保のために，対策・対応がとれる	
				h3-1：情報の破壊や流出を防ぐ方法を知る A-25 C-11	h4-1：基礎的なセキュリティ対策が立てられる A-25 C-11	h5-1：情報セキュリティに関し，事前対策・緊急対応・事後対策ができる
5 公共的なネットワーク社会の構築	i	情報社会の一員として，公共的な意識を持つ			情報社会の一員として，公共的な意識を持ち，適切な判断や行動ができる	
			i2-1：協力し合ってネットワークを使う C-23 EB-02	i3-1：ネットワークは共用のものであるという意識を持って使う B-18 C-23 G-04	i4-1：ネットワークの公共性を意識して行動できる B-18 G-04	i5-1：ネットワークの公共性を維持するために，主体的に行動する

※ G-04 は『事例で学ぶ Net モラル』『事例で学ぶ e- セキュリティ』の教材番号（詳細は p.186 ～ p.189）。このうち本書で事例を扱った教材は A-22 のように白抜き数字で表した。

トの画像を使う際には，通常は許可が必要だけれども，授業の中だけで使うのであればコピーしていい」と学びました。子供たちの疑問も解決し，安心して発表資料づくりを進めていきました。
このように，授業の中で情報モラル指導が必要な場面を見つけて，適宜指導している先生もいます。

②道徳の時間

道徳の時間に，相手の気持ちを思いやる大切さについて学びながらメールやSNSを使う際のマナーについて指導したり，ネットいじめについて考えたりする授業を行う先生もいます。

C-18「作った人の気持ち」 実践は p.98

B-26「ネットいじめ」 実践は p.86

③各教科の時間に

音楽の時間にCDの著作権について，保健体育の時間にネット依存について指導するなど，情報モラル教育の指導は，数多くの場面で実践が可能です。
p.184「新小学校学習指導要領における情報モラル教育」には各教科ごとに想定される実践例などが書いてありますので，参考にしてください。

C-14「著作物の利用」 実践は p.90

A-23「トークアプリ依存」 実践は p.42

④そのほか

ネットモラル指導を行うのは何も授業時間中だけとは限りません。こんな実践を行っている先生方もいます。

「休憩時間」などに	「朝の会」などに	保護者啓発に
お昼などの休憩時間にアニメを自由に視聴させるだけでも，実際にそのような場面に子供たちが出合った時に，考えるきっかけになります。	「朝の会」や「帰りの会」などの時間を使い，コンテンツを見たり，その内容を話題したりすることでネットモラルの知識を得ることができます。	子供たちが学校で学んだ内容のワークシートを持ち帰らせたり，授業参観でネットモラルの話題を取り上げたりすることで，親子の話し合いのきっかけ作りにします。

▶ 3. 授業の準備

●教材の選定

次に，教材選定の観点です。

教材を探すにあたっては，書籍として刊行されているもののほか，アニメーションなどの映像教材も探してみましょう。例えば，『事例で学ぶ Net モラル』は以下のような構成になっています。

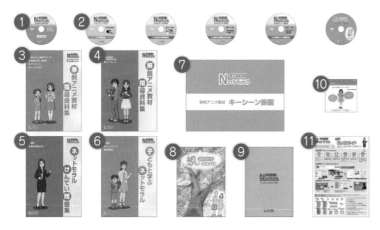

① インストールメディア（DVD-ROM）
② DVD ビデオ
③，④ 指導資料集
⑤ ネットモラルけんてい問題集
⑥ 子どもと学ぶネットモラル　保護者版
⑦ キーシーン掛図
⑧ 道徳用読み物「想いとどけて」
⑨ インストールマニュアル
⑩ 「選んで簡単！ネットモラル」カード
⑪ 簡単！使い方ガイド

この教材の場合，主には「アニメ教材」を視聴したあと，掛図や同梱のワークシートを使い，子供たちと共にネットモラルについて考えながら授業を進めていくことができます。こうした主たる教材のメディアは実はかなり重要で，注文してみたものの，届いてみたら学校の機材では利用できなかったため返品した，ということも少なくありません。利用環境として確認しておきたいことは以下の2点です。

大型提示装置	子供たちと一緒に映像や資料等を確認します。大型テレビ，電子黒板，プロジェクターなど。
再生装置	大型提示装置につないで，映像や資料等を再生します。DVD プレーヤーやパソコン，タブレットなど。

このほか，大型提示装置と再生装置をどうつなぐか（HDMI ケーブルや LAN ケーブルなど），再生装置がインターネットにつながっているかも確認のポイントです。『事例で学ぶ Net モラル』『事例で学ぶ e-セキュリティ』を例にとると，例えば以下のようなパターンが考えられます。

提示装置	再生装置		
大型テレビ	DVD プレーヤー	教室に設置された DVD プレーヤーで事例アニメを視聴したあと，同梱されているワークシートを利用しながら授業を進めることができます。	DVD ビデオ，ワークシート，キーシーン掛図など
電子黒板・プロジェクター	パソコン	パソコンを電子黒板やプロジェクターにつなげて事例アニメを視聴します。電子黒板やプロジェクターがない場合は大型テレビでもかまいません。	インストール版教材，ワークシート，キーシーン掛図など
電子黒板・プロジェクター	タブレット端末	タブレット端末が支給され，無線 LAN で提示装置とつながっている場合は，『事例で学ぶ Net モラル』『事例で学ぶ e-セキュリティ』のクラウド版も便利です。	クラウド版教材，ワークシート，キーシーン掛図など

また，教材検討の際には教材会社の Web サイトなどから体験版やサンプル等を依頼してみましょう。『事例で学ぶ Net モラル』なら Web 体験版（ http://www.hirokyou.co.jp/taiken/ ）もあります。手軽に内容を確認できると安心ですね。

『事例で学ぶ Net モラル』Web 体験版

http://www.hirokyou.co.jp/taiken/

▶ 4. 授業実践

26ページ以降は,『事例で学ぶNetモラル』『事例で学ぶe-セキュリティ』を使用してのネットモラル教育の実践事例の報告になっています。実践事例は4ページ単位で構成されています。各ページの見方について説明します。

教材番号
『事例で学ぶNetモラル』『事例で学ぶe-セキュリティ』の教材番号です。p.21のモデルカリキュラム表やp.186からの教材一覧で探すときはこの番号で探すと便利です。

指導のねらい・ポイント
なぜこの指導を行うのか,その背景や理解させたいポイントを示します。

事例アニメの概要
実践で使用したアニメの概要です。アニメの中でどのポイントに着目するかという点についても参考にしてください。

対象学年
教材の視聴に適した学年です。

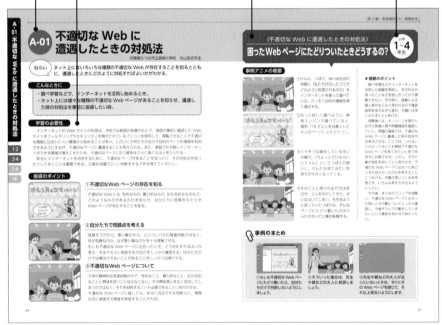

インデックス
各ページで教材番号や対象学年がわかります。

指導の流れ
実践での指導の流れを示します。

板書例・ワークシート記入例
板書などの例を示します。

▶ 5. 理解度の確認やその他の取り組み方

　各教科の指導の中で小テストを行うことは多くあると思います。ネットモラル指導でも同様の取り組みは可能ですが，ネットモラルの場合は既にある程度知識がある子供もいますから，指導の前に子供たちの知識の状況を確認するような小テストもあってもよいでしょう。もちろん，指導後に学習したことが身についているかどうかを確認する場合もあります。ここでは，『事例で学ぶ Net モラル』に関連した「ネットモラルけんてい」について，利用法などを説明します。

●ネットモラルけんてい

　「ネットモラルけんてい」は，小学校低・中・高学年と中学生を対象に，全 15 レベルで構成されています。1 レベルは 10 問の 4 択式（小学校低学年向けレベルは 5 問 2 択）ですから，所要時間はわずか 5 分程度で終わります。紙のプリント教材であれば，パソコン教室に移動する必要もなく，朝の時間や帰りの会，授業のちょっとした空き時間で手早く気軽に取り組めます。

　出題内容は，子供が 8～9 割正解できる難易度とし，挫けてしまったり，やりたくなくなったりすることがないようにしています。「これ知ってる！」と楽しみながら上位のレベルに次々と挑戦し，同時に不確かだった情報モラルの知識がより確かなものになるのが，「ネットモラルけんてい」です。

　出題内容は，文部科学省の「情報モラル指導モデルカリキュラム表」の 5 分野に位置づいています。検定結果から子供が苦手とする分野を把握し，その後の指導に活かすことができます。

　各問題は『事例で学ぶ Net モラル』の教材に対応しているので，正答率の低い問題を『事例で学ぶ Net モラル』で重点的に指導することもできます。

　「ネットモラルけんてい」の問題集は無料で配布されていますので，以下から申し込んでみてください。

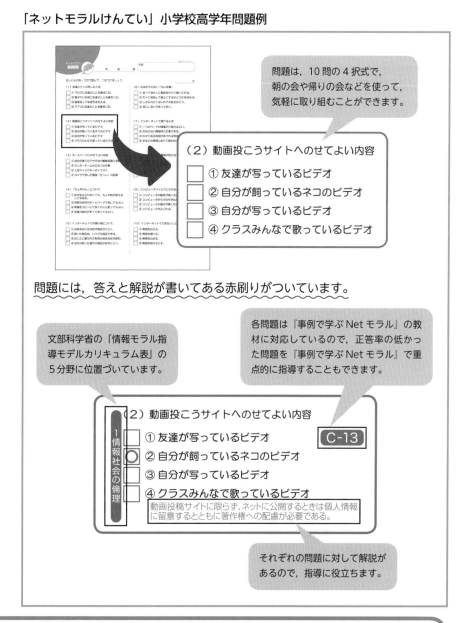

「ネットモラルけんてい」小学校高学年問題例

『事例で学ぶ Net モラル』ホームページ

http://www.hirokyou.co.jp/netmoral/

A-01 不適切なWebに遭遇したときの対処法

兵庫県たつの市立御津小学校　丸山岳志先生

ねらい　ネット上にはいろいろな種類の不適切なWebが存在することを知るとともに，遭遇したときにどのように対処すればよいかがわかる。

こんなときに

- 調べ学習などで，インターネットを活用し始めるとき。
- ネット上には様々な種類の不適切なWebページがあることを知らせ，遭遇した時の対処法を事前に指導したい時。

学習の必要性

　インターネットのWebサイトの利用は，学校では教師の指導のもとで，教師が事前に確認したWebサイトをフィルタリングやセキュリティ対策がされているパソコンを使用して，閲覧させることで不適切な情報に出合いにくい環境から始めることが多い。しだいに子供たちが自分で目的のページの情報を利用できるようにするが，不適切なページに遭遇することも考えられる。また，家庭でも手軽にインターネットができる環境が増えてきたため，不適切なページに合う確率はさらに高くなると考えられる。

　安全にインターネットを活用するために，不適切なページがあることを知ったり，その対処法を知ったりしておくことは重要である。正確な知識で正しい判断をする子供を育てていきたい。

指導のポイント

①不適切なWebページの存在を知る

- 不適切なWebには，性的なもの，暴力的なもの，反社会的なものなど，どのようなものがあるのかを知らせ，自分たちに危険をもたらすWebページが存在することを知る。

②自分たちで問題点を考える

- 危険そうだから，悪い事だから，というレベルの価値判断ではなく，何が危険なのか，なぜ悪い事なのかを十分理解させる。
- もしも不適切なWebページに出合ったとき，どう対応すればよいか考え，先生や大人に相談する大切さをしっかり確認する。自分たちだけでは解決できないことがあることをしっかり自覚させる。

③不適切なWebページについて

- 子供の精神的な発達段階の中で，性的なこと，暴力的なこと，反社会的なことに興味を持つことは少なくない。その興味感心を全く否定してしまうのではなく，それを抑制することも必要であることに気付かせる。
- 不適切なWebページに接しても，安全に対応できる判断力と，情報社会に参画する態度を育成することが大切。

〈第2章〉実践事例「A：情報安全」

〈不適切なWebに遭遇したときの対処法〉
困ったWebページにたどりついたときどうするの?

小学1〜4年生

事例アニメの概要

①けんた，つばさ，ゆいは社会の時間に「私たちが出したゴミがどのように処理されるのか」をインターネットを使って調べている。さっそく目的の情報を得て満足する。

②もっと詳しく調べようと，検索エンジンで調べていると，偶然「18才以上を対象とした大人のページ」にたどりつく。

③イヤそうな顔をしているゆいの横で，「ちょっとだけならいいじゃん」というつばさの誘いに，けんたも見てみたい気持ちが大きくなってくる。

④そのことに周りの友だちは気付き，3人を冷かしてきた。ゆいは泣いてしまい，先を見ようと言っていたつばさは，そんなページにたどり着いたのはけんたのせいだと責任転嫁する。

▶視聴のポイント

　調べ学習などでインターネットを活用した経験を想起し，その利点や困ったことなどを話し合ってから視聴させたい。その時に，経験による個人差が生じると思われるので適宜説明を加えながら進め，主題には深くふれずにとりあげる。

　視聴後には，キーシーンを提示しながら登場人物や問題場面を確認していく。問題の場面では，不適切なWebページに遭遇した時の気持ちを考えさせる。ここでは，いけないと分かってはいても興味で不適切なWebページを見てみたいと思う気持ちに共感させる。しかし，その行動が混乱を招くことに気付かせ，不適切なWebページに出合った時どうすればよかったのかを考えることにつなげる。児童が思いつくまま発表させ，いろんな考え方が出るようにしたい。

　その後，まとめのクリップを視聴し，不適切なWebページに出合った時にとる行動についてしっかり確認し，今後そういう行動をしていきたいという意欲を持たせて終わりたい。

事例のまとめ

①もしも不適切なWebページにたどり着いたら，自分たちだけで判断しないようにしましょう。

②そういった場合は，先生や親などの大人に相談しましょう。

③先生や親などの大人が近くにいないときは，すぐにそのWebページを閉じて，それ以上見ないようにします。

A-01 不適切な Web に遭遇したときの対処法

1・2　3・4　5・6　中

指導の流れ

学習活動	教師の発問と予想される児童生徒の反応

導入

Step 1 >>>>>>>>（5分）

インターネットを利用して，便利なことと，困ったことを話し合う。

全体

☺ インターネットを使っていて便利だと思ったこと，困ったと思ったことはどんなことですか。

・便利だと思ったこと
● すぐに調べることができる。
● 簡単にいつでも調べられる。
・困ったと思ったこと
● 見たいページにたどりつかない。
● よく分からないページにいってしまった。

事例アニメの視聴（2分20秒）

展開

Step 2 >>>>>>>>（15分）

困った Web ページを見たときの「つばさ」と「ゆい」の気持ちをワークシートに書き，意見を交流する。

個別　**全体**

☺ 困った Web ページを見たとき，「つばさ」と「ゆい」はどんな気持ちだったのでしょう。

・「つばさ」の気持ち
● ちょっとだけなら大丈夫だ。
● おもしろそう，ちょっと見てみよう。だれにも分からないよ。
・「ゆい」の気持ち
● 18才以上って書いてあるから，見てはいけない。
● 絶対に見たくない。

Step 3 >>>>>>>>（10分）

困った Web ページを見たときに，どうすればよかったか考える。

全体

☺ 困った Web ページを見たとき，どうすればよかったのでしょう。

● 先生にすぐに言って，助けてもらったらよかった。
● 「もどる」ボタンや「おわり」ボタンを押す。
● すぐにそのページを消す。
● 進んでしまいそうになったら，友だち同士で注意し合う。
● もう二度と見ないようにする。
● 見たいと思う気持ちをがまんする。

Step 4 >>>>>>>>（5分）

他にも困った Web ページや危険な Web ページがあることを知る。

全体

☺ その他にも危険なページや困ったページがあります。知っているものはありますか。

● うその情報のページ。
● お金をだまし取るページ。
● ウイルスがパソコンに入ってくるページ。
● 個人情報を入力させられるページ。
● 悪口が書かれているページ。
● 大人向けのページ。　　など

まとめアニメの視聴（30秒）

まとめ

Step 5 >>>>>>>>（7分）

危険な Web ページに出合った時，気をつけることを考え，まとめる。

個別

☺ 困ったページや危険なページを見たときに，どうすればいいのでしょう。今日の学習のまとめを書きましょう。

● すぐに先生や大人に知らせ，もうそのページは見ないようにする。
● もし，友だちがそのようなページを見ていたら，注意したい。
● 戻るボタンや終了のボタンを押して，そのページから移るようにする。
● おかしいな，危険だなと思ったらすぐに消す。
● インターネットって危険なページがあることが分かった。

〈第2章〉実践事例「A：情報安全」

板書

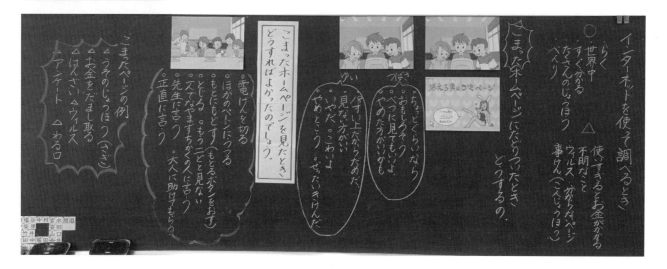

ワークシート例

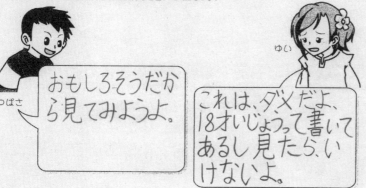

> この指導を通じて
> **感じたこと
> 考えたこと**

　児童のスマホやパソコンの使用経験は様々で危険なページに関する知識も差がありました。興味をそそるページに出合った時に、少しだけならいいかなと思う人間の弱さに共感させ、でも、そのような行為が更なる危険につながったり、周りに迷惑をかけたりすることにもなると気付かせるようにしました。また対処法もしっかり教えたいと考えて授業をしました。

　子供たちのワークシートには、「危険なページに出合った時はすぐに大人に知らせる」などこれから気をつけていくことを考えた記述が多く書かれていました。今回の学習が生活で活かせるように保護者にも学習内容を知らせようと思います。また今後は、情報を鵜呑みにしないなど情報を受け取る際の態度も養っていきたいと思います。

A-20 個人情報を守る

岡山県笠岡市立中央小学校　重政昌子先生

ねらい 相手が確認できない電話で自他の個人情報を教えないようにし，個人情報の大切さについて考える。

こんなときに

- 個人情報とは何かについて，正しく捉えさせたいとき。
- 自分の個人情報だけでなく，友だちや家族の個人情報も大切にすることを指導したいとき。

学習の必要性

　子供たちは，身近な友だちや家族の病気や事故などを理由に，名前や電話番号などの個人情報を尋ねられた時，親切心や心配・不安な思いから，つい伝えてしまうことは大いに予想される。「個人情報とは何か」について低学年からきちんと指導することで，感情に流されず，自分はもちろん友だちや家族の個人情報を大切にすることや，知らない人には教えてはいけないこと等について身につけさせたい。また，この学習をきっかけに各家庭で対応方法を考えたり，緊急時の連絡方法を決めておいたりするなど保護者への啓発にもつなげたい。

指導のポイント

①知らない人に，名前や電話番号を教えると…

- 勧誘や詐欺行為のために使われる場合がある。
- 悪意ある人へ名前や電話番号を譲渡されてしまう。
- 友だちの個人情報を勝手に教えると，相手の家族にも迷惑がかかる。
- 電話で「警察」「病院」「学校」と名乗られても，本当かどうかを確かめる方法はない。

②低学年における個人情報の指導

- 名前や電話番号，住所など，その人のことがわかるもの。
- 自分だけでなく，友だちや家族の個人情報も大切にする。
- 知らない人には教えない。

③電話がかかってきたときの対応

- 各家庭で対応方法を決めておく。
- 保護者への啓発も必要。

〈第2章〉実践事例「A：情報安全」

〈個人情報を守る〉
おしえちゃだめなの?

小学1～4年生

事例アニメの概要

①自宅にかかってきた電話に出たあさみ。電話の相手は、警察だと名乗り、あさみと同い年の子供が交通事故にあったので、同じクラスの人の名前と電話番号を教えて欲しいと言われる。

②あさみは、年賀状のやりとりをしたことのある仲の良い友だちの名前と電話番号を、警察と名乗る人に教えてしまう。

③その後、先生からの電話で、クラスの人の名前と電話番号をしつこく聞く電話が、あさみと仲の良い友だちの家にかかってきているので、気をつけるようにと言われる。

④あさみは、自分が教えたせいで友だちの家に電話がかかってきたのではないかと心配になる。

▶視聴のポイント

　知らない人からの電話をとったことや、かかってきたことがあるかどうかについて発表させて、身近に起きていることであることを確認することで、主人公の気持ちを「自分のこと」として考えながら観ることができるようにしたい。

　また、個人情報を教えたことで、どのようなことが起きたか流れをきちんと確認することが、主人公の気持ちを考えるためには欠かせない。

視聴後には
①あさみは親切心から教えたのであり、悪気はなかったこと。
②警察と名乗る相手から巧妙な手口で聞き出されてしまったこと。
③仲の良い友だちの家にしつこく電話がかかり、迷惑をかけてしまったこと。

の3点について、キーシーンの絵を掲示し、児童生徒と対話しながら話し合い、適宜気になる場面を振り返りつつ、起きたことと、その時の気持ちを押さえて、個人情報の大切さを考えさせる。

事例のまとめ

①悪い人に名前や電話番号を教えてしまうと、良くない使い方をされて、大変な目に合うことがあります。

②良い人か悪い人かを子供だけで見分けるのは難しいので、お家の人に相談するようにしましょう。

③自分の個人情報だけでなく友だちや家族のものも、他の人に教えたりしないで、大事にしましょう。

A-20 個人情報を守る

指導の流れ

学習活動	教師の発問と予想される児童生徒の反応

導入

Step 1 >>>>>>>> （5分）

知らない人からの電話をとったことや，かかってきたことがあるかどうかについて話し合う。

全体

😊 家の電話に知らない人からの電話がかかってきたり，その電話をとったりしたことはありますか。（自分やおうちの人）

- 知らない人から電話がかかってきたことがある。
- 「お母さん，いますか。」と知らない人に電話で聞かれたので，「今，いません。」と答えたことがある。
- 電話が鳴っても，大人がいないときは電話に出ない。
- おばあちゃんが電話に出て，知らない人だったので，すぐに電話を切っていた。

事例アニメの視聴 （4分15秒）

展開

Step 2 >>>>>>>> （8分）

警察に教えた時のあさみの気持ちを考える。

個別 **全体**

😊 電話番号を教えたとき，あさみさんはどんなことを思ったのか考えましょう。

- 本当の警察なのかな。
- 交通事故にあったのは誰なんだろう。
- しんぱいだな。
- だいじょうぶかな。
- 友だちを助けたい。
- 教えてあげることができてよかった。

Step 3 >>>>>>>> （12分）

母に聞かれた時のあさみの気持ちを考える。

個別 **グループ** **全体**

😊 「うちにはかかってないわね。」と聞かれたときのあさみさんの気持ちを考えましょう。

- どうしよう。
- しまった。警察じゃなかった。
- お母さんに正直に言わなくちゃ。
- お友だちの家にも電話がかかったなんて，どうしよう。
- 私が教えたからなのかなぁ。
- 教えなければよかった。

Step 4 >>>>>>>> （5分）

個人情報について知る。

全体

😊 個人情報とはどういうものだろう。

- 「個人情報」とは，名前や住所，生年月日など人に関する情報で，その人が誰かが分かるもののこと。
- 例えば，名前，住所，電話番号，生年月日，学校名，勤務先など。
- 一つだけでは分からなくても，たくさん集まると誰なのかが分かるもの。

まとめアニメの視聴 （1分）

まとめ

Step 5 >>>>>>>> （10分）

まとめのアニメーションを視聴した後，気をつけることを発表する。

個別 **全体**

😊 知らない人から電話がかかってきたとき，気をつけなければいけないことはどんなことでしょう。

- 知らない人には，絶対に教えない。
- 相手が確認できないときは，名前や電話番号を言わない。
- 「警察です。」「学校です。」と名乗られたときも，すぐに信じて答えずに，家の人に電話をかわってもらって話を聞いてもらう。
- 相手の電話番号を聞いて，「あとでかけ直します。」と言う。
- 「困っているんです。」「大変なんです。」と言われても応じない。
- 電話の相手に「大人がいない」ことは知らせない。

〈第２章〉実践事例「Ａ：情報安全」

板書

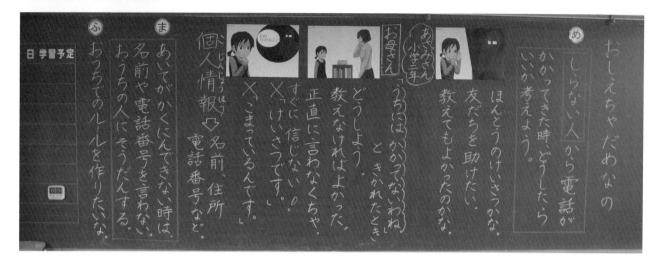

ワークシート例

この指導を通じて感じたこと考えたこと

　小学３年生の11月の参観日に指導しました。オープンスクール中だったので，保護者はもちろん，地域の方にも参観していただくことができました。私のクラスの課題であった「個人情報」についての授業を保護者の方に見ていただくことで，親子で話し合うきっかけにしたかったからです。

　ワークシートに記入する時に，保護者と一緒に考えたり，「これから気をつけたいこと」を親子で話し合ったりしました。また，家庭に帰ってからは親子でルール（電話の対応の仕方や緊急時の連絡方法など）を話し合い，家庭の中へ学んだことを広げていくことができました。

　対象は１年生から４年生となっていますが，児童の実態に合わせてくり返し指導していくことが大切だと感じています。

A-21 携帯ゲーム機

富山県富山市立東部小学校　舟川宗吾先生

ねらい　悪意を持ってインターネットを利用している人がいることを知り，知らない人とやりとりすることの危険性に気付く。

こんなときに

・児童生徒の間でSNS等が流行し，誘い出しなどのトラブルが心配なとき。
・個人情報がどのように流出してしまうのか理解し，個人情報保護の意識を高めたいとき。

学習の必要性

　SNSやインターネット上の掲示板などは，日常的に利用されるコミュニケーションの手段であり，子供たちも，携帯ゲーム機などからアクセスすることができる。子供たちは個人情報をインターネット上に載せてはいけないことは知っていても，よく行くお店，写真に写っているものなど，何気なくインターネットに投稿した情報が個人情報に結びついてしまう危険性を理解していないことが多い。また，インターネット上で関わっている相手が，悪意のある人であったり，別の人がなりすましていたりする可能性もある。SNSやインターネット上の掲示板などを適切に利用するには，安易に知らない人とつながらないことを指導するとともに，どのようにすれば個人情報を守れるのか考えさせたい。

指導のポイント

①携帯ゲーム機でできること

・ゲーム　　　　　　　・インターネットを使ったゲーム
・メッセージの交換　　・ホームページの閲覧
・写真撮影　　　　　　・録音
・アプリ（ソフト）のダウンロード（購入）

　　　　　　　　　　　　　　　　　　　　　　　　　　　　など

②ゲーム機のID（コード）

・インターネットの掲示板には，友だちを募集する書き込みがある。
・IDやコードを交換した人とゲーム上でメッセージのやりとりをしたり，ゲームをしたりすることができる。

③知らない人とのやりとりは危険

・インターネット上で知り合った人が本当はどんな人かを確かめることはできない。
・年齢，名前などを偽っている場合がある。
・悪意を持って子供に近づこうとする人もいる。

〈第2章〉実践事例「A：情報安全」

〈携帯ゲーム機〉
ネットで知り合ったトモダチ

小学5〜6年生・中学生

事例アニメの概要

① 携帯ゲーム機で遊んでいたゆずは，一緒にゲームに参加してくれる友だちが欲しくなり，携帯ゲーム機のIDを交換するWebサイトで，同じ市内に住む同級生の「うさ」を見つけて友だちになる。

② ネットを介して一緒にゲームを楽しんでいたが，「うさ」からゲームとは別の電子掲示板で話をしようと誘われる。

③ 「うさ」を同級生だと信じているゆずは，個人情報につながる内容を伝えてしまう。

④ 実は「うさ」は女子中学生ではなく，成人男性だった。ゆずが伝えた個人情報から，ゆずの自宅を突き止めようとしていた。

▶視聴のポイント

　子供でもゲームという共通点で，知らない人とも気軽につながることがある。しかし，知らない人と関わることに，悪意のある人物がゲームをきっかけに子供たちをねらっていたり，個人情報を流したつもりはなくても，質問の内容から個人が特定されたりする恐れがつきまとうことまでは考えていない。

　事例アニメの女子生徒のありふれた行動や思いの背後にある危険性を捉える中で，自分のインターネット上での人との関わり方について振り返るきっかけにしたい。

　子供たちにとって，インターネットを介してのコミュニケーションが当たり前の時代になっている。個人情報がどのように流出し，トラブルに巻き込まれるのか事例を通じて正しい知識を身につけた上で，安全にインターネットを利用するにはどうすればよいのか，自分自身の行動を振り返り，ネット上でのふるまいを考えさせていきたい。

事例のまとめ

① インターネット上だけのやり取りでは，本当に良い人か悪い人かを確かめることは難しいのです。

② 悪意を持った人が子供になりすましているかもしれないので，よく考えて安易にやりとりしないようにしましょう。

③ 自分の個人情報に繋がる情報を伝えたり，相手からの質問に安易に答えたりしないようにしましょう。

A-21 携帯ゲーム機

指導の流れ

学習活動	教師の発問と予想される児童生徒の反応

導入

Step 1 >>>>>>>>>（5分）

「携帯ゲーム機でしていること」を発表し、ゲームやインターネットの使い方を確認する。

全体

😊 携帯ゲーム機でどんなことをしていますか。使うときに気をつけていることは何ですか。

- ●ゲームをしたり、インターネットで攻略法を調べたりしている。
- ●写真撮影をしている。
- ●チャットや掲示板で会話をしている。
- ●使う時間を決めて使っている。
- ●写真を撮るときは顔が写らないようにしている。
- ●名前や住所などの個人情報を載せないようにしている。

事例アニメの視聴（4分）

展開

Step 2 >>>>>>>>>（8分）

うさとやり取りをしているゆずの気持ちを考え、グループや全体で交流する。

グループ **全体**

😊 うささんとやり取りをしている時、ゆずさんはどんな気持ちだったと思いますか。

- ●友だちができて喜んでいる。
- ●相手を同じ中学生だと思っている。
- ●もっと仲良くなりたいと思っている。
- ●個人情報は書いていないから安全だと思っている。
- ●せっかく友だちになれたから自分のことをもっと知ってもらいたいと思っている。

Step 3 >>>>>>>>>（5分）

うさとのやり取りを続けることで起こりうる問題点を予想し、ワークシートに記入する。

個別

😊 この先、うささんとのやり取りを続けるとゆずさんにどんなことが起きますか。

- ●悪い人に住所を特定されてしまう。
- ●つきまとわれるかもしれない。
- ●誘拐されたり、犯罪に巻き込まれたりするかもしれない。
- ●知らない人に住所を言いふらされてしまうかもしれない。

Step 4 >>>>>>>>>（10分）

ゆずの行動の改善すればよいところを考え、アドバイスを考える。

グループ **全体**

😊 ゆずさんが安全にインターネットを使うためにはどんなことに気をつければよいですか。

- ●トモダチネームを知らない人に教えないようにする。
- ●掲示板の内容だけで、知らない人を「いい人」と決めつけないようにする。
- ●知らない人の質問になんでも答えないようにする。
- ●住所につながることを教えていないか考えて書き込みをする。
- ●楽しいからといってゲーム以外の方法でやり取りをしない。

まとめアニメの視聴（2分45秒）

まとめ

Step 5 >>>>>>>>>（10分）

インターネット上でやり取りするときに気をつけたいことを考える。

個別 **全体**

😊 携帯ゲーム機やインターネットを使うときに、気をつけたいと思ったことは何ですか。

- ●知らない人とはやり取りをしない。
- ●インターネットで知り合った人のことをすぐに信用しない。
- ●知らない人にIDを教えない。
- ●個人情報につながるような情報を書き込んだり、質問に答えたりしない。
- ●困ったことが起きたら大人に相談する。
- ●実際に会ったことがない人とは会わない。

〈第2章〉実践事例「A：情報安全」

板書

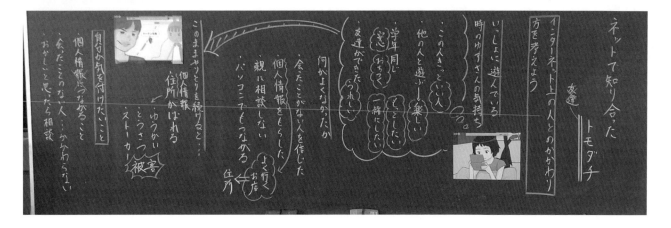

ワークシート例

A-21　携帯ゲーム機

ネットで知り合ったトモダチ

＿＿年＿＿組＿＿番　名前＿＿＿＿＿＿＿＿

1 この先、やり取りを続けるとゆずさんにどんなことが起こるのでしょう。

- 自分の家がどこにあるか知られたり、個人情報も相手にバレてしまう。
- ストーカー被害にあう。
- ゆうかいされる。
- かんきんされる。

2 ゆずさんのどのような行動が問題だったのでしょう。

- ゆずさんが、「家から近い」ということを相手にしゃべったことが問題だと思う。
- 会ったことがない人を信用したから。
- 個人情報に近いことを言った。

3 けいたいゲーム機やネットを使うときに気を付けることを発表しましょう。

　ネットを使うときは、個人情報にちかい情報をかかないようにしたり、本名をかかないようにニックネームなどを使って、自分の個人情報がバレないように気をつけたいと思います。
　すぐに気付いて、親などに相談して安全に使いたいです。

この指導を通じて感じたこと考えたこと

　客観的に見ていると、ゆずさんの行動のどこに問題があるか子供たちもしっかり捉えることができます。そのような行動の背景には「一緒に遊ぶ友だちがほしい」「友だちができてうれしい」といった当たり前の感情があることに気付かせることで、自分たちにも起こりうる出来事だと子供たちに感じて欲しいと考え、登場人物の行動だけでなく、どのような気持ちだったのか考えさせる発問を入れました。

　SNSやインターネットを介したつながりが当たり前になっている子供たちには、何をすると個人情報を教えたことになるのか、どのような関わりが危険につながるのか、正しい知識を身につけ、自分の身は自分で守る意識を高めていくことが大切だと思います。

A-22 スマホで課金

北海道野付郡別海町立別海中央小学校　古内祐介先生

ねらい　ゲームのアイテムやトークアプリのスタンプのような，手元に形として残らない買い物は，買い過ぎないように気をつけることを理解する。

こんなときに

- 児童生徒の間で，無料オンラインゲームやトークアプリ等，アプリ内課金が可能なサービスの利用が広がってきた場合。
- 家庭において，スマホ等の使用ルールが明確に定められていない場合。

学習の必要性

　オンラインゲームやトークアプリなどは，無料で基本機能を提供する一方，ゲームの追加アイテムやトークアプリのスタンプなどの購入（アプリ内課金）へと誘導することで，収益が上げられるよう設計されている。課金は，親権者のクレジットカード決済以外に，コンビニなどでプリペイドカードを購入し，パスワードを入力さえすれば小学生でも容易に利用可能である。金銭が絡む問題なので，各家庭においてルールを設定し，適切に利用することを促していきたい。まずは利用者である児童生徒が，課金へと誘う無料アプリの仕組みや，だんだんと歯止めが効かなくなる心理状態について知る機会があると良い。この問題を自分事として捉えさせる中で，主体的に判断し行動することの必要性を実感させたい。

指導のポイント

①無料ゲームのしくみを知る

- ゲーム画面の一部に広告を表示することで，無料で遊ぶことができる。
- ゲーム会社は「お金を払ってでもゲームを有利に進めたい，楽しみたい」と思わせるように，工夫してゲームを作っている。
- 課金してゲームを有利に進める快感を一度経験してしまうと，次から次へとお金をつぎ込みたくなってしまう。

②無駄な買い物はしない

- しっかり管理しているつもりでも，ゲームのアイテムやトークアプリのスタンプのような，手元に形として残らない買い物は，無意識にたくさん買い過ぎていることもある。
- 例えば「毎月ぬいぐるみをひとつ」だと，増えていくのがよく分かるが，データだと実感がわきにくい。無駄な買い物をしないように考える。

③普段からお家の人とルールを決めておく

- スマホの課金は，ボタンひとつで買い物ができ，実際にお金を支払っていないので現実味がなく，次から次へと買ってしまい，気が付くと高額請求が親のもとにきてしまうことがある。
- 普段から課金についてお家の人とルールを決めておく。
- 課金するときは，必ずお家の人に相談してから行うようにする。

〈第2章〉実践事例「A：情報安全」

〈スマホで課金〉
気が付かないうちにこんなに…!?

小学5〜6年生・中学生

事例アニメの概要

①りなとそらの姉弟は、スマホで課金するときの約束を母親と交わした。そらは、課金するときは母親と一緒にすることを決め、りなは、自分できちんと管理すると決めた。

②そらは、テレビのCMで興味を持ったスマホゲームをダウンロードする。最初は母親と一緒に課金したそらだが、もっとアイテムが欲しくなり、どんどん購入してしまう。

③気が付いたときには、プリペイドカードの残額がなくなり、買う予定だったまんがが買えなくなってしまう。

④りなは、ひと月にひとつだけと決めてトークアプリのスタンプを購入していたが、使っていないスタンプがたくさんあることに気付き、無駄遣いを悔いる。

▶視聴のポイント

　課金に限らず、スマホを扱う際には家庭内でルールを確認することが必要だと言われている。ただ与えられたルールを守れば良いのではなく、なぜそのルールが必要なのか、理由や背景をもとに考えさせ、主体的に自分をコントロールできる力を育てたい。
　今回の題材では、保護者とルールを確認したにも関わらず、陥りやすい状況を再現している。なぜそのようなことになってしまったのか、次の点に注目させながら視聴させ、考えていきたい。
①保護者とどのようなルールを決めたのか。なぜそのようなルールが必要なのかを考える。
②無料と言いながら、消費者の心理を操って上手に課金へと誘導する仕組みを知る。
③課金の歯止めが効かなくなっていく原因を考え、どのようにセルフコントロールしていくかを考える。

事例のまとめ

①課金して無料ゲームを有利に進める快感を経験してしまうと、次から次にお金をつぎ込みたくなってしまいます。

②データだと実感が湧きにくいため、無意識にたくさん買い過ぎてしまうことがあります。

③課金はその場で現金を使っているわけでないので現実味が無く、あとから高額請求が来ることがあります。

A-22 スマホで課金

指導の流れ

学習活動	教師の発問と予想される児童生徒の反応

導入

Step 1 >>>>>>>>（5分）

事例を紹介し，アプリ内課金の仕組みや課金トラブルに対する児童生徒の認知度を把握する。印象を問い，考えられる問題点を予想する。

全体

☺ 小学生がスマホの無料ゲームで遊んでいたところ，翌月ゲーム会社から 28 万円の請求がありました。何が起こったのでしょう。またこの話を聞いてどう思いましたか。

- ●無料ゲームなのに請求って詐欺に巻き込まれたとか？
- ●コインとかアイテムとかを買ったんだ。
- ●一つ何百円くらいだよね。相当使わないとこんな額にはならない。
- ●ゲームに 10 万円以上とかありえない。
- ●そんな高い金額無理。絶対に払わないとダメなの？
- ●たぶん親に内緒で使ったんだと思う。
- ●課金したことあるけど，1000 円以上はもったいなくて使えない。

事例アニメの視聴（4分45秒）

展開

Step 2 >>>>>>>>（7分）

家の人とルールを確認していたにも関わらず，ついつい課金がやめられなくなってしまった登場人物の気持ちを考え，全体で交流する。

個別 **全体**

☺ そらさんは家の人とルールを確認していたにも関わらず，なぜ課金をやめられなかったのでしょう。

- ●ゲームをクリアできるなら 300 円くらいならいいかと思った。
- ●ちょっとずつ難しくなってくるから，ついつい課金してしまう。
- ●自分のお小遣いだから自由に使っても良いと勘違いした。
- ●プリカでチャージした分をどんどん使えるから止まらない。
- ●いくら使ったか考えずに次々課金してしまう。気付いた時には……
- ●そもそもお金を使っている感覚がないのかも。
- ●何のために用意していたプリカかなのかも忘れている。

Step 3 >>>>>>>>（15分）

それぞれの事例の問題点や改善すべき点をグループで出し合い，考えを深める。

個別 **グループ** **全体**

☺ 二人が課金しすぎないためにはどうすれば良かったのでしょうか。グループで考えを出し合いましょう。

- ●クリアできないとつまらない。いくらまでと決めて課金すれば良い。
- ●考えずに次々課金したのが問題。何に課金したのかをメモする。
- ●ゲームでお金を使うなら他は我慢とか，使い道をはっきりさせる。
- ●決めたルールは守らないと信用されなくなるから，破らない。
- ●スタンプとか欲しくなるのはわかる。月に一つと決めるのはいい。
- ●似たようなのを買わないよう，持っているものを確かめてから判断する。

まとめアニメの視聴（2分）

まとめ

Step 4 >>>>>>>>（10分）

無料ゲーム等の特性や，課金で陥りやすい状況を踏まえた上で，トラブルを防ぐために，どのようなことに気をつければ良いか考える。

個別 **全体**

☺ 「気が付かないうちにこんなに…!?」とならないために，スマホで課金する際にあなたはどんなことに気をつけますか。学習を振り返りながらまとめましょう。

- ●課金させるようになっている無料ゲームの仕組みに気をつける。
- ●普通の買い物ならじっくり考えて買う。ゲームの中もよく考えたい。
- ●形に残らないから，何にいくら使ったのかを自分で管理する。
- ●無意識にやってしまうことが怖い。自分はやらない方が良さそう。
- ●お金に関わることは，親と確認しておく。子供では責任が取れない。
- ●ルールを作るだけではなく，自分をコントロールする意識が大切。

〈第 2 章〉実践事例「A：情報安全」

板書

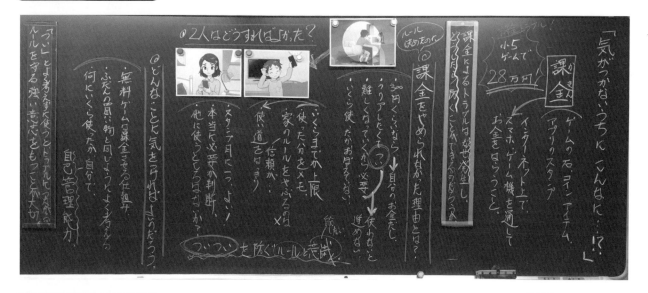

ワークシート例

【A-22】スマホで課金

気が付かないうちにこんなに…!?

　　　　　5 年 2 組　　番　名前＿＿＿＿＿＿＿

☆小学生による無料ゲームの高額請求の例を聞いて，どのように感じましたか。
　つかいすぎ。ゲームに 28 万円はありえない。

　　　　　＊自分も，これまでに「課金」の経験が（ ある ・ ない ）
　　　　　　　　　　　　　　　　　　　　　　　　スタンプ

① そらさんが課金をやめられなくなった理由は何でしょう。

・実際にお金が見えないから。
・いくら使ったかわからなくて使っちゃう。

② 2人はどうすればよかったか考えましょう。

・おこづかいちょうをつくってメモをする。
・ルールを守る約束でスマホをもらったから守らなきゃいけない。
・本当に必要かどうか考える。

☆あなたは，スマホで課金をするときにどんなことに気をつけますか。
　なににいくら使ったのかを自分でわかるようにしたい。
　つかいすぎて後でこまるのは自分だから、よく考えて使ったり、
　自分にきびしくしたりする。

この指導を通じて感じたこと考えたこと

　スマホによる課金の経験は少ないものの，携帯型ゲーム機も含めると半数近くの児童が何らかの形で課金を経験したことがありました。しかし，冒頭に提示した高額請求の事例に対して，自分達はそんなことにはならない，大丈夫だとの雰囲気が見られました。こうした認識の甘さはいずれトラブルへと繋がりかねません。

　本時では，ルールを確認したにも関わらずなぜうまくいかなかったのか，理由と改善策を話し合う中で，この問題を自分事として捉える児童が増えました。また，つい課金してしまう無料ゲームの仕組みを知り大いに納得するとともに，自分自身で行動をコントロールする難しさについても言及していました。こうした児童の変容は，ぜひ保護者とも共有し，共通の話題にしていきたいものです。

41

A-23 トークアプリ依存

東京都荒川区立尾久第六小学校　宮脇康一先生

ねらい　相手の都合を考える，返信を強要しない，送信する時間帯や場面を考える等，トークアプリのマナーを理解し，コミュニケーションの方法をスマホだけに頼らないようにする必要があることを理解させる。

こんなときに

- トークアプリの利用時間が多すぎたり，トークアプリによるトラブルが学校や家庭で起こったりしているとき。
- トークアプリの使いすぎによるスマホ依存が心配されるとき。

学習の必要性

　トークアプリは，重要な連絡手段として幅広い世代で日常的に使われており，特に児童生徒は，メッセージやスタンプ，写真のやりとりをするために重要視していると思われる。その一方，すぐに返信しようとか既読スルーはだめという理由で，常にスマホを気にしたり，長時間使ったりする問題が起こっている可能性もある。また，そこからトラブルにつながることや，学習や睡眠の時間を削ってしまう恐れもある。スマホやアプリを便利に使っていくためには，節度のある使い方が大切であることを教えるとともに，そのことは自分だけではなく，共通認識としておくことも大切にする意識を育てていきたい。

指導のポイント

①メッセージを送る前に，受け取る人の都合や気持ちを考える

- トークアプリはとても手軽で便利。しかし，気軽さから短時間に何度もメッセージを送りつけたり，相手に返信を要求したりするようになりやすく，受け取った相手にとっては大変な重荷になることもある。
- メッセージを受け取る人の都合や気持ち，時間帯を考えてから利用するようにする。

②返事がないことで不安になるようだと，スマホ依存かも

- 常にスマホをチェックしていないと落ち着かなかったり，返信が来ないと不安になったりといったことがある場合は，スマホ依存になっているかもしれない。
- スマホ依存になると，生活が乱れて体調を崩してしまい，本来するべきことができなくなってしまう。

③目の前の相手を大切に

- トークアプリはコミュニケーションを深めるための手段のひとつでしかない。
- 目の前の相手を無視してメッセージを送ることを優先したり，スマホを見ながら話をしたりすると，本当に大切にしなければならないものを失うこともある。

〈第2章〉実践事例「A：情報安全」

〈トークアプリ依存〉
スマホなしでは生きていけない

小学5～6年生・中学生

事例アニメの概要

①みさきは、その便利さや楽しさからスマホのトークアプリに夢中になっている。

②そのうち、友だちに何度もメッセージを送ったり、すぐに返信するよう要求したりするようになる。

③友だちはみさきのメッセージに迷惑し、次第に返信しなくなる。

④食事中にまでスマホを手放さないみさきを母は注意するが、聞き入れない。友だちからの返信がなくなり、「スマホがなかったら生きていけないかも」と、みさきは不安になる。

▶視聴のポイント

児童生徒の年代は、学校を中心とした限られた人間関係の中で生活をしていることもあり、そこでの友人関係を必要以上に重要視する傾向にある。その中でトークアプリを使ってさらに濃密なコミュニケーションをとることで、「もっとこうしてほしい。」「変に思われたらどうしよう。」などの不安が増大することも少なくない。つまり、事例アニメの女子生徒は必ずしも特殊な例ではなく、同じような面が自分や友だちにもあり、同様のことが起こりうるという視点を持たせたい。

▶未来を生きる子供たちに

「昔はこんなのがなかったから問題なんてなかった。」という感覚ではなく、ネットワークでつながっていることが当たり前の時代を生きていく子供たちが、上手なつきあい方を考える場面として指導したい。そうした指導者の姿勢が、機器や情報に翻弄されるのではなく、それらを主体的に使いこなして生きる子供たちの姿につながっていく。

事例のまとめ

①トークアプリは受け取る人の都合や気持ち、時間帯を考えてから、利用するようにしましょう。

②スマホ依存症になると、生活が乱れて体調をくずしてしまい、本来するべきことができなくなってしまいます。

③何が大切か、何のためにスマホを使っているのか、よく考える必要があります。

43

A-23 トークアプリ依存

指導の流れ

学習活動	教師の発問と予想される児童生徒の反応

導入

Step 1 »»»»»»» (4分)

本時で扱う「トークアプリ」とは何か確かめながら，今の関わりと，どう思っているのかを話し合う。

全体

😊 トークアプリを使ったことがありますか。どう思っていますか。

- 自分のスマホで毎日使っている。
- 早く使ってみたい。お兄ちゃんが使ってて，うらやましい。
- 家族や友だちと連絡が取れて，とっても便利。
- スタンプを使って話をするのがとっても楽しい。
- 既読スルーしたらダメ。

事例アニメの視聴（5分25秒）

展開

Step 2 »»»»»»» (5分)

みさきさんに返信が来なくなった原因を考え，ワークシートに書く。

個別

😊 みさきさんに返信が来なくなったのはどうしてでしょう。あやさんとまおさん，みさきさんの気持ちを考えましょう。

・あやさんとまおさんの気持ち
- 勉強してたのに，じゃまされていやになった。
- 夜中に送ってきたせいで，禁止されてしまった。でも，ほっとした。

・みさきさんの気持ち
- すぐに返すんだから，相手もそうするのが当たり前と思っていた。
- 家族との時間や寝る時間をじゃましていることに気付かなかった。

Step 3 »»»»»»» (5分)

登場人物の気持ちを考え，グループや全体で交流する。

グループ **全体**

😊 ワークシートに書いた，3人の気持ちを発表しましょう。お互いのことをどう思っているか想像しましょう。

- 友だちは大切だけど，しつこいとイヤになっちゃう。
- すぐに返せないことがあることくらい，わかってほしい。
- みさきさんをグループ外しにすればいいって思っちゃう。
- すぐに返すのが礼儀だと思っていたけれど，いろんなじゃまをしちゃって，逆に礼儀になってなかった。
- すぐに返すのが礼儀って誰が決めたんだろう？　って思った。

Step 4 »»»»»»» (10分)

トークアプリを使うときに気をつければよいことを考える。

個別 **グループ**

😊 トークアプリを正しく使うために気をつけたいことを考え，グループで交流し，考えを深めましょう。

- 使いすぎはよくないんじゃないかな。
- 既読スルーを気にしないようにする。
- 使っていい時間を決める。
- でも，自分だけ使わないっていうのは難しい。
- どうすれば正しく使えるかわからない。どのくらいまで使っていいかわからない。

まとめアニメの視聴（1分40秒）

まとめ

Step 5 »»»»»»» (13分)

トークアプリ依存にならないためには，どのようなことに気をつければいいか考える。

個別 **全体**

😊 「トークアプリ依存」にならないために気をつけることを考えましょう。

- 返信できない時間があることをお互いに伝えておくといい。
- 誰かが「明日直接話そう。」と言ったら，みんなでそうしようっていう。
- スマホを使わない時間を作る。
- 9時過ぎはトークアプリを使わないっていう約束をする。
- 勉強する時には，スマホをそばに置いておかないようにする。
- 寝る時には電源を切る。
- 自分だけでやめられない時には，家族に協力してもらう。

〈第2章〉実践事例「A：情報安全」

板書

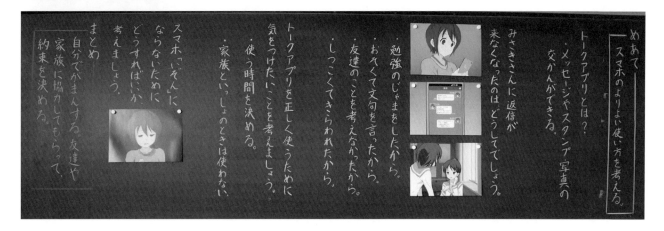

ワークシート例

【A-23】トークアプリ依存

スマホなしでは生きていけない

　　　年　　　組　　　番　名前

☆トークアプリを使ったことはありますか。どう思っていますか。

　楽しい。スタンプを使いたい。
　お兄ちゃんが使ってて、うらやましい。
　自分せん用のすまほがあれば、いつでも使えるのにって思う。

① みさきに返信が来なくなったのはどうしてでしょう。
　　　　　　○あやとまおの気持ち

　勉強してたのに、じゃまされてイラッとした。
　すぐ返してって言われてもムリ。
　みさきさんのせいで、スマホが使えなくていやだ。
　でも、使えないっていいわけできるからほっとしてる。

○みさきの気持ち

　私はすぐ返してるのに、すぐに返してくれないのはひどい。
　お母さんは、私のつきあいをわかってくれない。
　きどくスルーとかありえない。

② トークアプリを使うには、どのようなことに気をつければよいか書きましょう。

　いじめとか、グループ外しをしちゃいけないと思う。
　使っていい時間を決めればいい。
　相手のことを考えて、みんなで使う時間を決める。

③ トークアプリ依存にならないためには、どのようなことに気をつけたらよいか書きましょう。

　勉強してる時には使わない。
　親にあずける。
　ねる時はベッドに持っていかない。電げんを切る。
　どのくらい使っているか、時間をはかってみる。

この指導を通じて感じたこと考えたこと

　導入を変更しました。日常的に使っていれば，トラブルがすでに発生していることもあるかもしれませんが，今回は5年生向けの実践であり，スマートフォンの保有率が高くないと思われるため，冒頭の発問を「トークアプリを使ったことがありますか。」としました。アンケート等で，学級の実態に合わせて変えていくのがいいと思います。

　スマホ依存はトークアプリによってだけではなく，ゲームアプリや動画再生アプリでも起こり得ます。健全な人間関係を築くためにも，健康な生活を送るためにも，自己チェックできるとよいと思います。養護教諭を含めた学校全体での取り組みや，保護者会での呼びかけなど，様々な機会で意識づけをしていこうと思います。

A-24 ネット上で知り合った人との約束は危険

神奈川県二宮町立山西小学校　新井久美先生

ねらい　ネット社会の特性を知り，インターネットの向こうにいる相手に会ったり，個人情報を教えたりしない態度や判断力を身につける。

こんなときに
- 誘い出しやつきまといが心配され，被害を未然に防止したいとき。
- インターネットやSNSでのコミュニケーションの有用性を踏まえつつも，実際に会ったり個人情報を教えたりすることの危険性を学習したいとき。

学習の必要性
　スマートフォンやタブレットの普及によりインターネットの利用率は上昇している。6歳から12歳の利用率が82.6％（2017総務省情報通信白書）という統計もある。SNSやネット上の掲示板などインターネット上のコミュニケーションを「危険だから使ってはダメ」と禁止することは，誘い出しやつきまとい，なりすましといった問題への対応力を鈍らせ，根本的な解決にはならない。
　子供たちには将来の情報技術の変化にも対応する力を培うため，特定のSNSの扱い方を学習するのではなく「どんな人にも簡単に個人情報を教えてはいけない」「相手の言うことをすぐに信じてはいけない」といった普遍的なコミュニケーションの取り方を学ばせたい。

指導のポイント

①インターネットの特性を知る
- 不特定多数の人に簡単に情報を伝えることができ，情報を得ることができる。そこから，見知らぬ人同士が簡単に関係を持つことができる。
- ネット上の情報は全てが正しいとは限らない。
- ネット上にはたくさんの情報があり，それを上手く使えるようになれば，生活する上でとても便利である。

②正しい行動について考える
- ネットは相手が見えないから，すぐに信用してはいけない。
- どんな相手でも個人情報は教えてはいけない。
- ネット上の情報をすぐに信用してはいけない。
- ネット上の情報は，本などでも確認する。

③インターネット上で，情報を交換する時の注意点を知る
- 個人情報はどんな場合でも簡単に教えてはいけない。
- 情報を簡単に信じないで，自分で判断する力をつけていく。
- 実際に会うように誘われたり，電話番号やアカウントなど個人情報を聞き出されそうになったりした時には，お家の人や周りの大人に相談する。

〈第2章〉実践事例「A：情報安全」

〈ネット上で知り合った人との約束は危険〉
えっ！ こんな人だったの！

小学5～6年生

事例アニメの概要

①はるかは大の猫好きで，自分でも一匹の猫を飼っている。ある日，飼っている猫がいなくなってしまい，はるかは不安になる。

②SNSで相談したはるか。「たまお」と名乗る人のアドバイス通りにすると，飼い猫が無事見つかり，はるかは「たまお」に感謝する。その「たまお」から，直接会いたいと連絡が来る。

③それまでの交流から，「たまおはいい人」だと考えたはるかは，実際に会う約束をしてしまう。

④約束の日に電話をすると，「たまお」は成人男性だった。会わずに帰ったはるかだったが，それ以降，「たまお」から大量の着信や連絡が来るようになった。

▶視聴のポイント

インターネット上のコミュニケーションは大変便利な反面，個人情報の流出や誘い出しの危険がある。特に不特定多数が参加するようなところでは，有用な情報が得られることもあるが，個人情報の扱いには慎重になる必要がある。「危険だから使わない」のではなく，有用性も感じとらせ，賢く付き合う方法を考えさせたい。そのために，視聴前に「ネットがあると便利だと思ったのはどんな時ですか」と投げかけ，インターネットを多方面で便利に使っていることに気付かせたい。

視聴後は，飼い猫が失踪したことを不安に思う気持ちや，会うことを一瞬ためらった不安と，会うと決断した時の期待などの気持ちの変化を場面ごとに捉える。そのことで，問題解決の方法としては有効であったことに気付かせるとともに，相手の人が想像していたものと違った時に問題が起きる危険性にも触れた上で，実際の生活で気をつけることを学ばせたい。

事例のまとめ

①インターネットやアプリのやりとりだけでは，年齢や性別等は分かりません。

②中には男の人が女の子のふりをしたり，大人が小中学生のふりをしたりすることもあります。

③実際に会うように誘われたり，電話番号等を聞き出そうとされたりしたときは，大人や先生に相談しましょう。

A-24 ネット上で知り合った人との約束は危険

1・2 / 3・4 / 5・6 / 中

指導の流れ

学習活動	教師の発問と予想される児童生徒の反応

導入

Step 1 >>>>>>>>>> （8分）

Webサイトだけではなく，掲示板，動画投稿，SNSなどを含めて考える。

【全体】

 ネットがあると，便利だと思ったことがありますか。それは，どんな時でしたか。

- 調べ学習でわからないことがすぐに出てくる。
- すぐに情報が伝わってくる。
- 面白い動画が見られる。
- 自分で動画を作って，みんなに見てもらえる。
- 離れている友だちと通信でゲームや交換ができる。
- 知らない人や遠くに住んでいる人でも友だちになれる。

事例アニメの視聴（4分20秒）

展開

Step 2 >>>>>>>>>> （7分）

「会う」と決めるまでのはるかさんの気持ちを考える。

【個別】【全体】

はるかさんはどんな気持ちだったでしょうか。誘いのメッセージが届いた時，

- アドバイスをくれた人だから，お礼がしたい。
- メッセージをやりとりして，親切な人だとわかっているから大丈夫。
- 何回もメッセージをしたから，いい人だと思う。早く会いたいな。
- たまおさんなら会っても大丈夫。女の人だし。
- 直接会ったらメッセージよりももっと楽しく話ができると思う。
- せっかく近くまで来るのだから，断ったら悪いな。

Step 3 >>>>>>>>>> （8分）

正しい行動について考える。

【個別】【全体】

はるかさんはどのような行動をとればよかったでしょうか。

- メッセージのお礼だけにして，会う約束はしなければよかった。
- おうちの人に相談してからやればよかった。
- 知らない人と勝手に会う約束をしてはいけなかった。
- 相手が見えないのにいい人と思ってしまったから，よく考えればよかった。
- 勝手に情報を載せたり，やり取りをしなければよかった。
- アプリを使わず，近所の人たちにもっと協力してもらえばよかった。

Step 4 >>>>>>>>>> （10分）

インターネット上で，情報交換する時の注意点を考える。

【個別】【全体】

ネット上での出会いについて，気をつけなければいけないことは何でしょう。

- 相手が見えていないのに，どんな人なのか勝手に決めつけない。
- 相手が書いていることを簡単に信用してはいけない。
- 自分の家がわかるような情報をネットに載せてはいけない。
- 電話番号などの個人情報を教えてはいけない。
- 知らない人と会う約束を簡単にしてはいけない。
- おうちの人に相談しながらアプリを利用する。

まとめアニメの視聴（30秒）

まとめ

Step 5 >>>>>>>>>> （7分）

被害にあってしまった時の対処法を考える。

【個別】【全体】

もし，ネット上での被害にあってしまったらどうしますか。

- 電話を解約したり，電話番号を変えてもらったりする。
- 警察やおうちの人に相談する。
- 最悪の場合，引っ越しをしなければならないかもしれない。
- 大人になってからも，被害にあうかもしれない。
- 警察などに相談する。

〈第2章〉実践事例「A：情報安全」

板書

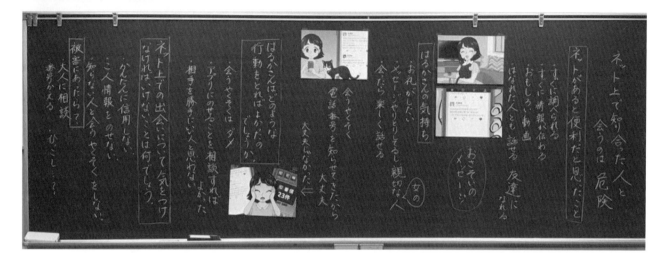

ワークシート例

【 A-24 】ネット上で知り合った人との約束は危険

えっ！こんな人だったの！

_____年_____組_____番 名前_____

☆ネットがあると、便利だと思ったのは、どんな時ですか？
色んな動画が見れる。
知りたいことが、すぐに分かる。
ゲームのことをしらべられる。

①はるかさんは誘いのメッセージが届いた時、どんな気持ちだったでしょうか。
たまおさんとなら、会っても大丈夫
だと思った。
女の人だと思っていた。

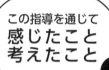

②はるかさんはどのような行動をとればよかったでしょうか。
自分が知っている、近所の人たち
とかに、協力してもらうとよかった。

③ネット上での出会いについて、気を付けなければいけないことは何でしょう。
相手の名前とかで、どんな人かを
判断しない。
個人情ほうを、ネットにのせない。

☆もし、ネット上での出会いの被害にあってしまったらどうしますか？
スマホを変えて、もう会わないようにする。
けいさつに相談する。

この指導を通じて感じたこと考えたこと

　子供たちは，「勝手に情報をやり取りしてはいけない」「お家の人に断ってから投稿したり約束をしたりする」と学習をまとめることができました。「安易な投稿がこのような事態を招いた」と投稿自体を否定的に捉える児童がいる一方，「便利なものは使った方がいいよ」と肯定的に捉える児童もいました。ネット上でのコミュニケーションが当たり前の世の中で生活をしていくために，危険性を知った上でどう使っていくか，子供たちは考えながら学習をすすめました。

　成人しても自動的に対応するスキルが身につくわけではありません。システムに左右されることなく，生涯にわたって個人情報の扱いに留意し，人生をさらに豊かにするためにメディアを使う態度をこれからも育んでいきます。

A-25 セキュリティソフト

徳島県東みよし町立足代小学校　中川斉史先生

ねらい　インターネット上には，悪意のある「マルウェア」が存在することや，それをセキュリティソフトで防ぐ大切さを知る。

こんなときに

- コンピュータウイルス感染による被害のニュースやマルウェアなどの攻撃のニュースが話題になったとき。
- ウイルス対策ソフトやOSの更新が面倒だという雰囲気があるとき。

学習の必要性

　パソコンに限らずタブレット端末やスマホを利用する上で不可欠な，セキュリティソフトの重要性だけでなく，最新のファイルに更新することがいかに大切か，またOSのアップデートがなぜ頻繁になされているのかについて考えることは，ネット社会を生きる子供たちに必要不可欠な知識である。
　セキュリティソフトは有料であることが一般的であるが，そのため，家庭によってはそれらは不要と考えることもある。自分は絶対大丈夫と考えがちだが，ちょっとした不注意を誘う危険なサイトも存在し，それらの被害に遭わないためにも，セキュリティソフトのインストールはもちろん，更新期限にも気配りできるようになりたい。また，子供だけの判断にせず大人に相談する習慣をつけさせたい。

指導のポイント

①インターネットには様々な「マルウェア」がある

- インターネット上にはコンピュータの動作をおかしくしたり，コンピュータを乗っ取ったりするマルウェアがある。
- 個人情報を盗み出そうとするマルウェアが存在する。また，コンピュータに保存されているファイルを使えなくすることで金銭を要求するランサムウェアというマルウェアもある。

②感染しないためにはセキュリティソフトを使う

- コンピュータをウイルスなどの脅威から守るためには，「セキュリティソフト」を使う。
- セキュリティソフトは，最新の状態にすることで新しいマルウェアにも対応できる。
- 有料のセキュリティソフトは，使い続けるために購入することが必要。

③自分の使っているコンピュータのことを知る

- ランサムウェアなど，金銭を要求するマルウェアには，安易に支払わず，セキュリティソフトの会社などに相談する。
- OSのアップデートやバックアップもしておく。
- マルウェアは，メールと一緒に届いたファイルを開いたり，サイトを閲覧することで，感染することがある。

〈第2章〉実践事例「A：情報安全」

〈セキュリティソフト〉
ウイルスなんて関係ないと思っていたのに…

小学5～6年生・中学生

事例アニメの概要

①りゅうじはゲームが好きで，最近はその攻略法を調べるために，インターネットを使っている。

②その最中に，セキュリティソフトの有効期限が近付いているという警告が表れるが，「今日はまだ大丈夫，ウイルスなんてそんなにかからない」とそのままにしてしまう。

③ある日，うっかり，あやしいバナーをクリックしてしまい，「ファイルが暗号化されました。元に戻すにはお支払いが必要になります」というマルウェアに感染してしまう。

④ウィンドウを閉じることもできず，支払うしかないのかもしれない，どうしたらいいか分からない，という怖さに直面する。

▶視聴のポイント

　子供たちだけでなく大人であっても，今やりたいことが優先され，手間のかかりそうなことやよく分からないことについては，後回しにしてしまうことがありがちである。

　また，重要性を分かっていたとしても，ウイルス対策ソフトの更新の手続きの手間や，OSの更新の際に時間がかかることを知っているからこそ，後回しになってしまいがちである。

　この事例アニメでは，りゅうじはある程度ウイルス対策については分かっていたはずなのに，後回しになった理由も含めて考えさせ，誰にもそういう行動をとってしまうことがあることにも気付かせたい。

　健全なネットワーク社会の一員として，ネットに関する正確な知識をしっかりと更新し，知的に行動することがとても大切であるという態度につなげていきたい。

事例のまとめ

①悪意のあるソフト「マルウェア」に感染しないために，必ずセキュリティソフトをインストールしましょう。

②新種のマルウェアに対応するために，セキュリティソフトを常に最新の状態にしておく必要があります。

①基本ソフト(OS)の更新
②あやしいサイトやメールは開かない
③データのバックアップ

③セキュリティソフトだけでなく，OSの更新や怪しいサイトやメール，バックアップ等にも気をつけましょう。

A‑25 セキュリティソフト

指導の流れ

学習活動	教師の発問と予想される児童生徒の反応

導入

Step 1 ≫≫≫≫≫≫≫（10分）

『セキュリティソフト』の意味について，子供たちにとって身近な「予防注射」の経験を思い出しながら考える。

全体

😊 「コンピュータウイルス」「セキュリティソフト」という言葉からどんなことを思いつくか考えてみよう

● コンピュータウイルスは悪いことをするもの。
● ウイルスはどんどん広がっていく。
● お家の人が感染してパソコンが壊れたことがある。
● 対策ソフトは，コンピュータウイルスから守ってくれる。
● 入れていないとウイルスに感染する。
● ウイルス対策ソフトはお金がかかる。
● 人間にうつったりするウイルスとは違う。

事例アニメの視聴（2分5秒）

展開

Step 2 ≫≫≫≫≫≫≫（10分）

りゅうじさんがやってしまった失敗（ミス）が何だったのかストーリーをふり返りながらワークシートに書く。

個別

😊 りゅうじさんは，いろんな失敗（ミス）をしていますね。そのことについて，考えていきましょう。

● 更新期限の意味をよく知らなかった。
● セキュリティソフトがどんなことをしてくれているか知らなかった。
● 更新期限が過ぎていても，ウイルスに感染するはずないと甘くみていた。
● 不注意で関係ないバナーを押してしまった。
● 誰にも相談せず一人で解決しようとしていた。
● ゲーム攻略をサイトに頼りすぎていて，何でも信用してしまった。
● ネット上で悪さをするマルウェアなどのことをよく知らなかった。

Step 3 ≫≫≫≫≫≫≫（12分）

りゅうじさんのような失敗をしないために，どうしたらよかったのかワークシートに書き，全体で話し合う。

グループ **全体**

😊 どうすればよかったのか，皆さんで考えていきましょう。

● 更新期限があることを知っておき，日にちを書いて貼っておく。
● 更新できていない時は，更新するまで，パソコンを使わない。
● 人気のあるサイトで，ゲームに関するサイトの場合は，いろんなバナーを押す時に，慎重にならないといけない。
● バナーを押して，画面がおかしくなったとき，一人で解決せず，すぐにお家の人に言う。
● 自分に後ろめたい気があっても隠さず，正直に言う。

まとめアニメの視聴（3分5秒）

まとめ

Step 4 ≫≫≫≫≫≫≫（13分）

皆さんがこれから，どんなふうに行動すれば良いか考える。

個別 **全体**

😊 ネット上で悪さをするウイルスやマルウェアなどについて正しい知識を持ち，どのように行動すれば良いか考えよう。

● 更新するにはお金もかかるので，早めにお家の人に伝えておく。
● 更新の手続きは大人しかできないので，更新できるまではパソコンを使うのをがまんしよう。
● ウイルスやマルウェアは，本人が知らない間に悪さをするので，セキュリティソフトで守ってもらうことが大切だ。
● パソコンだけでなく，タブレットやスマホにもセキュリティ対策がなされているか家族全員で確かめよう。

〈第2章〉実践事例「A：情報安全」

板書

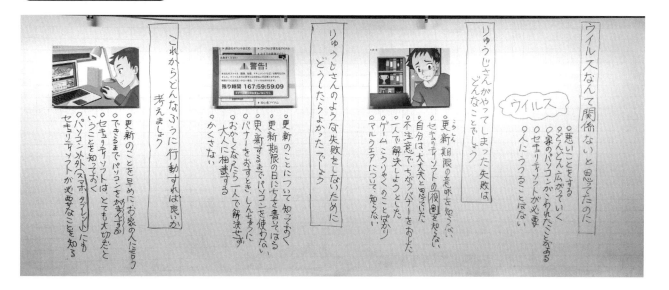

ワークシート例

この指導を通じて感じたこと考えたこと

子供たちはコンピュータウイルスについて、普段なんとなく聞いているが、正確には把握していないと思われました。導入をしっかりやっておくことが大切だと思い、ウイルスやセキュリティソフトについての知識や経験を共有化する時間をとりました。そのためにも、最近起こったウイルス関連事件の新聞記事やニュースなどを提示するのがよいと思います。

また、セキュリティソフトの必要性やOSの更新の重要性が保護者に十分行き渡っていないこともあり、保護者の意識改革も必要です。啓発の意味もこめて、授業参観などでこの教材を利用することも有効だと思いました。

対策にお金を払うことの必要性も含め、情報化社会を生きるための常識として定着させたいと思いました。

A-26 情報の信憑性

北海道札幌市立幌西小学校　月田清乃先生

ねらい　インターネット上には間違った情報や，古い情報があることを理解し，別の資料で確認したり，実際に足を運んで調べたりする大切さを知る。

こんなときに

- 社会科や総合的な学習の時間の調べ学習で，インターネットを使うとき。
- インターネット上のたくさんの情報の中から，正しい情報を選択する方法を身につけさせたいとき。

学習の必要性

　社会科や総合的な学習の時間では，インターネットの情報をもとに学習を進めることがしばしばある。インターネットは，パソコンやタブレット端末，スマホなどのように，子供の身近にあるものでも手軽に情報を得られる手段となっている。しかし，様々な情報を手軽に得られるがために，そのまま信用してしまいがちでもある。インターネットには，間違った情報や古い情報なども混在するので，その中から子供たちが正しい情報を得られるようにしなければならない。

　身近に起こりうる事例を取り上げて指導することで，子供にも分かりやすく，正しい情報を得る知識を身につけさせることが欠かせない。

指導のポイント

①インターネットには様々な情報がある

- インターネット上には人の役に立つ様々な情報がある。
- インターネット上の情報には，古いまま更新されていなかったり，勘違いや誤りがあったりして，事実とは異なるものもある。また，伝える人の意見が多く含まれている情報もある。
- 中には，間違った情報や嘘の情報をわざと書いているものもある。

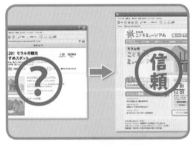

②情報が正しいか確かめることが必要

- インターネット上の情報は，複数のサイトに書かれているから正しいとは限らない。簡単にコピーされた誤った情報が広がっている場合もある。（まとめサイトや「知恵袋」の情報は正しいとは限らない）
- 誰が発信しているのか，信頼できるのか，ページの一番上や下で確かめることができる。そのことを常に意識することが大切。

③インターネットだけではわからないこともある

- 不安な時は，友だち・先生・お家の人と一緒に調べたり比べたりして，正しい情報かどうか確かめる。
- 調べる時には，インターネットだけではなく，本や新聞を使ったり，実際に行ったりインタビューをするなどして，自分の目や耳で確かめることも大切。

〈第2章〉実践事例「A：情報安全」

〈情報の信憑性〉
インターネットには間違った情報も存在する

小学 3～4 年生

事例アニメの概要

①たかしとこういちは，「わたしたちの市」について調べて発表することにした。それぞれテーマを決めて，インターネットを使って調べ始めた。

②すぐに，人口の移り変わりをグラフにしたページや，市の観光スポットをまとめたページを見つけて，ふたりは大喜びした。

③インターネットはとても便利だと思い，自信をもって発表をしたが，人口や博物館の入館料が間違っていることを指摘されてしまう。

④ふたりは，古いままの情報や間違った情報に気付かずに発表していたのだった。

▶視聴のポイント

　授業の導入では，調べ学習の際に，インターネットを使って調べた経験を想起させ，インターネットは簡単に情報を得ることができ，便利であるという共通認識をもたせる。

　事例アニメは，そのまま子供たちにも起こりうることであり，『どんなことに気をつけたら良いか』を考えながら視聴させ，検索エンジンを使えば，「〇〇市の人口」などは簡単に調べることができ，自分に都合のよい情報をすぐ信用してしまいがちであるということに気付かせたい。

　途中でビデオを止め，教師が視聴ポイントを示唆すると，考える視点をそろえることができる。視聴後は，グループ討議等で気付いたこと・気をつけたいことを発表する活動を行い，自分の問題として話し合いをさせたい。

　インターネット検索は，簡単に情報を引き出せる便利さと，そのまま情報を利用せず情報の真偽を確かめることの必要性の両面を知り，情報を確かめる視点を持たせたい。

事例のまとめ

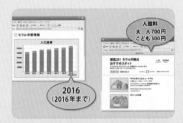

①インターネットにある情報は，役に立つ情報もありますが，すべての情報が信頼できるわけではありません。

②インターネットにある情報は，誰が発信しているのか，信頼できるのか，常に意識するようにしましょう。

③インターネットだけでは分からないこともあります。自分の目や耳で調べることも大切です。

A-26 情報の信憑性

指導の流れ

学習活動	教師の発問と予想される児童生徒の反応

導入

Step 1 >>>>>>>> (5分)

今までの調べ学習の経験を振り返る。

全体

😊 今まで授業で分からないことや調べたいことがあったとき，どのようにして調べたことがありますか。

●図書館にある本で調べた。
●知っている人などにインタビューをした。
●インターネットを使って調べた。
●インターネットはすぐに調べられるので便利。

事例アニメの視聴（3分50秒）

展開

Step 2 >>>>>>>> (5分)

キーとなる場面を振り返りながら，問題意識を持たせる。

グループ **全体**

😊 たかしさんとこういちさんに起こった出来事を振り返りましょう。

●自分たちの住んでいる町について調べることになった。
●インターネットで調べたことをそのまま書き写した。
●発表の時に，間違いを指摘されてしまう。
●自分たちの調べたことが間違いだったと気付く。

Step 3 >>>>>>>> (10分)

たかしさんとこういちさんが間違った発表をした原因を考え，話し合う。

グループ **全体**

😊 たかしさんとこういちさんは，なぜ間違ったことを発表してしまったのでしょうか。

●インターネットで調べた情報そのものが間違いだった。
●「いつ」の資料かをよく見ていない。
●実際に行って確かめていない。
●インターネットに書いてあったことを信じ込んでしまった。
●インターネットでしか調べていない。

Step 4 >>>>>>>> (10分)

二人はどうすればよかったのかを考え，情報の真偽を確かめることの大切さに気付かせる。

個別 **グループ** **全体**

😊 たかしさんとこういちさんはどうすればよかったのでしょうか。ワークシートに書いたことを発表しましょう。

●いくつかのサイトを調べて，比べてみる。
●「いつ」の資料なのかを確認する。
●最新の情報を探す。
●インターネットで調べるだけでなく，行って調べられる場合は実際に行って調べてみる。
●本など，インターネット以外のものでも調べてみる。

まとめアニメの視聴（2分）

まとめ

Step 5 >>>>>>>> (10分)

インターネットで調べるときに気をつけることをまとめ，振り返りを書く。

個別 **全体**

😊 授業を振り返り，自分がインターネットで調べるときに気をつけたいと思ったことをワークシートに書きましょう。

●一つのページだけを見ないで，いろいろなページを見ようと思った。
●「いつ」の資料なのかを確認して，新しいものを探すようにしたい。
●間違った情報があるとは思わなかった。正しいかどうかどうしても分からないときは，大人や先生に聞こうと思った。
●実際に行って，自分の目で確かめられるときはそうしたいと思った。
●インターネットの情報だけを信じるのではなく，本などで調べることも大切だと思った。

〈第2章〉実践事例「A：情報安全」

板書

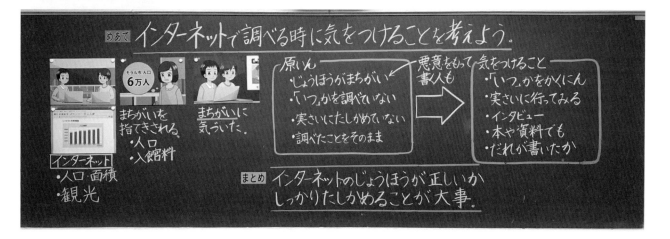

ワークシート例

A-26　情報の信ぴょう性
ちゃんと調べたつもりだったのに…

___年___組___番　名前_____

☆ インターネットを使って、何かを調べたことがありますか？

・自分の住んでいる地域のこと
・外国のまちについて

1 たかしさんとこういちさんが間違った情報を発表してしまったのはなぜでしょう。

・いつの資料かを見ていない。
・一つの資料しか見ないでそのまま写した。
・インターネットに書かれていたこと自体がまちがっていた。

2 正しい情報を使って発表するために、2人はどうすればよかったか考えましょう。

・いつの資料かをしっかりかくにんする。
・実さいに行ってたしかめられる時は、行ってみる。
・本やそのほかの資料でもたしかめてみる。

3 インターネットで情報をさがす時に、気をつけなければいけないことを考えましょう。

・一つのページだけを見ないでいろいろなページを見る。
・だれが書いた情報なのかをかくにんする。
・正しいかどうか分からないときは、大人や先生に聞く。

☆ インターネット以外に、あなたがやってみたい情報のさがし方を書きましょう。

・知っている人にインタビューする。
・本や新聞で調べる。

この指導を通じて感じたこと考えたこと

　4年生の総合的な学習の時間で、札幌の姉妹都市について調べる際に、この指導をしました。事例アニメも「町について調べる」というテーマだったので、子供たちは自分事のように考えることができました。自分たちにも通じるところがあると感じられる方が、子供たちも問題意識を強く持って取り組めたと思うので、この指導は大変効果的だったと感じるとともに、指導のタイミングも重要だと感じました。

　4年生にもなってくると、授業だけでなくプライベートでもインターネットで調べる機会が増えてきます。検索エンジンを使えば、すぐに様々な情報を得ることができます。その膨大な量の情報から、正しいものを選択する術を身につけさせることが大切だと感じました。

B-18 情報を発信するときの責任

兵庫県たつの市立新宮小学校　石堂裕先生

ねらい　話し合いを通して，発信した情報が多くの人に影響を及ぼすことや，発信した情報には責任が伴うことなどに気付く。

こんなときに

- ネット上に書き込んだ情報は，不特定多数に広がり，削除できないことを理解させたいとき。
- ネット上に情報を発信する場合は，責任を持つことを学ばせたいとき。

学習の必要性

　スマートフォンの普及に伴い，子供たちは，手軽に情報を得たり発信したりできるようになってきている。便利な反面，インターネットは不特定多数の人が利用しており，安易に発信した情報によって，多くの人に迷惑をかけたり，それがもとでトラブルになったりする危険性も高い。
　そこで，ネット上へ書き込んだ情報は拡散する恐れがあり，削除しきれないことを理解することや，情報の発信には，新聞や図鑑などを含め，複数の情報から判断し，正しい情報を発信したりすることを学んでおく必要がある。インターネットの特性を知り，発信した情報に責任を持つことを意識させる学習が欠かせない。

指導のポイント

①インターネットは…

- 世界中の不特定多数の人が利用している。
- 不確かな情報をのせると迷惑をかけることがある。
- 無責任な書き込みはトラブルのもとである。
- 公共のものであるという意識を持つ必要がある。

②ネット上への書き込みは…

- 次から次へとコピーされて広まる。
- 書き込みを削除しても誰か一人でもコピーしていると削除することができない。
- 後で間違いに気が付いても，すべての人に訂正，謝罪するのは不可能である。

③ネットの情報は（※信憑性）…

- インターネットには不確かな情報やデマ情報があふれている。
- 情報の出所を確認する。
- 新聞や本などと合わせて確かめる。

〈第2章〉実践事例「B：責任ある情報発信」

〈情報を発信するときの責任〉
確かめなかったせいで

小学5～6年生・中学生

事例アニメの概要

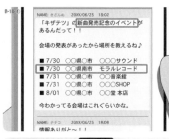

①アイドルのファンであるなつきは、新曲発売記念のイベントについて書かれたWebページを見つける。

②なつきはそれを見て、近くで握手会があると思い込み、握手会の情報として、イベントの場所や日時をブログに書き込んでしまう。

③ブログにはたくさんの反応があり、その握手会に参加する、といった内容のコメントも届いた。なつきは書いて良かった、と嬉しく思う。

④数日後、イベントが勘違いであったことに気付いてブログで訂正するが、間違った書き込みを信じた人がお店に行くのではないかと心配になる。

▶視聴のポイント

　「なつき」がネットから得た不確かな情報を、本人は全く悪気がなくネット上に発信したとしても、その情報が間違いであれば、たくさんの人に対して迷惑をかけることになったり、そのことをきっかけに誹謗や中傷などを受け悲しい思いをすることにつながったりすることに気付かせる。

　また、一度ネット上に書き込んだ情報は削除できないことを知るとともに、だからこそ確かな情報を発信することが大切であることを理解させたい。

　情報化の進展によって、社会はこれからもますます便利になることが予想される。ネット上で情報を得たり発信したりすることが手軽になればなるほど、子供たちには、情報を受け取る人の気持ちも考慮した責任のある発信が求められていることを伝えていきたい。

事例のまとめ

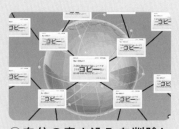

①自分の書き込みを削除したとしても、誰か一人でもコピーしていると、次々と世界中に広まってしまいます。

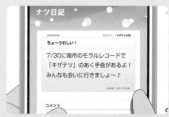

②インターネット上では、誰にどう伝わったかも分からないので、不確かな情報は絶対にのせないようにしましょう。

③ひとつの情報だけに頼るのではなく、情報の出所や新聞、本などと合わせて確認することが大切です。

B-18 情報を発信するときの責任

1·2 3·4 5·6 中

指導の流れ

学習活動	教師の発問と予想される児童生徒の反応

導入

Step 1 ⟩⟩⟩⟩⟩⟩⟩⟩（5分）

本時の学習課題を知る。

【全体】

😊 みなさんは，ネットから情報を得たり，情報を発信したりするとき，どんなことに気をつけていますか。

- 自分が言われていやなことは書かないようにしている。
- 友だちのメールだとすぐ返事を書いている。
- 調べるときは，なるべく多くのページを見ている。
- 時間を決めて，使うようにしている。

事例アニメの視聴（3分30秒）

展開

Step 2 ⟩⟩⟩⟩⟩⟩⟩⟩（5分）

なつきの「わくわくしている場面」について考える。

【個別】【全体】

😊 キザテツの情報を見つけたなつきさんは，どんな気持ちでしょう。

- 握手会に参加することが楽しみだ。
- カナやミーコといっしょに行きたいなあ。
- カナやミーコに連絡しよう。
- 他のみんなにも知らせてあげよう。

Step 3 ⟩⟩⟩⟩⟩⟩⟩⟩（5分）

なつきの「不安な場面」について考える。

【個別】【全体】

😊 発信した情報がまちがっていることに気付いたなつきさんは，どんな気持ちでしょう。

- どうしよう。
- はやく謝らないといけない。
- みんなに悪口を言われないか，心配だ。
- みんなは，訂正を見てくれるなあ。

Step 4 ⟩⟩⟩⟩⟩⟩⟩⟩（15分）

情報の広がり方と及ぼす影響について話し合う。

【グループ】【全体】

😊 自分の文章を削除したのに，なぜなつきさんは不安なのでしょう。

- ネット上に書き込んだ情報は誰が見ているかわからないから。
- 誰かがコピーしていたら消えないから。
- 消えない情報はどんどん広がっていくから。
- 見た人みんなにあやまることができないから。

まとめアニメの視聴（2分5秒）

まとめ

Step 5 ⟩⟩⟩⟩⟩⟩⟩⟩（10分）

情報を発信するときに気をつけることをまとめる。

【個別】【全体】

😊 情報を発信するときにどんなことに気をつけていきますか。

- 書き込む情報は正しいかどうか確かめる。
- 読む人の気持ちを考えて発信する。
- 誰が見ているかわからないので消すことができないことを知っておく。
- 情報を発信するときは責任を持って発信する。

〈第2章〉実践事例「B：責任ある情報発信」

板書

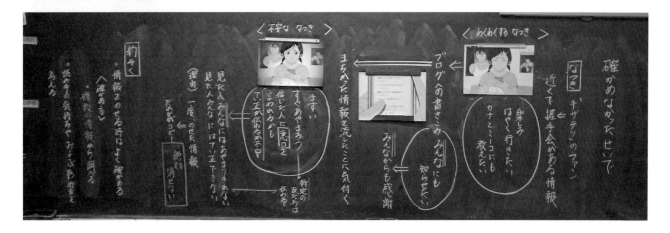

ワークシート例

【 B-18 】情報を発信するときの責任

確かめなかったせいで

___年___組___番 名前_____

① 「キザテツ」の握手会の情報を得た「なつき」が友だちに知らせたり，ブログに書き込んだりした時の気持ちを予想しよう。

楽しみ。
わくわくする。
カナやミーコにも教えて、いっしょに行きたいなあ。
他にも行きたい人がいるかも。みんなに知らせよう。

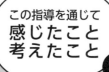

② まちがいに気付いたときの「なつき」の気持ちを予想しよう。

不安だなあ。
みんなおこっているだろうなあ。
カナやミーコにあやまらないといけない。
みんな、てい正を見てくれるかな。
みんなから悪口を言われたらどうしよう。

③ 情報を発信するときに気を付けることを書こう。

一度書き込むと消せないから、確かな情報を書くこと
複数の情報から正しいかどうか判断すること
読み手の気持ちを考えること

この指導を通じて感じたこと考えたこと

　子供たちの様子を見て，主人公「なつき」のネットから得た情報を友だちに知らせたり，ブログに書き込んだりしたわくわくしている場面と，まちがいに気付き，不安になる場面を取り上げ，心情の変化を捉えさせることが大切だと思いました。キーシーンの挿絵も表情の違いが明確であり，子供たちが自分事として考えられた結果，発信する情報には責任を持つことが大切であることへと導けました。

　SNSが子供たちの身近にある今，一度書き込んだ情報は消えないことや，事実と異なる情報がもとでトラブルに発展する危険性を理解させておくことは重要なことだと思います。

　映像による視覚的な教材を活用した授業が，子供たちの主体的な学びへとつながりました。

B-19 ネットショッピング

宮崎県都城市立南小学校　渡邉光浩先生

> **ねらい**　ネットショッピングの利点と問題点を知り，一人でネットショッピングする危うさを理解する。

こんなときに

- ネットショッピングによるトラブルを未然に防止したいとき。
- 家庭科で「物や金銭の使い方と買い物」について学習したとき。
- ネットショッピングによるトラブルが起きたとき。

学習の必要性

　ネットショッピングは，店に行かずにいつでも様々な物を買うことができ，家まで届くので便利であり，20歳〜49歳の約60％，13歳〜19歳の34.8％，6〜12歳の8.3％が経験している（平成29年版情報通信白書）。便利な反面，気軽に購入できるため，深く考えずに商品を選んでしまったり，必要ない物まで買ってしまったりする可能性がある。また，児童生徒だけでは，ネットショッピングの店舗について信頼性や条件の確認ができないことも心配される。ネットショッピングは，利点もある一方で，商品を確かめにくいことや，利用規約・記載事項を確認し，信用できる店かどうかを判断した上で購入する必要があることを教え，大人と一緒に利用することが大切であることに気付かせたい。

指導のポイント

①ネットショッピングとは

- インターネットで買い物ができるサービス。
- Webページで注文し，宅配便等で届けられる。
- 銀行振り込み，クレジットカード，電子マネー，着払いなど決済方法はさまざまである。

②ネットショッピングのトラブル

- 色やサイズ，素材などを直接確かめることができない。
- 配送料や支払手数料を含めると，高い買い物になる場合がある。
- カード情報を盗む目的で作られた偽のショッピングサイトがある。
- 商品が届かないことや，偽装品などの違法な品が販売されていることもある。

③ネットショッピングを利用するときは

- 必ず大人と一緒に利用する。
- 購入ボタンをクリックすると，支払方法，送料，返品，個人情報の取り扱いなどを了解して，商品を買う契約をしたことになる。

〈第2章〉実践事例「B：責任ある情報発信」

〈ネットショッピング〉
とどいたけれど…

小学5～6年生・中学生

事例アニメの概要

①かおりは，自分のおこづかいで買うのだからと，母親に相談せずにネットショッピングで気に入った商品を購入しようと手続きを進める。

②支払方法は代金引換を選択したものの，手数料がかかることや返品できない商品であることなどの利用条件を読まないまま，購入ボタンをクリックしてしまう。

③届いた品物を確認すると，思っていた素材や色と違った上に，サイズも合わない。

④かおりは商品を返品したいと電話をかけたが，返品は受け付けてもらえなかった。

▶視聴のポイント

　パソコンやスマホ・タブレット端末などのネットワーク機器の普及やインターネット上のサービスの拡充により，ネットショッピングは広く利用されるようになった。それは，インターネットに日常的に触れるようになっている子供たちにとっても例外ではない。これまでの購入経験の有無にかかわらず，誰もがこれから利用する機会が大いにあると考えられるので，自分事として捉えることができるようにしたい。

　「使ったことがないから関係ない」とか「だまされることもあるなら使わない」という感覚ではなく，ネットショッピングの良さも押さえた上で，注意すべき点があるので，今は大人と一緒に利用すべきであることを指導したい。また，記載事項や利用規約や条件，信用できる店かどうかの確認の必要性や，実物が確認できない商品はトラブルが多いことなどを知った上で，いずれは一人でも上手に利用できるようになることにつなげたい。

事例のまとめ

①ネットショッピングは便利だが，注文する前にお店のホームページの内容をよく確かめておく必要があります。

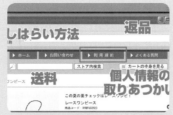

②品物代金の他に，支払手数料，配送料などがかかる場合もあるので，注文する前に利用規約をよく読みましょう。

③買いすぎてしまったり，トラブルが起こったりしないように，信頼できる大人と一緒に利用しましょう。

指導の流れ

学習活動	教師の発問と予想される児童生徒の反応

導入

Step 1 ≫≫≫≫≫≫≫ (4分)
ネットショッピングについての学級の実態を知り、アニメーションを視聴する。

全体

😊 ネットで物やサービスを買ったことがありますか。ある人は、どんな物を買いましたか。

● 買ったことがある。
● 服や靴を買った。
● ゲーム機やソフト、ゲーム内のアイテムなどを買った。

😊 アニメを見て、ネットショッピングの良さや問題点、上手に使うにはどうすれば良いかを考えてみましょう。

事例アニメの視聴 （3分30秒）

展開

Step 2 ≫≫≫≫≫≫≫ (7分)
手数料がかかった上に、思っていたものと違った商品が届いたときのかおりの気持ちを考える。

個別 **全体**

😊 商品が届いたとき、かおりさんはどう思ったでしょう。

● 服が届いてうれしい。
● 手数料のことは知らなかった。
● 思っていたものと違った。
● 返品したい。

Step 3 ≫≫≫≫≫≫≫ (10分)
かおりはどうすれば良かったのか、考える。

個別 **全体**

😊 かおりさんは、どのようにすれば上手に買い物ができたのでしょう。

● 手数料や、返品できるかを確かめれば良かった。
● 信用できる店かどうかを調べれば良かった。
● 服などは、できるだけ実物を確認すると良い。
● 大人と一緒に利用すれば良かった。

Step 4 ≫≫≫≫≫≫≫ (13分)
ネットショッピングの良さや問題点について考える。

個別 **グループ** **全体**

😊 ネットショッピングの良さや問題点について、個人やグループで考えた後、発表しましょう。

良さ
● 店に行かなくても買える。
● 近くの店にないものも買える。
● 家まで、早く届く。
● 最安値を調べられる。

問題点
● 思いどおりの商品が届かないことがある。
● 買いすぎることがある。
● 送料や手数料がかかる。
● だまされることがある。

まとめアニメの視聴 （2分）

まとめ

Step 5 ≫≫≫≫≫≫≫ (5分)
まとめのアニメーションを視聴した後、ネットショッピングをするときに気をつけることをまとめる。

全体

😊 ネットショッピングを上手に使うために気をつけることをまとめましょう。

● 送料や手数料、返品できるかなど、書かれていることをよく確認する。
● 評判や口コミなどを調べ、信用できる店かどうかを確かめる。
● 服や靴などは、なるべく交換可能な店や実際に試着できる店で買う。
● 親など、信頼できる大人と一緒に利用する。

〈第2章〉実践事例「B：責任ある情報発信」

板書

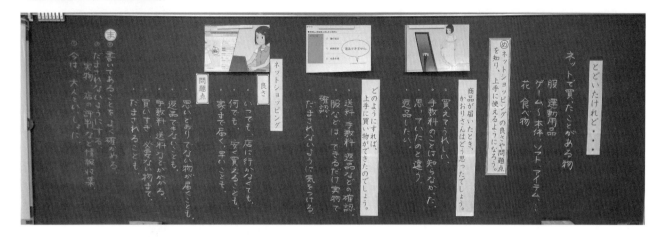

ワークシート例

【B-19】ネットショッピング

とどいたけれど…

6年 1組　　番　名前＿＿＿＿＿＿＿＿

① 商品がとどいたとき、かおりさんはどう思ったでしょう。

たのんだ物とちがう。
返品しよう。

② かおりさんは、どのようにすれば上手に買い物ができたのでしょう。

送料とか手数料のことを
よく見ればよかった。
自分一人で買わなければ
良かった。

③ ネットショッピングの利点（良さ）と問題点を発表しましょう。

○利点（良さ）
店に行かなくても
買える。
最安値で買える。

○問題点
いろいろ買いすぎる。
送料が高い。
だまされる。

この指導を通じて感じたこと考えたこと

　学級の6年生児童33名を対象に事前アンケートを行ったところ，19名（58％）がネットショッピングの経験があったので，導入でこれまでネットで購入した物を尋ねることにしました。また，ある程度の知識もあるようだったので，ネットショッピングの利点や問題点は，まとめのアニメを見る前に，個人・グループで考えさせ，全体で発表させるようにしました。さらに，いずれは自分一人でも利用できるように，最後のまとめでポイントを押さえるようにしました。

　アンケートでは，ネットショッピングを自分だけで利用したことがある児童も数名いることが分かりました。保護者にも，この事実や今回の授業の内容を学級通信や参観日の学級懇談で伝え，意識付けを図っていこうと思います。

B-21 行き違い

広島県広島市立大町小学校　髙田稔先生

ねらい　メッセージの言葉やスタンプの意味の受け取り方の違いが元になり，友だちとのトラブルになる場合があることを知り，悪い方にばかり考えないようにする必要があることを理解する。

こんなときに

- 子供たちの間でメールや SNS を利用した交流が日常化し，メッセージのやりとりによるトラブルが起きていたり，起きることが心配されたりするとき。
- SNS での交流も便利だが，直接話をすることの大切さに気付かせたいとき。

学習の必要性

「行き違い」や「誤解」に悩むという経験は，現在の子供たちだけでなく，どの世代にもあるのではないだろうか。その原因となるツールが，手書きのものから，スマートフォン等によるメールや SNS へと変化しただけである。メールや SNS は連絡や交流の手段として，手軽で便利であることから幅広い世代で日常的に使われており，子供たちが短い言葉やスタンプで友だちと連絡や交流する様子もよく見られる。そこで，気持ちを伝える際には常に誤解や行き違いが生じる可能性があることに気付かせ，その利用法やトラブルが起きたときの対処法を理解すると共に，よく考えて利用する習慣を育てたい。

指導のポイント

①文字と音声の違いがトラブルの元に

- 会話で話しているように書いたつもりでも，表情や声の調子は伝わらない。
- 自分が思った通りの意味で相手が受け取ってくれるとは限らない。
- 勘違いがトラブルの元になってしまうことがある。

②面と向かってのコミュニケーションも大切

- メールや SNS でトラブルがあっても，面と向かって冷静に話し合えば誤解が解けて解決できることが多い。
- 一対一で解決できない場合や，さらにトラブルが大きくなりそうなときは，他の友だちや大人などに一緒にいてもらうことも効果的である。

③あいまいな表現もトラブルの元に

- 「行けたら行くね」「できたらするね」などのあいまいな表現は誤解を生みやすく，トラブルの元になりやすい。
- 遠回しな表現やたとえ話も思っていることが伝わりにくい。
- 相手に気を遣ったつもりでも，かえってトラブルの元になってしまうことがある。

〈第2章〉実践事例「B：責任ある情報発信」

〈行き違い〉
そんな意味じゃないのに…

小学5〜6年生・中学生

事例アニメの概要

①れなは、友だちのさくら、みなみとグループでメッセージをやりとりしている中で、「いいね」という言葉を少し変えて「いいんじゃない」と送ったことから、二人からの返事が来なくなってしまう。

②翌日、学校で会ったときに、声に出してその言葉を伝えると、誤解が解ける。

③別の日、同じグループで、さくらの家へ集まってクッキーを焼くことになり、れなは「ゼッタイ行く！」と答え、みなみは「行けたら行く」と答えた。

④当日、さくらはみなみが来ないことを気にし始めるが、れなは「行けたら行く」だから来ないかもしれないと言う。みなみから来られないことがはっきり伝わるメッセージが来て、みなみが来られなくなったことを理解する。

▶視聴のポイント

　小中学校の子供たちには、1つのトラブルによって生まれた不信感が、その後の友人関係に及ぼす影響は小さくない。また、そのトラブルの原因を探ってみたときに、些細な行き違いや誤解であることも多く、トラブルが起こる仕組みや対処法を理解しておくことは子供たちにとって必要な力の1つと考えられる。事例アニメで取り上げられているような出来事は特別なことでなく、同じようなトラブルが誰にでも起こり得ることであるという意識をもって視聴させたい。そのために、自分の身の回りに似たような事がないか、これまでの自分の生活を振り返りながら、自分のこととして考えることができるようにしていく。

　様々なメディアが身近にあり、生活に欠かすことができない時代を生きる子供たちには、メディアとの上手な付き合い方を考えていくことが欠かせない。日常のコミュニケーションの延長にメディアがあると捉えて学習を進めていきたい。

事例のまとめ

①文字だけでのメッセージでは、気持ちが伝わらないことや、誤解が生まれることがあります。

②同じ言葉でも、話す人や聞く人の気持ちや立場によって、それぞれ思い浮かべることが違う場合があります。

③聞くときも話すときも、違う意味で受け取らないように、丁寧に言葉を選んで伝えることが大切です。

B-21 行き違い

指導の流れ

学習活動	教師の発問と予想される児童生徒の反応

導入

Step 1 >>>>>>>>（5分）

本時で扱うスマートフォンでのメールや SNS（トークアプリ）について確認する。

ペア　全体

😊 スマートフォンでメッセージを送ったことがありますか。

- 使ったことがある。友だちにメッセージを送ったことがある。
- 家族で使ってる。「今から帰る」とかメールする。
- 遊んでいたらお家の人から「早く帰っておいで」とメールがくる。
- スタンプを使うのが楽しい。
- 持ってないけど，家族が使っているのを見たことがある。使ってみたい。
- 使ったことはない。子供にはいらないといわれている。

事例アニメの視聴（3分10秒）

展開

Step 2 >>>>>>>>（6分）

誤解が生まれてしまった理由を考え，ワークシートに書く。

個別　ペア　全体

😊 れなさんやみなみさんが伝えたいことがさくらさんに伝わらなかった理由を考え，ワークシートに書きましょう。

- 「いいんじゃない」について
- れなは「いいね」のつもりだったが，さくらは「どうでもいい」と思われていると感じた。れなが面白いと考えたことがさくらには面白いとは感じられなかった。
- 「行けたら行く」について
- 行けるのか行けないのか分かりにくい。

Step 3 >>>>>>>>（7分）

誤解が生まれてしまった理由をグループや全体で交流する。

グループ　全体

😊 れなさんやみなみさんが伝えたいことがさくらさんに伝わらなかった理由の共通点をグループで交流しましょう。

- 二つの話に共通するところは…
- 伝えた言葉の意味がいろいろあって，分かりにくい。
- 伝えたいことと違う意味で伝わってしまい，相手が怒っている。
- さくらさんは，おかしいなあと思ったかもしれないけど，聞き返したり確認したりはしていない。
- 二人が直接話をしたわけではない。

Step 4 >>>>>>>>（10分）

自分の経験をもとに話し合い，相手が自分の思いとは違った理解をする可能性について考える。

グループ　全体

😊 この 3 人のように，誤解が元になってトラブルになったことはありますか。グループ（全体）で交流しましょう。

- 自分が伝えたかったことが伝わらなくて，けんかになった。
- いやがらせかと思って，けんかになったけど，よく話してみたら勘違いだと分かって謝った。
- 冗談なのか本気なのか分からなくて困った。
- 自分のメッセージで友だちにいやな思いをさせてしまった。
- 冗談のつもりだったが，誤解されて，友だちと気まずくなった。

まとめアニメの視聴（1分15秒）

まとめ

Step 5 >>>>>>>>（12分）

誤解を生まないために，また，誤解を生んでしまったときにどうしたらいいか，その対処法を考える。

グループ　全体

😊 誤解を生まないために，どんなことに気をつけたらいいか考えましょう。

- 分かりやすい言葉で伝えるようにする。
- スタンプだけでなく，メッセージも入れて分かりやすくする。
- スタンプやメッセージでは伝わらないこともあることを覚えておく。
- 何度も読み直して，伝えたいことが伝わるようになっているかよく確認する。
- もしかしたら，伝わらないかもと考えておく。
- トラブルになったら，直接話をするようにする。
- 困ったら，先生や家族に相談して，しっかり解決できるようにする。

〈第 2 章〉実践事例「B：責任ある情報発信」

板書

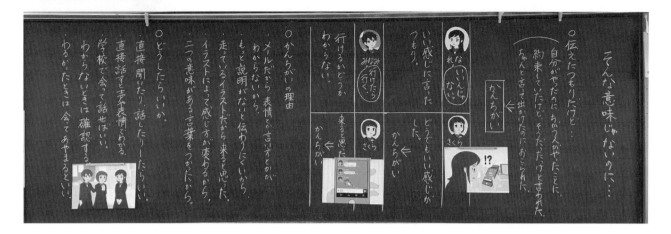

ワークシート例

B-21　行き違い

そんな意味じゃないのに…

___年___組___番　名前_____

1　れなさんやみなみさんが伝えたいことが、さくらさんに伝わらなかった理由は何でしょう。

> メールだから、相手の声のトーンとか
> 表じょうが分からないから

2　この3人のように、誤解がもとになってトラブルになったことはありますか。

> お姉ちゃんと紙に書いて話をしたと
> きに、ノートがきれいだと思って、「こ
> のノートきれいじゃない。」と書いた
> ら、どういうこと？ となっておこ
> られた。

3　誤解を生まないために、また、生んでしまったときに、どうするかを考えましょう。

> 学校で話す。やっぱり直せつ話したほうが早い。
> メールでよくわからなかったら確認する。
> ごかいを生んでしまったら、あやまる。

この指導を通じて感じたこと考えたこと

　本題材では，児童生徒一人一人に自分の考えをもたせながら進めていくことを大切にしました。子供たちからは，「かんちがい」という言葉が出てきたので，誤解ではなく「かんちがい」で行いました。また，挙手が少ないときにペアでの相談の機会を設け，まとめとして対処法について考える際にはグループでの活動を取り入れました。そうすることで，自分のこととして考え，全体での意見交流がより深い学びとなったように思います。

　学級の児童生徒全員が日常的にメールやSNSを利用しているわけではなく，実際にこうした行き違いは，日々の会話の中で，誰にも起こり得ることであることに気付かせることで，児童生徒一人一人の課題となるようにしました。

B-22 グループトークでいじめ

広島県福山市立日吉台小学校　山根僚介先生

ねらい　限定されたメンバーでのグループトークであっても，完全に閉鎖された空間ではないことから，軽い気持ちで書いた悪口が思わぬ影響を及ぼすこと，投稿した写真が悪用されることを知り，慎重に投稿する必要があることを理解する。

こんなときに
- 児童生徒のスマートフォン所持率が向上し，それに伴ってSNSの利用が増え，軽率な書き込みや写真の投稿によるトラブルが心配なとき。
- SNS等への写真投稿による問題点を指導し，未然防止を図りたいとき。

学習の必要性

　SNSに流れる情報は必ずしも正しい情報ばかりではない。また，写真の投稿が気軽にできることから多くの写真がWeb上に投稿されているが，著作権や肖像権に配慮の無い写真が掲載されることも珍しくない。子供たちがSNSを利用するときも，友だちや無関係の人の写真を配慮無く掲載してしまうことが想定される。また，それをきっかけにしたいじめが発生し，当該児童生徒に心の傷を負わせてしまうこともある。「そんなつもりじゃなかったのに……」と言わなければならない状況になる前に，よく考えて利用する習慣を育てていきたい。

指導のポイント

①投稿したときの気持ちは文字には表れない
- だれかの悪口を，軽い気持ちで投稿したとしても，見る人にはそれが伝わらない。
- 話している調子や伝えたい本当の気持ちは伝わらないことも多い。軽い冗談のつもりでも，読んだ人の中にはそうは思わない人もいる。
- 他の人が写っている写真は，勝手に投稿してはいけない。

②グループトークはたくさんの人が見る可能性がある
- グループトークでは，決まった人に伝えたかったとしても，メンバー全員に見えてしまい，あっという間に広まってしまう。
- グループに，メンバーが他の人を招待してしまうかもしれない。
- 中には，うっかりひどいことを書いてしまったり，わざといやな気持ちになる言葉を書いたりする人もいるかもしれないと考えておく。

③気軽に書き込めることが，悪い方向に行くこともある
- 悪口がどんどんエスカレートしてしまうことが多い。
- 写真は，グループのメンバーがコピーしてインターネットに転載してしまうこともできる。また，悪意を持って加工する人もいる。
- 軽い気持ちの書き込みが集団でのいじめにつながることがある。一度広がったいじめはなかなか止められない。

〈第2章〉実践事例「B：責任ある情報発信」

〈グループトークでいじめ〉
そんなつもりじゃなかったのに…

小学5～6年生・中学生

事例アニメの概要

①バスケ部では，グループトークを使って練習時間などの連絡をしていて，みんなが便利に感じていた。

②ある日の練習試合のあと，こうじ，さとる，まもるの3人は，試合に負けたのはたけしの責任だと言っているうちに，反省して欲しいと，グループトークに写真を投稿してしまう。

③その夜，こうじがグループトークを見ると，その写真を見た人たちが心ない言葉を書き込んでいた。父に相談し，こうじは反省する。

④翌日，3人でたけしに謝ろうとする。しかし，たけしは学校に行きたくないと言っていることや，インターネットに写真が広がってしまったことを先生に聞かされる。

▶視聴のポイント

不用意に投稿した写真から，どの様なことが起こるのかを意識して視聴できるようにする。キーポイントを中心に児童生徒同士で対話させ，自分たちの身近で起こりうることであることを確認しながら考えさせるとよい。

①部活での連絡にSNSを活用し，その便利さを実感する。
②練習試合のミスプレーに対し，責める意図ではなく，反省を促すためにそのプレーの写真をSNSに投稿してしまう経緯。
③SNSの会話が投稿者の意図とは違う方向に進んでしまい，特定の個人を誹謗中傷することになってしまう。その場合，最初の投稿者が「そんなつもりじゃなかったのに…」と言っても，重大な責任があること。
④Web上で広まってしまった写真や言葉は取り消すことが難しく，それが「いじめ」になってしまうことがあること。

事例のまとめ

①トークアプリの「グループ」は，登録されていない人からは見えないため，ネットいじめに発展することがあります。

②情報はグループの外にも簡単に掲載できるため，他の人が勝手に使い，いじめにつながるおそれがあります。

ネットいじめ対策　5箇条
4.適切な組織に相談する。
●24時間子供SOSダイヤル　0570-0-78310（なやみまるおう）
●子どもの人権110番　0120-007-110（フリーダイヤル 受付時間 平日午前8時30分～午後5時15分）
●都道府県警察の少年相談窓口　など。

③ネットいじめにあったり，見かけたりした場合は，大人に相談し，中傷などがある画面を保存しましょう。

B-22 グループトークでいじめ

指導の流れ

学習活動	教師の発問と予想される児童生徒の反応

導入

Step 1 >>>>>>>>> (3分)

本時で扱う「SNS」とは何かを確認しながら、どの様に関わっているかを交流する。

全体

☺ SNS を使ったことがありますか。どんなことで使っていますか。また、SNS についてどう思っていますか。

- お母さんのスマホに入っているのを見たことがある。
- 塾のお迎えや、買い物の連絡で使っている。
- お兄さんが友だちとずっとやっていてお父さんから注意されていた。
- いろんなスタンプがあっておもしろそう。
- 使っている友だちがいてうらやましい。
- 使いすぎになりやすいので気をつけないといけない。

事例アニメの視聴 (4分20秒)

展開

Step 2 >>>>>>>>> (7分)

この事案では投稿したときに「いじめ」をしようとしたわけではないことを確認する。

個別 **全体**

☺ まもるはなぜ、たけしの写真を投稿したのでしょう。こうじやさとるは、まもるの投稿をどう思っていたのでしょう。

- ちゃんとゴールを見てシュートしてほしい。
- 練習が必要なことに気付いてほしい。
- 今日の試合のミスをしっかり反省してほしい。
- まもるはたけしに「もっと練習してほしい」と思って投稿している。
- ぼくたちもたけしにはミスを直してほしい。

Step 3 >>>>>>>>> (7分)

発信者の意図とは違う方向へ会話が進み、たけしの誹謗中傷になってしまった理由を考える。

個別 **全体**

☺ どうしてみんなはたけしの悪口を書き込んでいいと考えたのでしょう。

- まもるの投稿を見て、たけしの悪口を書いていいと思われてしまったから。
- 写真をふざけて載せているように見えたから。
- トークアプリだけではまもるたちの考えがみんなわからなかったから。

Step 4 >>>>>>>>> (10分)

このような事案になってしまわないためにどうしたらよかったかを話し合う。

個別 **グループ** **全体**

☺ こうじたちは、どうするべきだったのでしょう。

- 試合のアドバイスはたけしに直接言えばよかった。
- 写真は写っている人に許可をとって載せるようにする。
- 写真は「転載」や「加工」が簡単にされてしまうことを知っておく。
- 相手が傷つくことはトークアプリやメールなどで書かない。
- 投稿してよいか分からないときは投稿しない。あるいは、大人に相談する。

まとめアニメの視聴 (3分35秒)

まとめ

Step 5 >>>>>>>>> (10分)

まとめアニメを視聴し、ネット上でのいじめを起こさないようするためにどうしたら良いかを考え、交流する。

個別 **全体**

☺ ネットでのいじめを起こさないために、わたしたちはどうすればよいのでしょうか。

- 相手が傷つくようなことを、SNS やメールなど文章で書かない。
- そもそもネットでなくても悪口を何かに書くことが間違っている。
- 仲間だけが見る場所だからと安心して書くのではなく、そこから外部に転載されてしまうかもしれないと考える。
- 書き込みが様々な人によってエスカレート（炎上）してしまうことがあるので、発信するときは気をつける。
- よくない書き込みには注意したり、大人に相談したりする。

72

〈第 2 章〉実践事例「B：責任ある情報発信」

板書

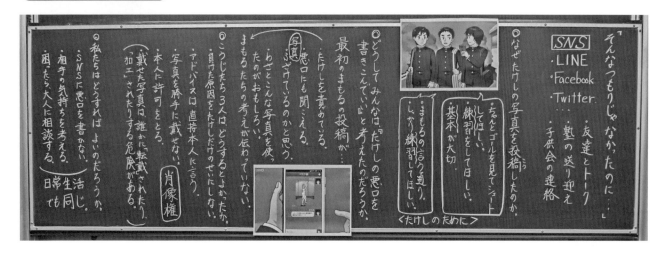

ワークシート例

【 B-22 】グループトークでいじめ

そんなつもりじゃなかったのに…

_____年_____組_____番 名前_____

☆SNSを使ったり見たりしたことがありますか。どんなことで使っていますか。

- お姉ちゃんのスマホにラインが入っている。
- 友達とよく使っている。トーク。

① まもるはなぜ、たけしの写真を投稿したのでしょうか。

- たけしがミスをしたから。
- ちゃんと練習をしてほしいから。

② どうしてみんなはたけしの悪口を書き込んでいいと考えたのでしょうか。

- まもるが悪口を書いたから。
- 自分も書いていいと思った。

③ こうじたちはどうすればよかったか考えましょう。

- 言いたいことは、直接たけしに言えばよかった。
- 写真……×

④ ネットでのいじめを起こさないために、わたしたちはどうすればよいのでしょうか。

- 写真は相手に聞いてからのせる。
- 悪口は言っても書いてもダメ。

この指導を通じて感じたこと考えたこと

　導入で事例アニメを見せるとき，分割視聴することも有効なように思いました。まず，まもるが投稿するところまでで止め，こうじたちが悪意なく軽率に投稿してしまうことを押さえ，それから後半を視聴し，起こってしまった事例について考えることで，だれもが加害者になり得ることを理解しやすくなるのではないかと思いました。

　この学習では，Face to Faceでないネット上の交流で起こりうる危険性について理解することが大切です。その様なことを未然に防止するために，「写真の掲載は事前に許可を取る」や「悪口は書かない」などの基本的なマナーを学ばせるのですが，それらはネット上だけの事では無く，普段の日常の生活にも同じ事がいえることに気付かせていくことが大切だと思いました。

73

B-23 不適切な書き込み

島根県江津市立津宮小学校　大久保紀一朗先生

> **ねらい** 匿名掲示板でも，誰が書いたかは特定され，軽い気持ちの書き込みでも，多くの人に迷惑をかけてしまうことを知る。

こんなときに

- 児童生徒から，匿名掲示板など，インターネット上で情報を発信できるサイトについての話題が出始めているとき。
- 児童生徒がインターネット上では匿名で情報発信ができると考えているとき。

学習の必要性

現在ネット上には，大小様々な匿名掲示板が存在する。それぞれの掲示板では，同世代の者や，趣味が共通する者，地域が同じ者などが集い，ネット上での交流を深める場となっている。しかし，一方で掲示板への書き込みがトラブルの原因になり，実際の事件にまで発展してしまった例もある。多くの掲示板では匿名で書き込みが出来るため，身元を隠して発言できると感じ，無責任な発言をしてしまうケースも少なくない。しかし，実際に特定の人物に対する脅迫など，事件性が疑われる書き込みについては，警察による捜査が行われ，発言者の特定がなされることもある。ネット上であっても発信した情報に責任が伴うことを理解し，安全にインターネットを有効活用できる子供たちに育てたい。

指導のポイント

①匿名掲示板で，相手の悪口などを言い合う

- 匿名掲示板は誰が書いたかわからないと思っている。
- 相手を挑発するようなことを書いている。
- 書かれて，かっとなってしまい，気持ちをぶつけている。

②火をつける　という言葉を書いてしまう

- 本気でなくても　火をつける　という言葉を書いている。
- 相手との言葉のやりとりの中でかっとなってしまい，喧嘩腰で書いている。
- 相手に言い負かされたくないと，言い合いが発展してしまった。

③大騒ぎになってしまい取り返しがつかないことを知る

- 冗談のつもりでも，本当かもしれないと大騒ぎになっている。
- 警察までが動くことになってしまっている。
- 匿名掲示板でも，だれが書いたか特定されてしまう。

〈第2章〉実践事例「B：責任ある情報発信」

〈不適切な書き込み〉
冗談のつもりだったのに…

小学5～6年生・中学生

事例アニメの概要

①匿名掲示板を教えてもらったたけしは，自分の中学校の悪口が書かれているのを見る。

②誰が書いたか分からないだろうと考え，相手の隣町中学校の悪口を書いてしまう。次第に，その掲示板でのやりとりは激しくなり，悪口の言い合いのようになってしまう。

③たけしは，弱虫と書かれたことに，かっとなり，「学校に火いつけたろか」と書き込んでしまう。

④翌日，先生に呼び止められ，大騒ぎになっていることを聞く。隣町中学校は警察にも相談しているので，警察からの連絡があるかもしれないことを知らされる。

▶視聴のポイント

　最初はちょっとした気持ちで書き込み始めたが，徐々に書き込み内容がエスカレートして，ついには放火予告とも受け取れる書き込みをしてしまう。インターネットを介すると，身元を明かさずに発言できると考え，無責任に不適切な発言をしてしまうことも考えられる。なぜ，書き込みの内容がエスカレートしていったのか，視聴の途中でその場面の心境を話し合い，展開を予想させるなどして，子供たちにじっくりと考えさせたい。

　軽い気持ちでの書き込みが，社会にどのような影響を与えるのか，児童生徒に考えさせるために，インターネットの向こう側には多くの人がいて，書き込んだ情報は速く，広い範囲に広がり，残ってしまうという，インターネットの特性も取り上げて指導する。大騒ぎになってしまった部分については途中で止めたり，繰り返したりして視聴し，ネットへの書き込みが与える影響を自分の事として考えさせたい。

事例のまとめ

①冗談で書き込んでも，読む人は文字だけで判断するので，どういう気持ちで書き込んだのかは伝わりません。

②冗談でも，人を不安にさせる言葉をネット上に書き込んでしまうと，犯罪になってしまう恐れがあります。

③自分の住所や名前を書き込んでいなくても，調べれば，誰が書き込んだのか特定することができます。

B-23 不適切な書き込み

指導の流れ

学習活動	教師の発問と予想される児童生徒の反応

導入

Step 1 >>>>>>>>（5分）

冗談かもしれないが，言われたら不安になる言葉はどのような言葉かを考える。

【個別】**全体**

 相手は冗談で言っているのかもしれないが，相手に言われて不安になった言葉にはどのような言葉がありますか。

- 遊びの中だったけど，「〜しないと○○するぞ」と言われて，冗談なのか分からなくて怖かった。
- 「○○さんが〜と言ってたよ」と言われて，本当にそんなこと言っていたのかなと不安になった。
- 脅されるようなことを言われると，不安な気持ちになる。
- 悪口を言われると，ムキになって言い返してしまう。

事例アニメの視聴（6分25秒）

展開

Step 2 >>>>>>>>（5分）

本時で扱う「匿名掲示板」がどのようなものかや，これまでの経験を確認する。

全体

 インターネット上にある「匿名掲示板」とはどのようなものですか。これまでに見たことがありますか。

- 自由に意見や考えを書き込むことができる。
- 自分の本当の名前を書かなくても良い。
- 知っている人だけではなく，いろいろな人が見る可能性がある。
- 動画投稿サイトのコメント欄などなら見たことがある。
- 色々な人の意見が書いてあって楽しい。
- 全ての情報が正しいとは限らない。

Step 3 >>>>>>>>（10分）

たけしの行動を，たけしの心情も合わせて振り返る。

【個別】**全体**

 たけしさんはどのような気持ちで，どのような内容を掲示板に書き込んだのでしょうか。

- 友だちに紹介されて興味本意で見始めた。
- 最初は「負けないぞ」という軽い気持ちで書き込みをしていた。
- 書き込みをしている人と，ケンカみたいになってムキになっていった。
- インターネットでのことだから，冗談で済まされると考えていた。
- 自分の学校を悪く言われたくなかった。
- 相手の挑発にのってしまって，発言がエスカレートしていった。

Step 4 >>>>>>>>（10分）

たけしの書き込みが問題になったのはなぜでしょうか。

【個別】【グループ】**全体**

 たけしさんの書き込みはどのようなところに問題があり，大騒ぎになってしまったのでしょうか。

- （怒）がついていて，読んだ人が冗談ではなく，本気だと感じる書き込み方だったから。
- 冗談でも言って良いことと悪いことがあるのに，その判断ができなかった。
- 実際に起きたら命に関わることを書き込んでいるから。
- そもそも放火は犯罪で，犯罪予告をしているから。

まとめアニメの視聴（1分50秒）

まとめ

Step 5 >>>>>>>>（7分）

匿名掲示板を使うときに気をつけることを考える。

【個別】【グループ】**全体**

 匿名掲示板を利用するときにはどんなことに気をつけなければいけないか，グループで交流し，考えを深めましょう。

- インターネットの掲示板でも言っていいことといけないことがある。
- 匿名であってもそうでなくても，自分の発信した情報には責任がある。
- 本当に匿名ではなく，誰が発信した情報かは調べれば分かるので，無責任な情報を発信しない。
- 掲示板は色々な人が見ているから，そのことを考えて情報を発信する。
- 書き込む内容が適切かどうか冷静に判断する力をつける。

〈第2章〉実践事例「B：責任ある情報発信」

板書

ワークシート例

B-23　不適切な書き込み

冗談のつもりだったのに・・・

___年___組___番　名前_____

☆冗談かもしれないと思っても、言われたら不安になる言葉はどのような言葉でしょう。

○○君が～と言っていたよ。
～しないと～するぞ、などと、おどされるような言葉。
命に関わるような言葉。

1 匿名掲示板とは、どのようなものでしょう。

自分の名前を出さなくていいから何でも書ける。
自分が思ったことをすぐ書ける。
誰が書いたか分からない。
知らない、たくさんの人とコミュニケーションがとれる。

2 たけし君は匿名掲示板でどのようなやりとりをしていたのでしょう。

最初はムカッとしたくらいだったけど、本気で怒ってしまいケンカになった。
何でも書き込めるので、ケンカになってしまった。

3 たけし君の書き込みで、大騒ぎになったのはなぜでしょう。

冗談のつもりでも、相手は冗談かどうか分からないから。
やることが大きくて怖いから。
犯罪になる発言をしてしまっているから。

☆匿名掲示板を利用する時には、どのようなことに気を付けますか？

本当に書き込んでいい内容かを、書き込む前に確認する。
冗談か分からない、命に関わることは書き込まない。

この指導を通じて感じたこと考えたこと

　小学校6年生に指導するにあたって，実際に掲示板に書き込んだ経験のある児童はおらず，インターネット上の掲示板がどのようなものであるかを体験的に理解させる必要を感じました。そこで，指導に先立って，非公開の環境において，掲示板へ書き込む体験をさせました。そうすることで，アニメの状況を自分に関係することとして理解することができました。

　発信した情報に責任をもつことは，インターネット上の匿名掲示板に限ったことではありません。どのような場面においても，自分が発信した情報に責任をもつ態度を育む必要があります。今回の指導では，情報が広範囲に速く広がり，残るというインターネットの特性を意識させて，特に慎重になる必要があることを理解させるようにしました。

B-24 写真の投稿

神奈川県川崎市立平小学校　福山創先生

ねらい　スマホで撮った写真には個人情報に結びつく情報がたくさん含まれており，ネットに写真を投稿するときには，内容をよく考えて投稿する必要があることを理解する。

こんなときに

- 子供の間でスマホの利用やSNS等が流行しており，ネットへの気軽な写真の投稿によるトラブルが心配なとき。
- ネットに写真を投稿するときの問題点を指導して問題を未然に防ぎたいとき。

学習の必要性

　便利で楽しいスマホでのインターネット利用だが，個人情報の流出，有害情報，課金などの危険と直結しているのも事実である。特に直接対面していない相手とのコミュニケーションであることから，友人関係だけでなく意図していない相手とのトラブルに発展する事例も多発している。スマホで撮った写真には写り込んだ内容や位置情報，付加されたコメントなどから個人情報に結びつく情報がたくさん含まれており，それを複数得て組合せることで個人が特定される可能性もある。スマホで撮った写真をネットに投稿する際の問題点を知り，よく考えて投稿する習慣を子供たちに身につけさせたい。

指導のポイント

①個人情報の投稿には危険がいっぱい

- 個人が特定される写真をインターネットやアプリに投稿することは，男女に関係なく，大変危険な行為である。
- インターネットやアプリに投稿された情報は，想像以上の早さと規模で様々な人々に拡散してしまう可能性がある。

②写真を投稿する前に内容をよく確認する

- 1枚の写真では問題ないように思えても，いくつかの写真から得られる情報を組み合わせることで，個人を特定されてしまう場合もある。
- 友だちが写っている写真を投稿することで，その友だちに迷惑をかけてしまうことがある。また，撮った写真に写りこんでいる人がいる場合は，意志とは関係なく盗撮行為になってしまう場合もある。

③スマホで撮った写真にはたくさんの情報が含まれている

- スマホで撮った写真には，スマホの機種や撮影日時のほか，設定によっては位置情報が含まれている。
- GPS機能が使われた位置情報から，家や学校などの住所が分かってしまう場合がある。位置情報付きの写真を撮らないように気をつける。
- 一度投稿した写真を回収することは不可能なので，投稿は慎重にする。

〈第2章〉実践事例「B：責任ある情報発信」

〈写真の投稿〉
私の写真，誰が見ているの？

小学5～6年生・中学生

事例アニメの概要

①スマホで撮った写真の出来栄えに機嫌を良くしたさやかは，SNSに画像をアップする。自分の投稿に次々と反応があり，戸惑いながらも嬉しくなる。

②フォロワーが増え，ほめたり喜んだりする反応があったことに気を良くしたさやかは，可愛がっている飼い猫の写真をはじめとして，次々と写真を投稿し，夢中になっていく。

③投稿した写真は，飼い猫のことから住んでいる場所や友だちと写った顔写真など，個人情報に関わるものがたくさん含まれていた。

④ある日，通り道で会った女の子にさやかは話しかけられる。自分が知らない相手が自分のことを知っているのに恐怖を感じるさやか。通りすがりの人すべてが怖く思えてくる。

▶視聴のポイント

スマホで撮った写真から，どのようなことが起こるのか意識して視聴できるようにする。児童生徒と対話しながら，気になるシーンを適宜振り返ってキーポイントを押さえて内容を確認するとよい。

①スマホを使った表現の楽しさと，それを誰かに見せて反応をもらったときの戸惑いやうれしさ。
②さらなる反応を求めて次々と写真を投稿し，夢中になっていく経緯。
③次々と投稿した写真の内容をよく見てみると，買い物の中身や趣向，学校の制服や後者，名前と顔等の風貌，友だちの顔と名前，利用駅等の情報が読み取れる。これらを組み合わせれば，さやかの人物像や行動が推定できてしまうこと。
④自分の個人情報が思いもよらない人にまで拡散し把握されてしまっていることや，実生活において不安を感じる出来事が実際に起こってしまう怖さ。

事例のまとめ

①個人が特定される写真をインターネットやアプリに投稿することは，大変危険な行為です。

②インターネットやアプリに写真を投稿する前に，一度その写真をよく確認しましょう。

③スマホで撮った写真には，スマホの機種や撮影日時のほか，設定によっては位置情報が含まれています。

B-24 写真の投稿

1・2
3・4
5・6
中

指導の流れ

学習活動	教師の発問と予想される児童生徒の反応

導入

Step 1 >>>>>>>>> (1分)

出来栄えの良い写真を撮影できたときの心理を想像する。

全体

😊 もしも，飼っているペットやお気に入りの物，楽しい出来事などについて，面白い写真が撮れたら，どうしますか。

● 親や友だちに見せてあげたくなる。
● 写真を学校に持って行って，みんなに見せたい。
● 誰かに自慢したい。

😊 「私の写真，誰が見ているの？」というアニメを視聴して考えてみましょう。

事例アニメの視聴 (3分30秒)

展開

Step 2 >>>>>>>>> (5分)

自分の個人情報が知らない人にまで詳しく知れ渡ってしまっている状況の怖さを考える。

個別 **全体**

😊 さやかの時のように，知らない人が自分のことをよく知っていたらどうでしょう。

● 知らない人が自分のことをよく知っているなんて気持ちが悪い。
● 相手が同学年の女の子ではなくて，悪い人だったら，と思うと怖い。
● 知られたくないことまで知っていたら，と思うと怖い。

Step 3 >>>>>>>>> (15分)

自分の個人情報が知らない人にまで詳しく知れわたってしまった理由を考える。

個別 **グループ** **全体**

😊 さやかの行動はどんなところが問題だったのか考えましょう。

● 自分の顔がわかる写真を気軽に投稿している。
● 「いいね」がたくさんついて，フォロワーも増えたのが嬉しかったのはわかる。
● 写真の投稿に夢中になりすぎて個人情報につながるものをたくさん公開してしまった。
● 制服で学校が，駅名で住んでいる地域が，自撮りで友だちや自分の顔が，持ち物で趣味までが，わかってしまう。

Step 4 >>>>>>>>> (10分)

ネットに投稿された情報の特性と危険性についておさえる。

全体

😊 ネットに投稿された写真を読み解くことによって，どんな危険とつながってしまうのか整理しましょう。

● ネットに投稿された写真からわかる情報によって，自分が考えている以上のことが起きてしまうかもしれない。
● 自分がどんな人なのか特定されてしまう。
● 自分が考えている以上に早く，知らない人にまで広まってしまう。
● 情報が勝手に使われてしまう。
● 自分以外の人にも迷惑をかけてしまう。

まとめアニメの視聴 (2分40秒)

まとめ

Step 5 >>>>>>>>> (7分)

ネットに写真を投稿する時に気をつけることをまとめ，振り返りを書く。

個別 **全体**

😊 ネットに写真を投稿する時にはどんなことに気をつけたらいいか考えましょう。

● スマホで撮った写真には個人情報に結びつく情報が多く含まれる。
● 他の写真とつなげて考えると，個人が特定できてしまうこともある。
● インターネットやアプリに写真を投稿する前に，写っている内容をよく確認する。
● 個人が特定できてしまう写真かどうか悩んだら，投稿する前に大人に相談する。
● スマホの設定を見直して，位置情報付きの写真を投稿しないようにする。

〈第2章〉実践事例「B：責任ある情報発信」

板書

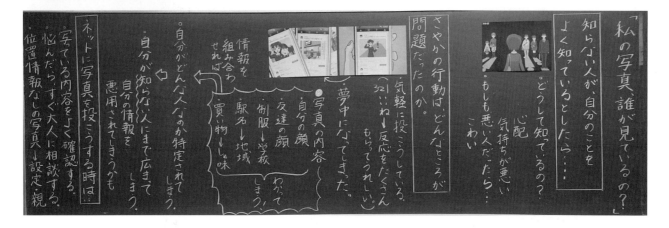

ワークシート例

B-24 写真の投稿

私の写真、誰が見ているの？

6年 2組　番　名前

☆知らない人が自分のことをよく知っていたらどんな気持ちになるでしょう。

なぜ私のことを知っているのか、どんなことをどこまで知っているのか分からないので、不安な気持ちになる。また、私が知らない相手がアニメのような女の子だっただけでもいやなのに、悪い男の人だったらと思うと気持ち悪い。

1　さやかの行動はどんなところが問題だったのか考えましょう。

・自分の顔が分かる写真をかんたんに投こうしている。
・名前が本名
・友達の名前や写真を投こうしている。
・制服や駅の写真まで投こうしてしまったから、今までの投こうの情報と合わせてさやかがどこの学校でどの駅を使っているのか、どんな女の子なのかわかってしまう。

☆ネットに写真を投稿する時にはどんなことに気をつけたらいいか考えましょう。

スマホで撮影した写真には、個人情報につながるいろいろな情報がふくまれているので投こうする時は写真に写っていることをちゃんと確かめたい。
もし投こうしていい写真かどうか悩んだら、友達や親に相談する。スマホの設定はお父さんに見直してもらう。

この指導を通じて 感じたこと 考えたこと

　小学6年生の6月に指導しました。最高学年となり、大人びてきた子供たちにとって、スマホは便利で魅力的な道具であるようです。既にスマホを持っている子供は自分の日常と重ねながら、未だ持っていない子供は興味をもって、それぞれ切実な様子で授業に参加しました。アニメの登場人物は中学生ですが、小学6年生でも十分に共感できる内容だったと思います。
　小学生がスマホの操作を覚えることは、さほど難しくなく、写真の撮影も、インターネットへの投稿も簡単にしています。しかし、スマホで撮った写真をネット上へ無邪気に投稿してしまうのは危険です。便利さや楽しさを感じながらも危険には近づかない、そのような「情報社会に参画する態度」を育てていきたいと思いました。

B-25 SNS

富山県氷見市立宮田小学校　表克昌先生

> **ねらい**　SNSは便利に楽しく交流できる反面，知り合い以外にも見られたり，気をつけて使っていても情報がもれたりする可能性があることを知る。

こんなときに

- 子供たちの間にスマホ等を利用してのSNSが流行しており，SNSを通じたトラブルが心配なとき。
- SNSを利用するときの危険性を事前に指導して問題を未然に防ぎたいとき。

学習の必要性

　スマホ等を利用したSNSは，便利で楽しいものである。しかし，一方で個人情報が流出したり，怪しい人に狙われたりする危険性もある。SNSを使い始めた子供たちは，楽しさのあまり，ついつい深く考えずに情報を発信してしまうことがある。友だちでない人も見ている可能性があること，写真などを投稿することで位置情報などが分かってしまう危険性があること等からトラブルに巻き込まれるケースも増えている。そこで，そういう危険性があることを事前に学習しておくことでSNSを安全に利用できるようにさせたい。

指導のポイント

①SNSはたくさんの人が見ることができるものもある

- 個人やグループ内のやりとりだからといって安心できるわけではなく，書き込みを外部に流す人がいる可能性もある。
- わかるように個人情報を書き込んでいなくても，いくつかの書き込みから類推して，住んでる地域や年代・性別などが類推できる。
- 不用意な書き込みで誹謗中傷を受けることもある。

②危険な目に合わないためには十分注意が必要

- 自分の個人情報だけでなく，友だちの情報も書き込まない。
- 気をつけていても，過去の書き込みや，つながっている人の情報をつなぎ合わせることで，個人が特定できてしまうこともある。
- 知らない人の顔写真や行動なども書き込まない。特に，からかうような書き込みは「炎上」という状態になることがある。

③気をつけるポイントはSNSに限らない

- SNSだけではなく，ネットでの交流や通信を行うときには，同じような注意をする必要がある。実際の生活でしてはいけないこと（悪口・誹謗中傷・他人の秘密を書く）はSNS・ネットでもやってはいけない。
- 女性・子供だと思っていたら男性・大人だという危険もある。
- トラブルが起きたら信頼できる大人に相談する。

〈第2章〉実践事例「B：責任ある情報発信」

〈SNS〉
気を付けていたはずなのに…

 小学5～6年生・中学生

事例アニメの概要

①女子サッカー部のまいとさゆりは、地元の女子サッカーチームの情報を知るために、SNSを始めた。選手同士の会話を見たり、サポーターの人とつながったりして楽しんでいた。

②ふたりは気をつけてSNSを使うようにしていたが、部活をしていることや、帰宅の時間が分かるようなことを書き込んでしまう。

③試合を観に行った時に、混雑して席がなかったが、SNSでつながったサポーターに席を譲ってもらった。ふたりはSNSをしていてよかったと喜んだ。

④実はその時、あやしい男がふたりの様子を伺っていた。ふたりの姿や過去の書き込みを見て、中学生であることを知り、大会などでさらに個人情報を探ろうとしていた。

▶視聴のポイント

　小学生では、SNSの利用は個人差が大きく、あまり知らない児童生徒がいる場合も多い。導入でSNSについて説明をしておくことで、基本的な知識は持った上で学習に参加できるようにする必要がある。

　トラブルだけに目が行きやすいので、日常利用しているSNSの便利さにも触れながら、個人情報が漏れることの危険性に気付かせたい。

　個人が特定されないように、個人情報に気をつけて名前を変えるなどしていたことを踏まえた上で、それでも個人情報が伝わってしまっていた事実を確認する。気をつけていても、個人情報がわかってしまったのはなぜかを考え、同時に気軽に送ってしまった文面や送った写真に着目させることで、個人が特定されている原因に気付かせる。その上で具体的にSNSの利用で気をつける点を考えさせる。

　怪しい人に個人が特定されることで、今後予想される出来事について想像させ、危険性にも気付かせたい。

事例のまとめ

①SNSは情報交換したり、コミュニケーションをとったり、様々な事ができるサービスです。

②友だち以外の人が見ていたり、友だちが他のところで情報を広めたりして、思わぬ事態になることもあります。

・必要以上の個人情報を出さない。
・節度のある書きこみを心がける。

③必要以上の個人情報を出さない事と、節度のある書き込みを心がける事に気をつけましょう。

83

指導の流れ

学習活動	教師の発問と予想される児童生徒の反応

導入

Step 1 >>>>>>>> (3分)

SNSについて, どのようなものか, どんな便利なところがあるのかを知り, 事例アニメ視聴への心構えをもつ。

全体

☺ SNSとは, どんなものですか。
SNSを使ってる人は, どのくらいいますか。
SNSには, どんな良さがありますか。

●SNSとは, ソーシャル・ネットワーキング・サービスのことで, LINEやツイッター, フェイスブックなどがある。
●SNSを1／3位の人が使っている。
●SNSでは, 友だちと会話できるのが楽しい。
●SNSを使うと写真も送ることができて, 便利。

事例アニメの視聴 (4分25秒)

展開

Step 2 >>>>>>>> (10分)

個人情報が類推されてしまった理由を考え, 発表する。

個別 **全体**

☺ 気をつけていたのに, ふたりの情報が知られてしまったのは, なぜでしょう。

●「部活」という言葉から, 年齢が予想されたから。
●写真を送ったので, 居場所がばれたから。
●メールアドレスなどの情報がもれたから。
●怪しい人が, 投稿を見たから。

Step 3 >>>>>>>> (15分)

あやしい人に狙われないように, 二人はどうしておけばよかったか考え, 話し合う。

個別 **グループ** **全体**

☺ このようになる前にふたりはどうすればよかったか考えましょう。

●「部活」とか, 中学生だとばれそうなことを書かなければよかった。
●友だち以外も見ていると思って, 気をつければよかった。
●大事なことは, 直接メッセージを送ればよかった。
●SNSをしなければよかった。

まとめアニメの視聴 (1分50秒)

まとめ

Step 4 >>>>>>>> (10分)

まとめのアニメを視聴し, SNSを使う時に気をつけなければいけないことを考え, 発表する。

個別 **全体**

☺ SNSを使う時に気をつけなければいけないことを考えましょう。

●友だちだけじゃなく, 誰が見ているのか分からないので, 必要以上の個人情報を流さない。
●情報が一度出ると取り返しのつかないことがあるので, 悪口等を書かず, 節度のある書き込みを心がける。
●気をつけていても情報が漏れることがあるので, 画像などを投稿する前に見直す。

〈第2章〉実践事例「B：責任ある情報発信」

板書

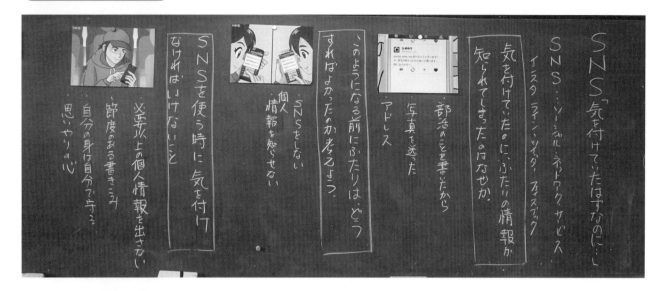

ワークシート例

この指導を通じて 感じたこと 考えたこと

　小学校5年生に実践しました。クラスの約1／3の児童がスマホ等を使って，SNSをやり始めている時期でしたので，導入でSNSについて少し説明をして，他の2／3の子供たちも基本的な知識を持ってから，事例アニメを視聴しました。

　Step3の「このようになる前にふたりはどうすればよかったか考えましょう」という問いでは，多くの子供が，「SNSをしなければよかった」と答えました。そこで，みんなの家の人は，交通事故の危険があるから車に乗らないのかと問いかけ，危険性があっても，利便性のある物は上手につきあって使っていることに気付かせました。これからの時代に生きる子供たちにはSNSを上手に活用することが必要な事も話し，どうしていくかを考えさせました。

B-26 ネットいじめ

富山県高岡市立成美小学校　神田京子先生

ねらい ネット上で実名をあげたり相手を誹謗中傷する書き込みやメールを送ったりする"ネットいじめ"は絶対に行ってはいけない行為であることがわかる。

こんなときに
- 子供たちがトークアプリで連絡を取り合っている様子が見られるとき。
- 学校ではいじめの様子が見られないのに，学級の子供たちの関係がおかしいと感じられるとき。

学習の必要性
　スマホを所持しトークアプリを利用する子供は，どんどん増えている。それに伴って，今まで，対面の会話でコミュニケーションをとっていたことが，トークアプリ上のコミュニケーションに変化しつつある。しかし，トークアプリには，「相手が何をしているのか分からないのに，自分の都合で返事を期待してしまう」「短い言葉の中に伝えたいことや気持ちが十分に表現できないことがある」という特性がある。互いに軽い気持ちで放った言葉がきっかけで，簡単にいじめになってしまったり，いじめに荷担してしまったりするのである。トークアプリを利用したコミュニケーションの特性を理解することは，いじめを防ぐだけでなく，便利に正しく活用していくことにもつなげていきたい。

指導のポイント

①いじめは絶対にしてはならない
- 暴力や差別，いやがらせなどによって一方的に相手を苦しめるいじめは，どんな理由があろうと許されないということを忘れてはならない。
- 相手の立場に立って思いやりのある行動をとることは，直接顔を合わせてのコミュニケーションだけでなく，ネットワークでのコミュニケーションでも大切である。

②ネットいじめの特徴
- 「自分」対「みんな」という構図になりやすい。
- 言葉のやりとりの中で，次第に感情的な言葉の応酬になりやすい。
- 学校外でも24時間いじめが継続し，逃げ場がなくなる。
- 学校や親からは見えにくく，子供も知られないようにしたがる。

③もしネットいじめが起こったら
- ネットいじめは大人からは見えにくいので，気が付いたときには深刻な事態に陥っていることが多い。ちょっとした日常の表情や行動に気をつけて敏感に察知できるようにしておきたい。いじめが起きたり，見かけたりしたときには，勇気を持ってお家の人や先生に相談したり報告したりする。

〈第2章〉実践事例「B：責任ある情報発信」

〈ネットいじめ〉
ネットいじめは絶対やめよう

小学 5〜6 年生

事例アニメの概要

①合唱の曲決めを真剣に考えてくれないようこに，あゆみは腹を立てていた。しかし，ようこは悪びれる様子がない。あゆみたちは，ようこ抜きで曲を決めることにする。

②ようこは曲決めについてスマホに書き込んだが，すでにようこ抜きで曲を決めてしまっており，ようこの書き込みを，あゆみたちだけでなく，クラスのみんなが無視をする。

③ようこは，学校では話をしてくれるのに，スマホではクラスのみんなに無視されることがつらく，学校に行けなくなってしまう。

④担任の先生が，ようこが学校に来ていない理由がスマホの書き込みにあると告げる。それを聞いて，あゆみたちは青ざめる。

▶視聴のポイント

いじめに至る経緯には，ささいな行き違いが原因であることが少なくない。しかし，どんな理由があってもいじめは絶対にしてはいけない。今回は，スマホを使って相手の状況を考えずに相談をしたことが，そのきっかけだったと気付かせたい。

事例を通して，スマホでの連絡は，相手がどのような気持ちや状態なのか分からないため，配慮が必要であることをとりあげる。そして，学校では話していても，スマホでの語りかけをみんなから無視されたようこが，学校に行けなくなったという事実から，ようこがどんなに不安な気持ちだったかを，自分と重ね合わせて考えさせたい。友だちを傷つける重大な事になる前に，見かけた時に大人の人に相談することで止めることができるかもしれないと知らせておきたい。

また，スマホを使っていないときでも，思ったことや考えをどのように伝え合うことが良いのかを考え，その大切さに気付かせたい。

📎 事例のまとめ

①どんな理由があっても，いじめは絶対に許されません。ネットを使ったいじめでも同じことです。

②ネットいじめは，学校から帰ってからも終わることがなく，先生やお家の人からは見えにくいのが特徴です。

③いじめられたら，お家の人か先生に相談しましょう。友だちがいじめられたら，勇気を出して先生に言いましょう。

B-26 ネットいじめ

指導の流れ

学習活動	教師の発問と予想される児童生徒の反応

導入

Step 1 >>>>>>>>（4分）

自分や身近な人は，トークアプリをどんなとき使っているか意見を出し合う。

全体

😊 トークアプリやネットでの友だちとのやりとりは，どんなときに使っていますか。

- 自分は使っていないけど，家の人がいつも使っている。
- 時間を気にしないで連絡を取り合うのに，とても便利だと思う。
- サッカーの練習の日時，持ち物の連絡にいつも使っている。
- スタンプを友だちに送って遊んでいる。
- 学校からの連絡もメールで届くので，電話よりも便利だと思う。

事例アニメの視聴（6分45秒）

展開

Step 2 >>>>>>>>（5分）

3人の登場人物の気持ちをワークシートに書く。

個別

😊 ようこ，あゆみ，さちこの気持ちをワークシートに書きましょう。

- ようこ　もう寝たい。　得意じゃない。　明日でいいや。
- あゆみ　返事が欲しい。
- さちこ　あゆみさんに協力したい。ようこさんとも仲良くしたい。
- 登場人物が多いので，挿絵を使って，ようこさん，あゆみさん，さちこさんの3人を確認し，心に残った場面の気持ちを書くように助言する。

Step 3 >>>>>>>>（10分）

登場人物それぞれの気持ちが違うことが明らかになるように話し合う。

個別 **全体**

😊 ようこの書き込みに返信が来なくなったのはどうしてでしょう。ようこ，あゆみ，さちこの気持ちを考えましょう。

- ようこ
　書いたのにだれも返事をくれない。
- あゆみ
　真剣に考えているのに，ようこさんだけ協力してくれない。
- さちこ
　あゆみさんに叱られるから，返事をしないようにしよう。

Step 4 >>>>>>>>（10分）

ようこさんがどんな気持ちになったか，グループで話し合い，全体で意見を交流する。

個別 **グループ** **全体**

😊 学校に行きたくないとようこが思うようになっていった気持ちを考えましょう。

- 学校では普通通りに話をしてくれるのに，トークアプリではみんなが返事をしてくれないから，不安になってきた。
- 悪口を友だちに言われそうで，怖い。
- 無視されそうでつらい。
- みんなから仲間はずれにされて，悲しい。学校に行きたくない。

まとめアニメの視聴（1分50秒）

まとめ

Step 5 >>>>>>>>（7分）

いじめにならないようにするには，どんなことに気をつけたらいいか考える。

個別 **全体**

😊 参加している人が，いじめられていると感じることがないようにするには，どのようなことに気をつけますか。

- 悪口を書かない。言葉は残るから。
- いじめになりそうだと思ったことは，一緒になってしないようにする。
- 困ったことが起こったときは，早めに先生や家の人に相談する。
- トークアプリは，相手が見えないから，よく考えずに書いてしまうので，相手の気持ちを考えて書くようにする。

〈第2章〉実践事例「B：責任ある情報発信」

板書

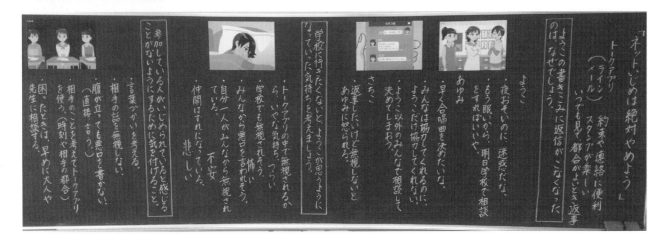

ワークシート例

この指導を通じて **感じたこと 考えたこと**

B-26　ネットいじめ

ネットいじめは絶対やめよう

_____年_____組_____番　名前_____

☆トークアプリやネットでの友達とのやりとり はどんな時に使っていますか？

・友達と遊んだり出かけたりする相談や約束をするとき。
・友達と出かけるとき、集合時刻や持ち物を確認するとき。

1 ようこの書き込みに返信が来なくなったのはどうしてでしょう。

○ようこの気持ち	○あゆみの気持ち	○さちこの気持ち
・明日学校で言えばいいや。もう眠いから寝よう。	・どうしてメールで返事をくれないの？学校の話し合いにも参加してくれないし、どうやって曲を決めればいいの？困るなあ。	・ようこに返事をしたいけど、返事をしたらあゆみに叱られてしまう。叱られるのはいやだから、ようこに返事をしないようにしよう。

2 学校に行きたくないとようこが思うようになっていった気持を考えましょう。

学校では話をしてくれるけど、トークアプリでは、いつもやさしいさちこちゃんまで無視してくる。ちゃんと曲のことを返事したのにどうしてかな。このまま学校でも無視されるのかな。悪口まで言われるのかな。

3 参加している人が、いじめられていると感じることがないようにするにはどのようなことをに気を付けますか。

・仲間外れにしない。だめだと思ったら、しないようにする。
・相手や自分が傷つくようなことを、参加している人に書いて送らない。
・困ったときは、早めに大人か先生に相談する。

小学5年生で指導しました。まだ自分のスマホを持っている児童は多くありませんが，事前指導的な扱いの方が，積極的に話し合うことができ，効果的だと思いました。「学校に行きたくないと，ようこが思うようになっていった気持ち」を考える場面では，子供たちはいじめの恐ろしさに気付くことができたと思います。

まとめアニメを視聴した後，いじめだと感じることがないようにするための，具体的な方法を考えるのは，スマホを日常的に利用しない子には難しいようでした。学級の実態に応じて，グループで話し合う時間を設定するなど工夫するとよいと思います。この授業を通して，子供たちは，相手のことを思いやることが，相手の顔が見えないトークアプリでは，いっそう大切になるのだと考えたようです。

C-14 著作物の利用

Bellevue Children's Academy　金隆子先生

ねらい　著作物には多くの人の苦労や思いが込められていること，著作者の権利を守ることを理解し，正しく利用する大切さを知る。

こんなときに

- CDの安易な貸し借りが起こっているとき。
- 子供たちの身の回りの著作物に対する意識を高めたいとき。
- 著作物を大事にすることが文化の発展につながることを教えたいとき。

学習の必要性

　様々なメディアが登場し暮らしに欠かせない存在となっている今，小学生も，CDの貸し借りなど著作権侵害の場面に無意識に触れている実態がある。著作権を侵害せず上手に著作物を利用させるためには，周りにあふれている著作物を認識させ，許諾など著作権上のルールを守って利用させる指導が必要である。著作物には，作った人の考えや気持ちが表現されており，著作者の苦労や努力を理解した上で正しく使うことの大切さを，学習活動を通して伝えていきたい。これらの学習は，著作権が子供たち自身にもかかわることであり，互いの著作物に敬意を払って活用していくことの大切さに気付かせるために必要な学習である。

指導のポイント

①著作物とは

- 思想又は感情を創作的に表現したものであって，文芸，学術，美術又は音楽の範囲に属するもの。
  例：楽曲，振り付け，映画，地図，絵画，アニメ，小説，写真，ソフトウェアなど

②著作物の複製（コピー）は

- 形あるものに複製するのは，著作者の許諾が必要。
- 例外規定に該当する場合は自由に使える。（ただし厳密な条件がある）
  例：私的使用のための複製
  　　図書館等における複製
  　　引用　など

③著作者の権利とは

- 著作者人格権…著作者が精神的に傷つけられないように守ること。
  例：著作物の内容などを無断で改変されないように保護する
- 著作権（財産権）…著作者が経済的に損をしないように守ること。
  例：著作物が無断で頒布，公衆送信されないように保護する

〈第2章〉実践事例「C：健全な情報社会の形成」

〈著作物の利用〉
CDにこめられた思い

小学3～6年生

事例アニメの概要

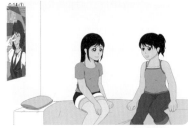
①アイドル歌手の大ファンであることねは、友だちのみなからレコーティングに携わる人々が苦労してCDを作っているという話を聞く。

②1枚のCDを作るために、多くの人が関わっており、たくさんのお金や時間、手間がかかっている。

③ことねは、お小遣いを貯めて新曲のCDを買いたいと思っていたが、友だちのけいごからそのCDを買ったのでコピーしてあげると言われる。

④ことねは、CDは欲しいと思ったのだが、みなの話を思い出してコピーしてもらうのを断る。

▶視聴のポイント

著作物の正しい利用がなぜ大切か、音楽CDのコピーを例に考えさせることで著作物の問題が自分たちの身近にあることに気付かせたい。

はじめに、CDの貸し借りやコピーの経験はあるか問いかけたり、CDコピーについての簡単なクイズを出したりしながら、自分の生活を振り返らせて視聴させるとよい。

視聴後、ことねがコピーの申し出を断った場面を中心に、断った理由を引き出しながら、作った人の気持ちに寄り添わせ、なぜコピーがいけないのか考えさせたい。

音楽CDは、収録されている楽曲や歌詞が著作物として著作権法で保護されている。それは、社会の変容に伴って変化する音楽の使われ方を理解し、作る人の権利を守るためであり、今後の文化の発展にもつながっていくという意識も持たせたい。

最後にまとめを視聴し、今後配慮すべきことについて意見を引き出しながら学習を整理し、著作物の扱い方を確認するとよい。

事例のまとめ

①著作物は著作権法で守られており、許可を得ずにコピーしたり、インターネットにアップしたりしてはいけません。

②CDは多くの人が時間と労力をかけているので、利用する私たちは、それを忘れてはいけません。

③無断でCDをコピーして人にあげてしまうと、作った人に利用料が支払われないため、よく考えて利用しましょう。

C-14 著作物の利用

指導の流れ

学習活動	教師の発問と予想される児童生徒の反応

導入

Step 1 >>>>>>>>>（2分）
CD のコピーについて自分の行動を振り返りながら考える。

全体

1．CD をコピーしたことはありますか。
2．正しいのはどれでしょう。
①自分で買った CD を自分のパソコンにコピーする。
②友だちに CD のコピーをあげる。
③家族に自分の CD をコピーする。

● ①②③ともよいが多数。
● 正解は学習の後に示すことを伝える。

事例アニメの視聴（3分）

展開

1・2
3・4
5・6
中

Step 2 >>>>>>>>>（5分）
CD のコピーを断った理由を考える。

ペア **全体**

ことねさんはどうして CD のコピーを断ったのでしょうか。

● レコーディングの大変さを知ったから。
● プロは時間をかけて練習して CD を作っているから。
● たくさんの人が関わって頑張っているから。
● 自分のお小遣いで買いたいと思ったから。

Step 3 >>>>>>>>>（10分）
作っている人たちの気持ちを考える。

ペア **全体**

CD を作っている人たちはどんな気持ちで作っているのでしょう。

● たくさんの人に聞いてもらえるいい曲を作りたい。
● 作った曲をきいて喜んでもらいたい。
● 次の曲もききたいと思ってもらいたい。
● たくさんの人に CD を買ってもらいたい。
● これからもたくさんの曲を作っていきたい。

Step 4 >>>>>>>>>（10分）
ルールを守ることがなぜ大切か考える。

グループ **全体**

ルールを守ることはなぜ大切なのでしょう。

● 作る人が経済的に豊かになる。（作る人にお金がたくさん入る。）
● 作る人の気持ちが安定する。
● 曲を作ることに集中できる。（曲づくりに専念できる。）
● これからも，いい文化を伝えられる。（文化の継承につながる。）
◎ 作る人の権利を守っていくことが文化の発展につながっていくことも考えさせたい。

まとめアニメの視聴（2分45秒）

まとめ

Step 5 >>>>>>>>>（10分）
著作物の利用についてまとめる。

個別 **全体**

CD 以外の著作物には何がありますか。
著作物はどのように利用すればよいでしょう。

● 音楽，振り付け，映画，地図，絵画，アニメ，小説，写真など。
◎ 自分の作品も友だちの作品も含まれることをつかませたい。
● お金をはらって利用する。
● 作った人の思いを考えて大事にする。
● 勝手にコピーしたり，あげたり，配ったりしない。
● 人や作品を大事にする
◎ 導入のクイズ再度問う。　　○は①③　×は②

92

〈第 2 章〉実践事例「C：健全な情報社会の形成」

板書

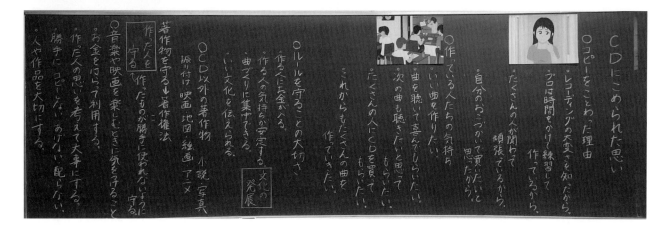

ワークシート例

【 C-14 】著作物の利用

CDにこめられた思い

＿＿＿年＿＿＿組＿＿＿番 名前＿＿＿＿＿＿＿＿＿＿＿

① ことねさんはどうしてCDのコピーをことわったのでしょうか。
　・みなさんの話を思い出したから。
　・お金をだして買おうと思った。
　・一生けん命練習している。
　・たくさんの人ががんばっている。

② CD（音楽）を作っている人はどんな気持ちで作っているのでしょうか。
　・自分が作った曲をみんなにきいてほしい。
　・売れたい。ヒットさせたい。
　・曲を聞いて楽しんでもらいたい。
　・これからも曲を作っていきたい。

③ ルールを守ることはなぜ大切なのでしょう。
　・守ると気持ちいい。
　・作っている人も気持ちいい。
　・作っている人にお金が入る。
　・社会のためにもなる。

④ CD（音楽）以外の著作物を書きましょう。

　・アニメ、写真、映画、絵、本

⑤ CD（音楽）やえい画を楽しむときに気をつけることを書きましょう。
　・作った人の気持ちを考える
　・お金をはらう。
　・コピーしたものを勝手にあげない。
　・大事にする。

この指導を通じて感じたこと考えたこと

　子供たちを取り巻く社会の変化から，情報社会の特徴を生かした適切な活動を行うための知識や態度を育てることが求められています。著作権の学習は，実際の生活の中で役立つ知識を得られることであり，子供たち自身の的確な判断力を身につけさせることにもつながることに気付かせたいと思いました。

　この教材は，子供たちにとって最も身近なCDを取り上げています。著作物の正しい利用をうながし，著作権を保護することを目的とした学習の一歩として，生活体験と重なる内容は取り組みやすかったようです。学習を通してCDはもちろん，CD以外の著作物への意識も高まり，正しい利用の仕方について学ぶことができました。これからも継続的に指導していきたいと思います。

C-16 ルールやマナーを守る

神奈川県川崎市立西有馬小学校　福山里加先生

ねらい 公共物を利用するという認識を持たせ，きまりの大切さが分かる。

こんなときに

・コンピュータ室を初めて利用するときや，学校生活のルールを指導するとき。
・周りのことを考えない行動や，他の人に迷惑をかけるような行動が見られ，心配なとき。

学習の必要性

　子供たちは学校生活に期待感をもって入学してくる。自分の教室以外にどんな特別教室があるのか，どんな学習用具があるのか，生活科の学校探検では興味をもって調べに行く姿が見られる。
　学校生活の中には様々なルールやマナーがある。そのうちの一つである「みんなが使う公共物を大切にしよう」という考えは，入学間もないうちから身につけておくことで，みんなが安心して気持ちよく学校生活を送る基盤となる。また，学校生活だけでなく社会生活や，インターネットを利用する際のベースとなる日常のモラルともなる大事な内容である。学校生活のルールやマナーを守ることの良さを実感し，公共の意識が芽生えるようにしていきたい。

指導のポイント

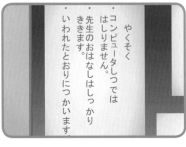

①公共物を利用する

・学校のコンピュータはみんなのもの
・安全に利用する
・ていねいに使う

②学習環境を大切に

・他の人に迷惑をかけない
・周りの人のことを考える

③ルールやマナーのねらい

・みんなで気持ちよく利用するためのきまり
・社会生活の基本
・公共の意識

〈第2章〉実践事例「C：健全な情報社会の形成」

〈ルールやマナーを守る〉
みんなのやくそく

小学1～2年生

事例アニメの概要

①コンピュータ室には利用する際の約束があったが，けんたはコンピュータ室で走ってころんでしまう。

②あやは，コンピュータを使ったことがあるからと，先生の指示を待たずに勝手に操作してしまう。

③かずおは，先生の話を聞いておらず，危うく間違った操作をしそうになる。

④先生は，コンピュータ室では約束を守って過ごし，コンピュータなどを大切に使うように子供たちに注意する。

▶視聴のポイント

　これまでの学校生活を振り返って，学校の約束や，図書室の使い方等で気をつけていることを事前に想起させる。学校生活を送る上で，今の自分の態度を振り返って学習に臨むようにしたい。

　視聴後，子供たちと対話をしながらキーシーンを振り返り，「どうして先生に注意をされたのか」を考えさせる。そのなかで，コンピュータ室を使うためのきまりは，自分だけでなく周りのみんなのためにも必要なことだと気付かせたい。

　まとめのアニメーション（1分20秒）を視聴し，これからコンピュータ室を利用する際に自分が気をつけていくことを一人ひとりが考える場面をつくる。

　授業の最後に，導入で触れた自分の学校にあるルールについて振り返り，改めて何のためにあるかを考え，他学年も含めた学校にいるみんなが気持ちよく過ごすためにきまりがあることに気付けるようにしたい。

事例のまとめ

①コンピュータは便利な機械ですが，間違った使い方をすると壊れてしまうことがあります。

②学校のコンピュータが一つでも壊れてしまうと，他のクラスや学年の人も使えなくなるので，大切に使いましょう。

③学校にあるルールや約束は，何のためにあるのか，考えてみましょう。

C-16 ルールやマナーを守る

指導の流れ

学習活動	教師の発問と予想される児童生徒の反応

導入

Step 1 »»»»»»» (3分)

学校にある約束にはどんなものがあるかを発表する。

全体

😊 ○○小学校には，どんな約束がありますか。

- 廊下は走らないで，右側を歩く。
- 使ったボールは元の場所に戻す。
- 水道の蛇口は使い終わったら下に向ける。
- 図書室の本は1週間で返す。
- 特別教室には先生と一緒に行く。

事例アニメの視聴 (4分30秒)

展開

Step 2 »»»»»»» (7分)

ストーリーと登場人物を確認し，なぜ先生に注意されたのかを考える。

個別 **全体**

😊 アニメに出てきたお友だちは誰でしたか？
どうしてお友だちは，先生に注意されたのでしょう。

- けんたさん…走って転んだから。
- あやさん……勝手にコンピュータを触ったから。
　　　　　　　先生の話を聞いていないから。
- かずおさん…勝手にコンピュータの電源を切ろうとしたから。
　　　　　　　先生の話を聞かずにずっとコンピュータをやっていたから。

Step 3 »»»»»»» (15分)

コンピュータ室を使うためのきまりがある理由を考え，ワークシートに書き，グループや全体で交流する。

個別 **グループ** **全体**

😊 どうしてコンピュータ室を使うためのきまりがあるのでしょう。

- コンピュータが壊れないように。
- 走ると自分も友だちもけがをするから。
- 授業が始められるように。
- 他のクラスや学年もコンピュータを使えるように。
- 勝手なことをすると，みんなも使えないから。
- みんなで楽しく勉強するため。

まとめアニメの視聴 (1分20秒)

まとめ

Step 4 »»»»»»» (10分)

みんなが楽しくコンピュータ室を使うために気をつけることを発表する。

個別 **全体**

😊 みんなが楽しくコンピュータ室を使うために，どんなことに気をつけますか。

- 先生の話をよく聞いてから使う。
- 決められた約束を守る。
- コンピュータを正しく使う。
- コンピュータを大切に使う。
- 分からないことは先生にたずねる。

Step 5 »»»»»»» (3分)

学校にある様々な約束はなんのためにあるか考え，今後の学校生活に生かそうとする。

全体

😊 授業の最初に，○○小学校にはこんな約束があると確認したけれど，どうして約束があるのでしょう。

- 自分もみんなもけがをしないように。
- 他のクラスや学年の人も使えるように。
- 来年の1年生も使えるように。
- みんなが気持ちよく過ごせるように。

〈第2章〉実践事例「C：健全な情報社会の形成」

板書

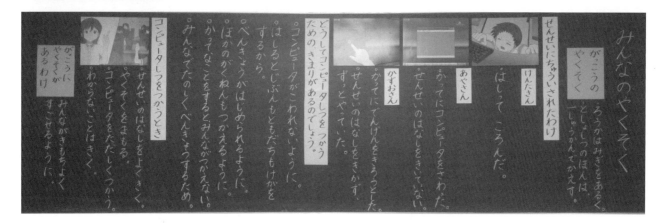

ワークシート例

C-16　ルールやマナーを守る

みんなのやくそく

＿＿年＿＿組＿＿番　名前＿＿＿＿＿＿＿＿＿

1　どうしておともだちは、先生にちゅういされたのでしょう。

> けんたさん… はしって、ころんだから。
> あやさん…… かってにコンピュータをさわったから。
> 　　　　　　 せんせいのはなしをきいていないから。
> かずおさん… かってにでんげんをきろうとしたから。
> 　　　　　　 せんせいのはなしをきいていないから。

2　どうしてコンピュータしつをつかうためのきまりがあるのでしょう。

> ・コンピュータがこわれないように。
> ・はしると じぶんも ともだちも けがをするから。
> ・かってなことをすると、みんながつかえないから。
> ・みんなでたのしくべんきょうするため。

> やくそく
> コンピュータしつでは はしりません。
> 先生のおはなしを しっかりききます。
> いわれたとおりにつかいます。

3　みんながたのしくコンピュータをつかうためにきをつけることをはっぴょうしよう。

> ・せんせいのはなしをよくきく。
> ・やくそくをまもる。
> ・コンピュータをただしくつかう。
> ・わからないことは、せんせいにきく。

この指導を通じて感じたこと考えたこと

　導入とまとめで，学校生活を振り返られるようにしました。今回は入学して半年，学校の約束を学んでいるところです。そこで，コンピュータ室のきまりをきっかけに，学校にあるきまりを振り返り「安心して気持ちよく学校生活を送るためにきまりは大切であること」に気付かせ，他の公共物も大切にする気持ちを育てたいと思いました。授業をする時期やクラスの実態に合わせて導入・まとめを変えていくのもいいと思います。

　子供たちは，アニメーションから登場人物の行動による友だちへの影響を知り，きまりを守る大切さを実感していました。学校生活だけでなく，社会生活やインターネットを利用する際のベースである，日常のモラルとして大事な内容だと思います。

97

C-18 作った人の気持ち

東京都世田谷区立尾山台小学校　遠藤裕美子先生

ねらい　人が作った作品には思いが込められていることを知り，大切に扱おうとする心情を育てる。

こんなときに

- 図工や学級活動，総合的な学習の時間などで作品作りをするときに，友だちのアイディアを勝手に使ってはいけないことに気付かせたいとき。
- 人が作った作品には著作権があることを知らせたいとき。

学習の必要性

　作品作りは子供たちにとって楽しい活動である。友だちと一緒に活動する中で，人が作っている作品を見て，「いいな」「真似したいな」と思う気持ちをもつことは，子供にとってごく自然なことである。教師も指導の中で，「友だちの作品を見て，よいと思うところは参考にしていいですよ。」という声掛けをすることがある。しかし，「参考にする＝そのまま真似をする」ではないということが十分伝わっていないと，安易に真似をしてしまう子供もいる。これは，友だちの作った作品や自分が作った作品にも著作権があるという認識が低い現状の現れでもある。「著作権」の基礎となる心構えとして，相手の気持ちを考え許可なく安易に使ってはいけないことを指導し，大切に扱おうとする心情を育んでいきたい。

指導のポイント

①創作物を作った人は

- 作品に思いを込めて作っている
- 作品を大事に思う気持ちがある
- 勝手に使われたくないという思いがある

②著作権とは

- 作品を作った人が持っている権利
- 作品を作った時に自動的に発生するもの

③他人の作品を使うとき

- 自分と他人の作品は区別する
- 許諾が得られた範囲で使わせてもらう

〈第2章〉実践事例「C：健全な情報社会の形成」

〈作った人の気持ち〉
クラスのマーク "ピーチくん"

小学3～4年生

事例アニメの概要

①さやかは，友だちのみかが考えた桃のキャラクター「ピーチくん」を見て，とてもかわいいと思う。

②クラスのマークを作ってくる宿題が出されたが，何も思い浮かばないさやかは，みかが考えた「ピーチくん」を描いて提出することにした。

③翌日，みかは欠席しており，さやかはピーチくんを借りたことを伝えられない。「ピーチくん」がクラスのマークに決まったが，さやかはみかが考えたマークだと言えない。

④翌日，登校してきたみかは，自分の考えた「ピーチくん」が勝手に使われたことを知って，泣き出してしまう。

▶視聴のポイント

　友だちの作品を見ていいなと思ったり，作品作りでなかなかアイディアが思い浮かばずに困ったりした経験を想起させてから視聴できるようにしたい。ここでは，クラスのマークを考えるという題材で，作者の許可なく自分の作品として提出してしまうという事例を扱っているが，そっくりそのまま全てを勝手に使うことだけがいけないのではなく，作品の一部だけでも，許可なく勝手に使ってはいけないことも押さえたい。

　また，このことは，絵だけでなく，図工の作品，作文等，日常生活の様々な場面に当てはまることも確認しておくようにしたい。人が作った作品には，作った人の思いが込められている。作品を大切にすることは，作った人の思いも大切にすることにつながることに気付かせたい。自分と他人の作品を区別し，他人の作品も自分の作品と同じように大切に扱おうとする気持ちにつなげていきたい。

事例のまとめ

①さやかさんは，ピーチくんを大事にしているみかさんの気持ちを考えなければいけませんでした。

②他の人が作ったものを自分の作品として発表するのではなく，自分で考えたものを発表するようにしましょう。

③他の人の作品を使わせてもらいたいときは，相手の許しをもらってから使わせてもらうようにします。

C-18 作った人の気持ち

指導の流れ

学習活動 / 教師の発問と予想される児童生徒の反応

導入

Step 1 >>>>>>>> (5分)

友だちが作った作品を見て，「いいな」「真似したいな」と思った経験を想起させる。

全体

☺ 友だちが作った作品を見て，「いいな」「まねしたいな」と思ったことはありますか。どんなときにそう思いましたか。

●図工で，かっこいい作品を見たとき。
●上手な作文を読んだとき。
●自由研究で，すごく立派な作品を見たとき。
●友だちの作品を見て気に入ったとき。
●作っているとちゅうに，おもしろいアイディアで作っている友だちを見たとき。

事例アニメの視聴 (3分35秒)

展開

Step 2 >>>>>>>> (8分)

友だちの作品を自分の作品として勝手に使ってしまったときの気持ちを考える。

個別 **全体**

☺ さやかさんは，どうしてみかさんのマークを使ったのでしょう。

●いいデザインが思いつかなかったから。
●みかさんのマークがかわいかったから。
●みかさんには，後で言えば大丈夫だと思ったから。
●絵をかくのはとくいではないのでこまってしまったから。
●明日までになんとか考えないといけないとあせってしまったから。
●宿題を出さないとしかられると思ったから。

Step 3 >>>>>>>> (12分)

クラスのマークに選ばれたときの気持ちを考える。

個別 **全体**

☺ クラスのマークにえらばれたとき，さやかさんはどう思ったでしょう。

●しまった。まさかえらばれるなんて思わなかった。
●どうしよう。みんなわたしが考えたと思ってる。
●てい出するときに，本当のことを言っておけばよかった。
●今さら，みかさんがかいたなんて言えない。
●このことをみかさんが知ったら，なんて言うだろう。
●みかさん，おこるかな。

Step 4 >>>>>>>> (10分)

友だちの作品を使ったことの何がいけなかったのかを考える。

個別 **全体**

☺ 泣いているみかさんを見て，さやかさんはどんなことを考えたでしょう。

●みかさんにあやまろう。
●みかさんやみんなに本当のことを話そう。
●みかさんの作品だということをもっと早く正直に話せばよかった。
●どうしてこんなことをしてしまったのだろう。
●みかさんの作品を勝手に使わなければよかった。
●自分が思いついたデザインだとみんなに思わせてしまってごめん。

まとめアニメの視聴 (1分40秒)

まとめ

Step 5 >>>>>>>> (5分)

他人の作品を使うときに気をつけなければいけないことを確認する。

全体

☺ ほかの人の作品を使うときには，どのようなことに気をつけなければいけないか考えましょう。

●ほかの人の作品は，勝手に使わない。
●ほかの人の作品を自分の作品として使わない。
●ほかの人の作品を使いたいときは，使いたい目てきなどを相手に話して，ゆるしをもらってから使う。
●他の人に使ってほしくないときは，「ごめんね，使わないで」と言ってことわってもよい。
●ことわられたときは，使わない。作った人の気持ちを考えることが大切。

〈第2章〉実践事例「C：健全な情報社会の形成」

板書

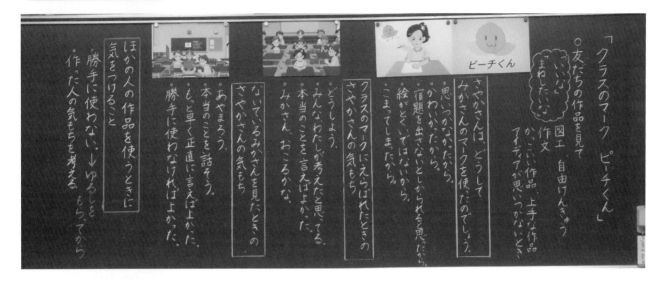

ワークシート例

C-18　作った人の気持ち

クラスのマーク"ピーチくん"

___年___組___番　名前_____

1 さやかさんは、どうしてみかさんのマークを使ったのでしょう。

・いいデザインがぜんぜん思いつかなかったから。
・みかさんの考えたピーチくんがかわいかったから。
・みかさんには、あとで言えばだいじょうぶだと思ったから。

ピーチくん

2 クラスのマークにえらばれたとき、さやかさんはどう思ったでしょう。

・どうしよう、こまったな。
・みんな、わたしが考えたマークだと思ってる。
・勝手に使って、みかさん、おこるかな。
・本当のことを言った方がいいけど、今さら言えないよ。

3 ないているみかさんを見て、さやかさんはどんなことを考えたでしょう。

・みかさん、ごめんね。
・みかさんが考えたピーチくんを勝手に使わなければよかった。
・みかさんにも、みんなにも、わるいことをしてしまったな。
・みかさんの作品だということを、もっと早く正直に話せばよかった。

この指導を通じて感じたこと考えたこと

　小学3年生にとって，友だちの作品を見て，つい真似したくなってしまうことはよくあることだったようで，主人公のさやかの気持ちに共感していました。また，自分のアイディアを友だちに勝手に使われて嫌な思いをしたことのある子も多く，みかの気持ちにも共感できたようです。学級の実態によっては，終末でみかの気持ちを考えることで，友だちの作品を扱うときに気をつけることを考えさせてもよいかと思います。

　「著作権」は，メディアや出版物にしかないと思っている子が多かったので，自分や友だちが作った作品にも著作権があることを初めて知り，驚いている子もいました。この学習を機に，自分の作品と同じように，友だちの作品も大切に扱おうとする気持ちにつなげてほしいと感じました。

C-19 スマホ・ゲーム依存

徳島県東みよし町立足代小学校　土井国春先生

ねらい スマホの利用は，終わりにするタイミングを自分で決める必要があることを理解する。

こんなときに

- スマホやゲームの利用時間が長く，日常生活の習慣やリズムが乱れたり，生活に支障が出たりすることが心配されるとき。
- スマホやゲームの使いすぎによるスマホやゲームへの依存が心配されるとき。

学習の必要性

　スマホのゲームアプリには，子供たちだけでなく大人も虜にするほど魅力的なものがある。スマホのアプリを介した友だちとのコミュニケーションは楽しく，友だち同士の結びつきをさらに強める役割も果たす。いずれも余暇を充実させるものであり，生活を便利に，豊かにするものだと言える。しかし，楽しいが故にゲームに没入していつまでもやめられなかったり，友だちとの関係を意識しすぎてやめ時をつかみ損ねてダラダラと続けてしまったりするなど，スマホやゲームがもたらすマイナス面も多くの子供が経験する。楽しさや便利さを得られる一方で，無自覚な利用によって知らず知らずの内に依存傾向に陥り，自分の生活の質を下げてしまう恐れもあることを知り，節度ある活用が大切であることを考えさせたい。

指導のポイント

①ついついやってしまう

- ゲームで達成感が味わえることや，内容の断続性による関心から，ゲームのプレイ衝動が抑えられなくなってしまうことがある。
- スマホのアプリには使用者を断続的に引きつける表現の工夫が周到に準備されている。
- ルールを決めてあっても，それを軽く考えてしまうことがある。

②終わりにするタイミングがつかめない

- 友人関係を大切にするあまり，投稿に対して反応を返さないと，既読無視から始まるトラブルやいじめにあってしまうのではないかという不安を持ちやすい。
- 友だちとのコミュニケーションを楽しむあまり，すべきことを後回しにしたり，終わりにするタイミングを逸したりしてしまうことがある。

③長時間の使用は生活のリズムを崩す原因に

- 長時間の使用によって，夜更かしによる睡眠不足，勉強に集中できない，等の生活習慣の乱れが生じやすい。
- スマホ依存である状況を，指摘されて初めて問題に気付くこともある。
- スマホの利用は，自分の家のルールを守り，終わりにするタイミングを自分で決めて実行することが大切である。

〈第2章〉実践事例「C：健全な情報社会の形成」

〈スマホ・ゲーム依存〉
やめられないスマホ・ゲーム

小学3～6年生・中学生

事例アニメの概要

①としおとようこの家では，スマホが使える時間が決まっており，約束が守られないと没収されることになっていた。

②弟のとしおは，約束の時間にスマホを使うことをやめたが，寝る前についゲームを始めてしまい，やめられなくなってしまう。そこへ父がやってきて，スマホを没収される。

③姉のようこは，友だちとのメッセージのやりとりを，時間が来たのでやめようとしたが，終わりにするタイミングがつかめないまま，夜遅くまで続けてしまう。

④ついそのまま眠ってしまい，翌日寝坊して，朝からの部活に間に合わなくなってしまう。

▶視聴のポイント

　授業の導入段階で，スマホやゲームを利用した経験を想起してから視聴するようにする。自身の経験と重ねることで，ついついやりすぎてしまう，止めるタイミングがつかめないなどの失敗をする登場人物のとしおやようこの心情を共感的に理解することができる。

　ゲームやSNS等のアプリを通して得られる達成感や充実感，楽しさは，非常に強大であるため，子供たちが自分自身で制御したり，抑止したりすることが難しい。家族で決めたルールを守れないことが起きるのは，単にその子の意志の強さだけの問題ではないことも多い。

　事例の視聴を通して，自分で自分のことを制御できない「依存」という状態があることを知る。その上で，どのような心構えが必要か，どのような仕組みを作っておけばよいか，どのような解決策を想定するかを考えられるようにしたい。

事例のまとめ

①ゲームは，やりたい気持ちに負けずに「ここまで」と決めないと，いつまでもやり続けることになってしまいます。

②友だちに自分の家の約束を伝えておき，時間が来たら終わりにしないと，いつまでも続けてしまうことになります。

③友だち同士でそれぞれの家の約束を確認し，それを守れるように皆で協力しあいましょう。

103

指導の流れ

学習活動	教師の発問と予想される児童生徒の反応

導入

Step 1 >>>>>>>>> (5分)

スマホやゲームをどれくらい普段使っているかを振り返り，学習への動機を高める。

全体

😊 スマホやゲームを使ったことがありますか。
普段，どのくらいの時間使っていますか。

- お母さんのスマホを借りて使ったことがある
- 自分のスマホを持っているけど，ゲームはあまりしない
- ログインするとアイテムがもらえるので，短い時間だけど毎日している
- 塾の送り迎えの時に便利
- 家族との連絡用
- 友だちとメッセージを交換するのが楽しい

事例アニメの視聴（5分40秒）

展開

Step 2 >>>>>>>>> (10分)

としおさんやようこさんがスマホやゲームをやめられなかった原因を考え，ワークシートに書く。

個別 **全体**

😊 としおさんやようこさんが，いつまでもスマホやゲームを使い続けてしまったのはなぜでしょう。

・としおさん
- ゲームの楽しさに引き込まれてしまった
- 「あと少し」という気持ちが，ルールを破ることにつながった
・ようこさん
- 友だちとのやりとりが楽しかったから
- 友だちの気持ちを考えて，止め時が分からなかったから

Step 3 >>>>>>>>> (5分)

登場人物の行動をもとに，スマホやゲームとのつきあい方を振り返る。

個別 **全体**

😊 この二人のように，スマホやゲームを使い続けてしまったことはありますか。

【ある】
- 集中していたらいつの間にか時間が経っていた
- 切りのいいところまで進めたくて長々とやってしまった
- 友だちとの会話を終えるタイミングが分からず続けてしまった
【ない】
- 家でルールが決まっているのでいつも守っている

Step 4 >>>>>>>>> (10分)

「わかっているのにやめられない」時どうすればいいか，自分の考えをワークシートに書いたり，グループで話したりする。

個別 **グループ** **全体**

😊 「わかっているのに，やめられない」時，どうすればいいか考えましょう。また，そうならないようにするためには，どのような工夫が必要か考えましょう。

- 使い方のルールを決める
- スマホの使いすぎについて，家族や友だちで声を掛け合うようにする
- 食事中や就寝時は電源を切る
- 家で決めたルールを友だちに伝え，返信ができない時間があることを知ってもらう

まとめアニメの視聴（1分20秒）

まとめ

Step 5 >>>>>>>>> (8分)

自分でやめられなくなる「依存」という状態があることを知り，これからの生活でどのようなことを気をつければいいかを考える。

個別 **全体**

😊 「スマホ・ゲーム依存」にならないために気をつけることを考えましょう。

- 時間や使い方のルールを決めて守る
- 普段からお互いにスマホの使い方に気を配り，使いすぎが目についたら，家族や友だちで声を掛け合うよう決めておく
- 9時以降は電源を切るなどして，生活のリズムが崩れないようにする
- 家で決めたルールを友だちとお互いに伝え合い，返信や確認ができない時間があることを知っておく
- どうしても守れないときは，家族に預かってもらう

〈第2章〉実践事例「C：健全な情報社会の形成」

板書

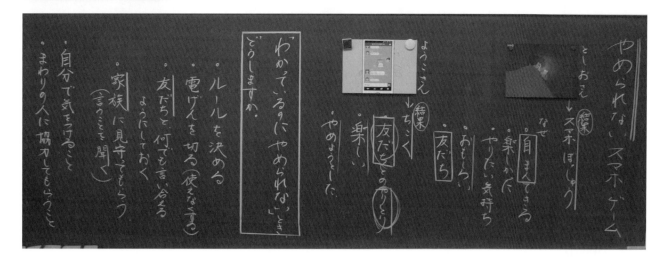

ワークシート例

C-19 スマホ・ゲーム依存

やめられないスマホ・ゲーム

___年___組___番　名前_____

1　としおさんやようこさんが、いつまでもやり続けてしまったのはなぜでしょう。

> ゲームが楽しかったから。
> ゲームを進めて友だちに自慢したいから。
> 「もうちょっとだけ」と思って、いつまでもやめられなかったから。
> 友だちとの話が楽しかったから。
> 止めるタイミングが分からなかったから。
> 自分から止めると友だちが嫌な思いをするかも知れないと思ったから。

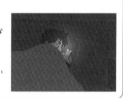

2　このふたりのように、スマホを使い続けてしまったことはありますか。

> ついゲームを長くやりすぎてしまった。
> 「あと1回だけ」と思って、何度もしてしまうことがあった。
> インターネットの動画を見ていたら時間が過ぎていた。

3　「わかっていたのに、やめられない」時、どうするかを考えましょう。

> 電源を切る。手元に置かないようにする。時間がきたらお家の人に預ける。
> 使いすぎに気をつけて、家族で声を掛け合うようにする。
> 友だちと、お互いの家のルールを伝え合っておく。
> そうならないように、普段からルールを守るように心がける。

この指導を通じて感じたこと考えたこと

　子供たちは，初めて「依存」という言葉を学びました。自分の行動は自分で選んで自分で決めることができる，と当たり前のように思っていた子供たちにとって，自分で自分のことを制御できない状態がある，という事実は驚きだったようです。自分たちの生活の身近に「依存」という状態があることを知ったことで，自分の生活を見つめる機会になったと思います。

　子供たちは，「自分だけでは気付けないかもしれないので，家族や友だちに使いすぎを指摘してもらうようにしよう」という解決策を考え出しました。今日の学習が，子供たちの生活に生きるためにも，家庭との連携，家庭への啓発は不可欠だと思います。学級通信などを通じて，子供たちの学習したことを伝えていきたいと思います。

C-20 調べ学習と著作権

東京都江東区立明治小学校　土屋亜矢子先生

ねらい 著作権とはどのようなものかを知り，人が作ったものや自分が作ったものを大切にする気持ちを養う。また，著作物を利用する際の注意点を知る。

こんなときに

- 総合的な学習の時間等の調べ学習で，インターネットを使い始めるとき。
- SNS 等が流行している中で，自分以外の人の作品をSNS等に掲載してしまう心配があるとき。

学習の必要性

　子供たちは，本を読んだり，インターネットを使って調べたりして，日常的に著作物を利用して学習したり，楽しんだりしている。著作権については，調べ学習をするときに，留意することを簡単に話しているが，十分には理解できていない。そのため，調べ学習のレポートなどでは，文章をそのまま書き写したり，写真をコピーしたりしている子供たちの姿が多く見られる。
　著作権に関する知識を身につけ，配慮することが，情報社会の中でみんなが気持ちよく過ごしていくために大切であることを気付かせ，各教科での学習の中で活かせるようにさせたい。

指導のポイント

①著作権について知る

- 「著作物」……作品として表現したもの
  「著作者」……著作物を創作した人
  「著作権」……著作者がもっている権利のこと
- 他の人が著作物を無断で利用したり，インターネットに投稿したり，販売したりすることは，法律で禁止されている。

②著作物の利用について知る

- 学校の授業の場合に限って，著作物の利用が特別に認められている。
- 著作物を使用しているものは，インターネットに公開したり，学校のお便りなどに使ったりできない。

③著作物を利用するときの注意点を知る

- 引用する場合は，著作者の許可はいらない。ただし，文章を引用する時には，かぎかっこでくくって自分の書いた文章とは区別して書く。そして，最後の部分に作者名や出典などを書く。
- インターネットで見つけた写真などを利用する場合には，写真などの下に引用したホームページの名前やアドレスなどを書いておく。

〈第2章〉実践事例「C：健全な情報社会の育成」

〈調べ学習と著作権〉
勝手に使っていいのかな

小学3～6年生

事例アニメの概要

①こうすけさん，ゆうやさん，あみさんは，昔のおもちゃについて調べて，発表することになった。

②3人は協力して，インターネットや図書館で調べたり，近所のおばあさんに取材をしたりして，たくさん調べた。

③調べたことを発表スライドにまとめる際，分かりやすくまとめるために，インターネットにあったおもちゃの写真や本で調べた年表を使いたいと思った。

④しかし，それらには「著作権」があるから，そのまま使っていいのかどうかを悩む。

▶ 視聴のポイント

　これまで，調べ学習の時に，インターネットから得た情報を引用した経験や漫画やアニメのキャラクターを学習新聞に使用した経験があるかについて発表させて，自分たちも他の人の著作物を利用し，学習したり，楽しんだりしていることを確認してから視聴できるようにしたい。

　調べ学習の時に，子供たちがインターネットから得た情報を自分の資料として利用する時には，「インターネットの資料は人が作ったもの」であることを意識させ，他人の作った物を大切にするという意識をもたせたい。また，人気テレビ漫画やアニメのキャラクターを自分の学習新聞に表現する子供も少なくない。調べたことの発表に欠かせないものだけを使うことが認められていることに気付かせておきたい。

　視聴後，普段，子供たちがしていることと同じことをアニメの中でもしていることを，適宜，振り返って内容を確認するとよい。

事例のまとめ

①人が作った作品全部に著作権はあり，あなたや友だちが書いた作文や絵にも著作権はあります。

②学校の授業や，自由研究や研究レポートや発表スライドなどでの著作物の利用は，法律で特別に認められています。

③自由研究や研究レポートや発表スライドなどに，著作物を使うことは，引用と言います。

C-20 調べ学習と著作権

指導の流れ

学習活動	教師の発問と予想される児童生徒の反応

導入

Step 1 >>>>>>>> (5分)

調べ学習をすると，便利なことは何かを考える。

`個別` **全体**

😊 インターネットや本で調べた時，便利だと思ったことは，どんなことですか。

- ●調べたい情報がたくさんある。
- ●すぐに調べられる。
- ●書いてあることを写せばよい。

😊 インターネットなどの情報を写して良いのか，「勝手に使っていいのかな」というアニメを視聴して考えてみましょう。

事例アニメの視聴（2分30秒）

展開

Step 2 >>>>>>>> (7分)

無断で使用された時の作者の気持ちを考える。

`個別` **全体**

😊 知らない間に，自分の作品が使われていたことを，作者が知ったらどんな気持ちになるでしょうか。

- ●何だか悲しい。
- ●自分がかいたものと同じものを，他の人がかくと嫌な感じがする。
- ●どうして真似をしたのだろう。
- ●使うことを言ってくれたら良かったのに。

Step 3 >>>>>>>> (7分)

無断で使用した人の気持ちを考える

`グループ` **全体**

😊 作者が知らない間に，自分が作品を使った時，自分はどんな気持ちになりますか。

- ●作品を使ってしまって，悪いことをしたことが心に残って，嫌な気持ち。
- ●作者に見つかったら，怒られないかなという不安な気持ち。
- ●作者に使うことを言った方が良かったかな。
- ●少しぐらい使っても平気かな。

Step 4 >>>>>>>> (10分)

著作権について知る。

全体

😊 著作権とはどういうものだろう。

- ●「著作権」とは，作品を作った人が持っている権利のこと。自分が作ったものを他の人に勝手に使われないように定められた権利であること。
- ●「著作物」とは，人が作品として表現したもの。
- ●「著作者」とは，著作物を作った人

まとめアニメの視聴（3分30秒）

まとめ

Step 5 >>>>>>>> (10分)

調べ学習で，気をつけることを考える。

`個別` **全体**

😊 著作物を使う時に，気をつけなければいけないことはどんなことでしょう。

- ●引用する場合は，著作者の許可はいらない。ただし，文章を引用する時には，「　」（かぎかっこ）でくくって，自分の文章とは区別して書く。最後の部分に作者名や出典などを書く。
- ●インターネットで見つけた写真などを利用する場合には，写真などの下に引用したホームページの名前やアドレスなどを書いておく。

〈第2章〉実践事例「C：健全な情報社会の育成」

板書

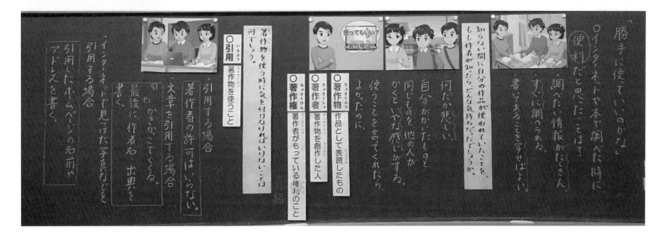

ワークシート例

> **C-20** 調べ学習と著作権
>
> ### 勝手に使っていいのかな
>
> ＿＿＿年＿＿＿組＿＿＿番　名前＿＿＿＿＿＿＿＿＿＿＿＿
>
> ☆ インターネットや本で調べた時に、便利だと思ったことはありますか？
> ・インターネットで調べた時は、調べたい情報がすぐに見つかることが多い。
> ・情報がたくさんあり、インターネットや本に書いてあることを写せば、便利である。
>
> **1** 知らない間に自分の作品が使われていたことを、もし作者が知ったら、どんな気持ちだったでしょうか。
>
> ・勝手に使われて、何かいやな感じがする。
> ・自分がかいたものと同じものを他の人がかいているといやな感じがする。
> ・どうして作品を使ったのだろう。
> ・人に使われるほど、自分の作品はよいのかなあ。
>
>
>
> **2** 著作物を使う時に気を付けなければいけないことは何でしょう。
>
> ・文章を引用する時には、引用するところを「　」で書く。そして、最後に作者名や出典を書く。
> ・インターネットで見つけた写真などを利用する時は、写真の下などに引用したホームページの名前やアドレスを書く。
> ・著作者の気持ちを考えて、著作物を使う。
>
>
>
> ☆ 自分はこれからどうしていきたいですか？
> ・今日、授業で学習した著作権のことを忘れないで、調べ学習の時に注意していきたい。
> ・自分も著作権のことについて注意していくが、著作権のことを知らない友達に教えていきたい。
> ・自分の作品にも著作権があるので、人の著作権も大切にしていきたい。

この指導を通じて感じたこと考えたこと

　子供たちにとって，普段何気なく利用している著作物の利用の仕方についての学習は，初めて知ったことが多く，とても新鮮だったようです。そして，身の回りには，たくさん著作物があることに気付き，著作権について興味をもった子供が多くいました。また，これからは他の人の著作物を大切にしていくのと同じように，自分の著作物も大切にしていこうと思う子もいました。

　子供たちのワークシートからは，著作権を意識し，これからの生活で気をつけていきたいという記述がたくさんありました。本時のねらいはほぼ達成できたと感じています。これからは，調べ学習以外の学習活動の中でも，今回の学習を生かせるように，子供への意識付けを大切にしていこうと思います。

C-21 架空請求や不当請求

京都教育大学附属桃山小学校　木村明憲先生

ねらい　架空請求メールなどに書かれている，信じ込ませる言葉や不安にさせる言葉を読み解き，正しい対処の仕方がわかる。

こんなときに

- 子供たちが，スマートフォンやタブレットPCを持ちはじめ，オンラインゲームなどの話題が教室等で聞かれるようになったとき。
- メールやSNS等でのメッセージのやり取りについて取り扱うとき。

学習の必要性

　スマートフォンを持つと電子メールやインターネットを自由に使うことができるようになり，有料のアプリケーションをダウンロードしたり，有料のオンラインゲームや動画サイトにアクセスしたりするようになる。

　その中で不当請求や架空請求のメールを受信すると，どのように対応すれば良いかがわからず，メールに記載されている連絡先に連絡し，個人情報を伝えたり，料金を支払ったりする事態に陥ってしまうことがある。そこで，事前にこれらの事例を知り，もし自分がこのようなメールを受信したらどうするかと考えることで，このようなメッセージが送られてきた際の対処法を身につけさせておきたい。

指導のポイント

①架空請求の本文に書かれている言葉を分析する

- 本物だと信じ込ませる言葉，あるいは，不安にさせる言葉には，どんなものがあるかなど，分析させるために，文章をじっくり読んで該当する言葉に線を引かせ，その後，意見交換を行う。

②なぜ送られてきたのかを考える

- どうして請求メールが送られてきたのかを考えることで，個人情報が第三者の手に渡っていることに気付かせる。
- 個人情報を守るために自分ができることについて考える。

③正しい対処の仕方について考える

- 書いてある電話番号等には絶対に連絡しない。
- 請求メールが届いたら，ひとりで悩まず周りにいる大人に相談する。
- 周りの大人を通して，消費生活センターに相談する。
- 身に覚えがなくても，裁判所からの正式な通知であれば無視してはいけないので，大人の人に必ず相談する。

〈第2章〉実践事例「C：健全な情報社会の形成」

〈架空請求や不当請求〉
あなたならどうする？

小学 5～6年生・中学生

事例アニメの概要

①けんじは，スマホのゲームアプリをダウンロードし，無料の範囲で楽しんでいた。

②ある日，ゲームの料金を請求するメールがけんじのスマホに届いた。覚えはないが，勘違いをして課金してしまったのかもしれない，とけんじは不安になる。

③請求メールの文章は難しく，よく分からないと感じたけんじは，メールに書いてあった問い合わせ先に電話をする。そして問われるまま，個人情報を教えてしまう。

④後日，請求はがきがけんじの元に届く。電話をした日から怪しいメールもたくさん届くようになっており，本当に電話をして良かったのかと，けんじは訝しがる。

▶視聴のポイント

　視聴する前に，不当請求や架空請求とはどのようなことであるのかというイメージを子供たちにつかませる必要がある。架空や不当という言葉に着目させ，信じてはいけないメールが送られてくることがあるということを理解した上で，視聴することで事例アニメの主旨を深く理解することにつながる。

　事例アニメを視聴する際には，登場人物のけんじに，ゲーム料金を請求するメールが届き，不安になっている場面で視聴を一旦止め，その後のけんじの行動を予想させる。そのような活動を入れることで，その後のけんじの行動と心情について考えを深めやすくなる。

　視聴後は，送られてきたメールが架空請求のメールであることを確認した上で，けんじはメールのどの文面を読んで不安になり電話をしてしまったのかについて分析し，正しい対処の仕方を身につけさせたい。

事例のまとめ

①身に覚えのないメールは，差出人の名前や住所などを調べて，本当に存在している会社なのか調べましょう。

②メールを送ってきた人はあなたのメールアドレスしか知りません。電話やメールの返信はしないようにしましょう。

③お金を請求するメールが届いたら，ひとりで悩まず，お家の人や先生に相談しましょう。

C-21 架空請求や不当請求

指導の流れ

学習活動	教師の発問と予想される児童生徒の反応
導入 **Step 1** (5分) 架空請求や不当請求のメールがどのようなメールであるかについて話し合い，イメージをもてるようにする。 【全体】	😊 架空請求や不当請求のメールとはどのようなメールだと思いますか。 ● 買ってもいないのにお金を請求されるメール。 ● 人を騙してお金を盗ろうとするメール。 ● 嘘の請求。 ● 送られてくると不安になるメール。 ● 条件に合っていないお金が請求されるメール。

事例アニメの視聴（4分45秒）

展開 **Step 2** (6分) 請求書のメールが来た理由を考える。 【個別】【全体】	😊 けんじのスマートフォンになぜ請求書のメールが来たのでしょうか。 ● 知らないうちに有料のゲームをしていたから。 ● 無料と見せかけて実は有料のゲームだったから。 ● お金をだまし取ろうとしていた。 ● 嘘のメールであった。 ● どこで自分のメールアドレスがわかったのだろうか。
Step 3 (10分) 請求書の文章を読んで，おかしいと感じることや，慌てたり大変なことだと焦ったりしてしまいそうな表現について考える。 【個別】	😊 請求書の文章を読んで，「何かおかしいな」と思うところや，これを読んで慌てたり，大変なことだと焦ったりしそうなところについて考えましょう。 ・おかしいと思うところ ● 指定口座が書かれていない。 ・慌てたり，大変だと焦ったりしそうなところ。 ● 遅延損害，速やかに，ご自宅を訪問などの言葉が慌ててしまう。
Step 4 (10分) 請求書の文章を読んで考えたことや，自分にこの請求書が来たらどうするかを交流する。 【グループ】【全体】	😊 請求書を読んで考えたことや自分に請求書が来たらどうするかをグループで交流しましょう。 ● まず，両親に相談しようと思う。 ● 会社名や会社の住所をインターネットで検索してみる。 ● 何もせずに，放っておく。 ● すぐにアプリを消す。

まとめアニメの視聴（1分5秒）

まとめ **Step 5** (8分) 架空請求や不当請求が来ないようにするには，また，来た時にはどのようなことに気をつければよいのかについて考える。 【個別】【全体】	😊 「架空請求や不当請求が来ないようにする」「不当請求が来たときにしてはいけないこと」はどのようなことでしょうか。 ・来ないようにするには ● ゲームをするときは大人に相談してからダウンロードする。 ● メールアドレスなどの個人情報を伝えない。 ・請求が来たときには ● 電話や返信などをしない。 ● 個人情報を伝えてはいけない。

〈第2章〉実践事例「C：健全な情報社会の形成」

板書

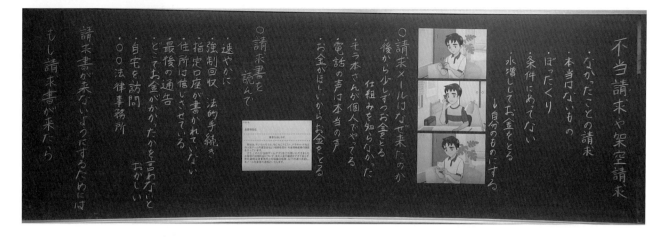

ワークシート例

【 C-21 】不当請求や架空請求

あなたならどうする？

_____年_____組_____番 名前_____

① 請求書のメールは，なぜ来たのでしょう。

・無料ゲームと見せかけて実は有料だった。
・お金をとるための嘘のメールだった。
・さぎのターゲットにされてしまった。

② 請求書の文章を読んで次の言葉や表現を見つけましょう。
・おかしいと思うところ

・指定口座が書かれていない。
・個人でやっている。名前や電話番号

・慌てさせる

・本日より5営業日以内を
　支払い期限として
・速やかに

・大変なことだと感じさせる

・弊社顧問法律事務所との協議の結果
・強制回収や法的手続きをとることとなり
・集金管理担当が自宅を訪問

③このような請求が来ないようにするには，また，来た時にどのようなことに気をつければ良いでしょうか。

・スマートフォンでゲームなどをするときには、大人の人に相談してからダウンロードをするようにする。また、個人情報を（メールアドレス）などを入力する場面があるゲームはしないようにする。
・このような請求が来たときには、大人に相談して、放っておくようにする。また、アプリはすぐに消去する。

この指導を通じて感じたこと考えたこと

架空請求，不当請求についての指導を行ったところ，実施した学級の中で1割程の子供がオンラインゲームの経験があると話していました。しかし，事例アニメで示されたような不当請求や架空請求のメールを受信した経験がある子供はいなかったので，これらのことについて大変興味深く考える姿が見られ，本事例を指導することの重要性を感じました。

不当請求や架空請求のメールを受信し，その後の正しい対処の仕方を考える活動では，「両親に相談する」「会社名を検索する」などの具体的な対処の仕方を考えることができました。また，「日頃，両親と決めた約束を守っていなかったら，相談することができない」という意見もあり，日常のスマホの活用とつなげて考える姿が見られました。

C-22 ワンクリック詐欺

徳島県三好郡東みよし町教育委員会　髙橋あゆみ先生

ねらい　インターネットには，クリックしただけで契約が成立したと思わせる悪意のあるサイトがあることを知り，それらに対する適切な対処方法を知る。

こんなときに

- 動画投稿サイトや動画配信サービスを利用している子供たちが増えてきたとき。
- 「インターネット上の情報やサービスは，全て無料で自由に利用できる」といった，誤った認識の発言が見られたとき。

学習の必要性

　子供たちのインターネット利用の内容で最も多いのが，動画視聴である（平成28年度内閣府調査）。子供たちにとって，検索サイトや動画投稿サイトでテレビ番組やアニメ等を検索し，無料で動画を視聴することは，日常的な行為であると思われる。しかし，著作権や情報の信憑性に関する知識が不十分なため，安易に再生ボタンを押してしまい，ワンクリック請求詐欺のページに誘導される恐れがある。また，あたかも個人情報を取得したかのように装った料金請求画面や，脅し文句や不安を煽る言葉を見た子供たちは，それが不当な請求とは知らずに，混乱や焦りから振り込みをしてしまうことが考えられる。トラブルを未然に防ぐため，悪意のあるサイトの存在や困ったときの対処の仕方について理解させたい。

指導のポイント

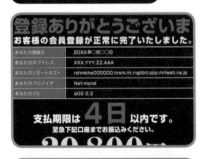

①悪意のあるサイトが存在する

- クリックしただけで不当な料金請求をする画面を出して，一方的に契約したように見せかけ，お金を支払わせようとすることを，ワンクリック詐欺という。
- 契約が成立していると思わせる言葉と，焦らせたり不安にさせたりする言葉が書かれ，巧妙な手口がとられている。

②契約の条件

- クリックしただけでは，支払い義務が生じることはない。インターネットで契約するためには，申し込み内容を確認するための画面と，契約完了の確認メールを送ることが，法律で定められている。

③ワンクリック詐欺にひっかからないために

- 信用できないサイトは見ない。
- 間違って変なサイトにつながったら，すぐに閉じる。
- 請求画面が出ても，相手に連絡せず無視する。
- IPアドレス，リモートホスト，プロバイダ情報などは，誰でも入手できるもので，それらの情報だけで通常は個人を特定できない。

〈第2章〉実践事例「C:健全な情報社会の形成」

〈ワンクリック詐欺〉
安易なタップで…

事例アニメの概要

①ただしとすすむは，見逃してしまったテレビ番組を一緒に見ようと，ただしの家のタブレットPCで動画を探した。見たかった動画はすぐみつかった。

②動画を見ようとタップしたところ，入会完了画面になってしまった。IPアドレスやリモートホストなども記されている。料金を支払わないと集金に来ることまでもが書かれていた。

③規約を見ると，自動登録であることが書かれており，父名義のタブレットであることから，父親に取り立てが行くのではないかと，ただしは不安になる。

④インターネットで動画を探すことを勧めたすすむは責任を感じ，料金の半分を支払うことを申し出る。叱られたくないただしは，ばれないうちに振り込みに行こうとする。

▶視聴のポイント

多くの子供たちが経験しているインターネット上の動画視聴の目的やその手段について想起させ，何の疑いもなく日常的に利用している動画検索・視聴サービスにも危険が潜んでいることについて理解させたい。そのため，詐欺の手口やその対処方法を伝えるだけでなく，「父親にばれないうちに料金を振り込もう」と決めた登場人物の考えを追うことで，不安や焦りを煽って騙そうとするワンクリック詐欺の巧妙な手口と騙される側の心理の関係に気付かせたい。

まとめアニメ視聴後は，補足情報として，インターネット上の詐欺は大変巧妙で多様な手口があり，大人も騙されやすいことや，誰もが利用しているSNSやブログ，動画投稿サイト，迷惑メールなどあらゆるところから誘導される危険性があることについても触れる。自分にも起こりうるということを十分理解させた上で，自分はこれからどのように気をつけていくか考えさせたい。

事例のまとめ

①ワンクリック詐欺にひっかかってしまった場合，不安になりますが，「無視」でいいのです。

②クリックだけで支払い義務が生じることはありませんし，IPアドレスなどで個人を特定することは不可能です。

③連絡するように指示されても，ひとりで判断せず，必ず大人に相談するようにしましょう。

C-22 ワンクリック詐欺

1・2
3・4
5・6
中

指導の流れ

学習活動	教師の発問と予想される児童生徒の反応

導入

全体

Step 1 ≫≫≫≫≫≫≫（5分）
インターネットを利用した動画視聴の経験について話し合う。

😊 インターネットを利用して動画を視聴したことはありますか。どのようにして見たい動画を探していますか。

● インターネット上の動画をよく見る。
● 暇なときに無料で利用できて便利。
● 検索サイトで見逃した番組や好きなアニメなどを探す。
● SNS で話題になっている投稿のリンクから再生する。
● 動画投稿サイトで面白い動画を検索する。
● 複数のサイトで検索すれば，どんな動画も無料で見つかる。

事例アニメの視聴（2分）

展開

Step 2 ≫≫≫≫≫≫≫（5分）
請求書の画面が表示されたきっかけについて確認する。

個別 **全体**

😊 どのようにして，請求書の画面が表示されたのか，2人の考えや行動を振り返りましょう。

● 「インターネットで検索すれば，見逃した番組も無料で見られる」と，すすむがただしに動画を検索するよう勧めた。
● テレビ番組の動画を検索した。
● 何も確認せずに，再生ボタンを押した。
● 登録は必要ないと思っていた。
● 無料で見られると思っていた。

Step 3 ≫≫≫≫≫≫≫（8分）
請求書の画面を見たただしとすすむが，料金を振り込もうと決めた理由について考える。

個別 **全体**

😊 ①請求書の中で，本物らしく感じられる部分はありますか。
②慌てさせるような部分はありますか。
③支払う義務があると感じさせる部分はありますか。

① IP アドレスやリモートホストなど，個人が特定されそうな情報がある。
① サポートの電話番号とメールアドレスが書かれている。
② 支払期限が4日と表示されている。
③ お客様の不注意について，当サイトは責任を負わないと書いてある。
③ 利用規約に同意した通り，クーリングオフ適応対象外と書いてある。

Step 4 ≫≫≫≫≫≫≫（10分）
急に請求書の画面が出てきたとき，自分ならどうするかについて考える。

個別 **全体**

😊 このような請求書の画面が急に出てきた場合，あなたならどうしますか。

● 登録するつもりはなかったので，電話かメールで解約できるか問い合わせる。
● すぐに画面を消す。
● 家族にばれたくないので，自分で支払える金額なら支払う。
● どうすればよいか自分で判断できないので，家族に相談する。
● 支払いたくないので，何もせず無視する。

まとめアニメの視聴（2分）

まとめ

Step 5 ≫≫≫≫≫≫≫（13分）
本時の感想や，これから自分はどのようなことに気をつけるかについて考え，共有する。

個別 **グループ** **全体**

😊 このようなワンクリック詐欺にあわないようにするために，あなたはどのようなことに気をつけますか。

● 正規のサイトか，正しい情報かなど判断できないときは，利用しない。
● 利用規約が理解できないサイトは登録しない。
● 間違って変なサイトにつながってしまっても，すぐに画面を消す。
● 請求画面が出ても，解約しようと相手に連絡したり個人情報を入力したりせずに，無視する。
● 無料の代わりに他の目的がないか想像する。
● 大人に相談する。消費生活センターや警察に相談する。

〈第２章〉実践事例「C：健全な情報社会の形成」

板書

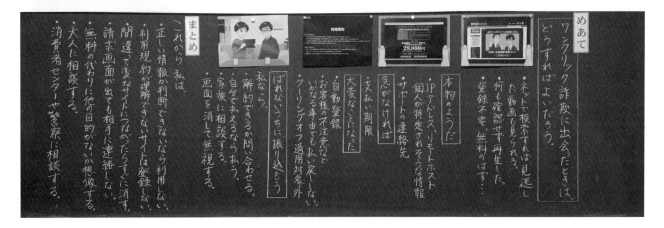

ワークシート例

> **この指導を通じて感じたこと考えたこと**
>
> 「ネットで検索すれば何でも見つかる」「ネットにあるものは無料で使える」という誤った認識をしている子供がいました。「怪しい部分があるはずだから、詐欺かどうかわかる」「詐欺とは無縁」と思い込んでいる子供もいたため、誰でもワンクリック詐欺にあう可能性があることを補足しました。
> インターネット上における詐欺の手口は、多様化・巧妙化し続けており、すぐに新たな手口が現れます。そのため、インターネット上のサービスや著作権に関する法律を取り上げ、ネット上の動画の違法性や、消費者には安全にサービスを利用できる権利があることについても確認しました。日頃から情報の信憑性について考えたり危険を予測したりする活動を通して、適切に情報を判断できる力を育てる必要性を感じました。

117

C-23 ネットワークの公共性

宮崎県北諸県郡三股町立三股西小学校　原圭史先生

ねらい ネットワークの公共性に気付き，ネットワークをよりよくするために心がけることを理解し，実践する態度を身につける。

こんなときに

- インターネットを使い始めるときや，情報モラルの指導を開始するとき。
- SNS 等が流行しており，情報発信の機会が予想されるとき。

学習の必要性

　子供たちは，目の前のコンピュータやスマートフォンなどを通してインターネットを利用しているため，ネットワークの向こうには沢山の人が存在することに意識が向きにくい。また，インターネットは，自分が情報を得る手段として利用していることが多く，自ら情報を発信する経験は少ない。しかし，ネットワーク利用の低年齢化により子供も利用しており，SNS が身近になり自らが情報の発信者になる可能性が高い。そこで，ネットワークの公共性について理解を深めるためには低学年の生活科でも学習をした「公共の場所」でのルール等を想起させ，ネットワークも公共の場所であり，同じようにルールを守ることやそれに関わる人々がいて，自分もその一員であることを理解させたい。

指導のポイント

①ネットワークの公共性についての知識と態度

- ネットワークには，社会全体に開かれみんなで使うものという「公共性」があり，一人ひとりが利用者としての責務を果たし，自覚を持ってネットワークを利用することで維持できることを知る。
- ネットワークの良さを体験し，みんなのネットワークをより良くする態度を小学生など早い段階から育てていきたい。

②情報活用能力を構成する資質能力

- 『小学校学習指導要領解説総則編』（平成 29 年 6 月）には，情報活用能力を構成する資質能力として「(学びに向かう力・人間性等)情報や情報技術を適切かつ効果的に活用して情報社会に主体的に参画し，その発展に寄与しようとする態度等を身に付けていること。」(中央教育審議会答申　別紙 3 − 1)と示されている。

③ネットワークをよりよくするために心がけるべきこと

- ネットワークはみんなのもの，という公共性をよく理解する。
- ネットワークを良くするのも悪くするのも，利用する人次第。
- 情報を受け取るだけでなく，発信することも大事に。
- 一人ひとりの公共心と心がけが大切。

〈第2章〉実践事例「C：健全な情報社会の形成」

〈ネットワークの公共性〉
みんなのネットワークをよりよくしよう

小学 3〜6 年生

事例アニメの概要

①ゆいとさおりは，インターネットを使った調べ学習で，苦手ななわとびの「二重とび」の練習方法を調べることにした。「二重とび」「練習方法」のふたつのキーワードで検索した。

②たくさんの情報が見つかるが，その中でも，イラストや動画を使って分かりやすく解説をしているページを見つけ，ふたりは喜ぶ。

③このページのコメント欄から，ページの作者は，自分の知識を役立ててもらうために，インターネットに情報を発信しているのだと気付く。

④このページのおかげで二重とびができるようになったふたり。ページの作者にお礼を書き込む。ふたりもいずれは他の人の役に立つ情報を発信できるようになりたいと思う。

▶視聴のポイント

　子供たちは，学校での授業はもちろん家庭でも様々な機器からインターネットへのアクセスをしている。今は年齢制限により，自らのアカウントから，自分で情報を発信することは多くはないものの，誰でも書き込める場所で情報を発信する可能性はある。そこで，ネットワークの公共性について理解を深めるが，より理解を深めるためには，まず，生活科や学校行事などで学習してきた公共の場所での過ごし方などの現実社会でのルールやマナーを想起させたい。その視点をもってネットワークも誰もが利用する場であり，利用者として情報を受け取ったり情報を発信したりすることがあることを理解させる。更にはネットワークをよりよいものにすることは現実社会と同じであるという視点を持って指導をすればより児童に理解できると思われる。また，そのような指導をすれば，あまりネットワークを利用していない児童にとっても将来スムーズに理解が深まると考えられる。

事例のまとめ

①ネットワークの世界では，目に見えない人どうしが助け合って情報をやりとりしています。

②インターネット上には，実に多くの情報が発信されています。

③みんなが責任を持って良い情報を発信していくことで，ネットワークはよりすばらしいものになっていくのです。

C-23 ネットワークの公共性

指導の流れ

学習活動	教師の発問と予想される児童生徒の反応

導入

Step 1 >>>>>>>>（6分）

ネットワークも公共の場であることに気付かせ，本時の内容を確認する。

個別　グループ　全体

😊 みなさんのまわりで，みんなで利用する場所，物にはどのようなものがありますか。

●学校，公園，トイレ，公民館，児童館，図書館，インターネット

😊 インターネットで調べて，よかったこと，うれしかったことはありますか。

●わからないことがわかった。

😊 この時間は，みんなのネットワークをよりよくすることを考えていきましょう。

事例アニメの視聴（3分30秒）

展開

Step 2 >>>>>>>>（10分）

検索をしてよかったことをワークシートに書く。

個別　全体

😊 ゆいとさおりが検索した結果で，ふたりによかったことはどんなことがありましたか。

●いろいろなことが分かって楽しい。
●二重とびの仕方が分かった。
●絵や動画で詳しく説明されている。
●書いてある通りに練習してテストに合格した。

Step 3 >>>>>>>>（10分）

コメントを書いてもらった女の人の気持ちを考えてワークシートに書く。

個別　全体

😊 ゆいとさおりにコメントをもらった女の人の気持ちを考えましょう。

●二重とびの練習の仕方を書いてよかった。
●感謝されてうれしい。
●次もみんなによい情報を書こう。

まとめアニメの視聴（1分15秒）

まとめ

Step 4 >>>>>>>>（13分）

公共の場と同じインターネットをより良いものにするために，自分たちは何を気をつければよいのかを考える。

個別　全体

😊 インターネットが，みんなにとって良いものであるようにするためにどのようなことに気をつけて使いますか。

●みんなで助け合う。
●人の役に立つ情報を書く。
●情報を交換し合う。
●情報をより良いものにする。
●責任をもってより良い情報を発信していく。
●ネットワークも公共の場所としてルールを守りながら使っていく。
●情報を発信する時には間違いを書かないようにする。

〈第2章〉実践事例「C：健全な情報社会の形成」

板書

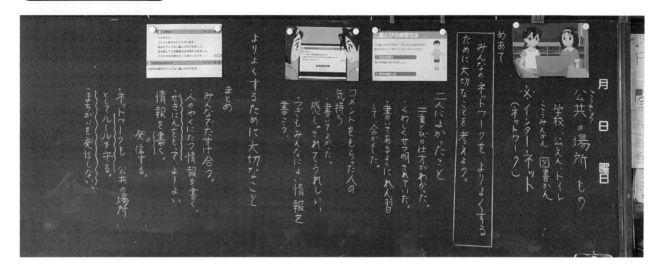

ワークシート例

C-23　ネットワークの公共性

みんなのネットワークをよりよくしよう

　　年　　組　　番　名前　　　　　　　　

☆ ネットで調べて、よかったこと、うれしかったことはありますか。
- 色々調べることができてよかった。
- 勉強の時にすぐに調べることができた。
- 家では自分の調べたいときに調べることができてよかった。
- 天気を調べて役に立った。

1　ゆいとさおりが検索した結果で、ふたりによかったことはどんなことがありましたか。
- いろいろなことが分かって楽しい。
- 二重とびの仕方が分かった。
- 絵や動画で詳しく説明されている。
- 書いてある通りに練習してテストに合格した。

2　ゆいとさおりにコメントをもらった女の人の気持ちを考えましょう。
- 二重とびの練習の仕方を書いてよかった。
- 感謝されてうれしい。
- 次もみんなによい情報を書こう。

3　インターネットが、みんなにとって良いものであるようにするためにどのようなことに気を付けて使いますか。
- みんなで助け合う。
- 人の役に立つ情報を書く。
- 情報を交換し合う。
- 情報をより良いものにする。
- 責任をもってより良い情報を発信していく。
- ネットワークも公共の場所としてルールを守りながら使っていく。
- 情報を発信する時には間違いを書かないようにする。

この指導を通じて感じたこと考えたこと

　情報モラルの指導では，主にネットワーク上のことについて指導を行います。新たな技術等に関する内容については知識を教えることが必要です。その上で児童に理解を深めさせるためには，子供たちがこれまで現実社会で経験したことと上手に関連させることが必要だと思います。

　そこで，今回は，子供たちがすぐに実感しにくいネットワークの公共性の指導をするに当たり，身近な公共施設などでのモラルやマナーを想起させました。その結果，子供たちはネットワークを特別なものとして考えずにスムーズに理解ができました。なお，情報発信については注意すべき点もたくさんあるので他の情報モラルの指導と関連させながら計画的に情報モラルの指導をしていかなければならないと思います。

K-09 スマホのマナーとルール

神奈川県川崎市立平小学校　武野結基先生

ねらい　身近な事例からスマホのマナーとルールについて考えたり，その大切さを実感したりできるようにする。スマホのマナーとルールを守って，自分も周りの人も気持ちよく過ごせるようにしようとする態度を育てる。

こんなときに

- スマートフォンを使用することによるトラブルが，学校や地域，家庭で起こったとき。
- スマートフォンの適切な使用の仕方を指導し，問題を未然に防ぎたいとき。

学習の必要性

　スマートフォンはとても便利で楽しいものであり，その使用目的は多岐にわたる。一方で，画面を注視するあまり，周囲の人や環境への注意が散漫になりがちである。そのため，近くの人を不快にさせてしまうだけでなく，人や物に気付かず接触事故が起きる可能性がある。このような事故では，被害者にも加害者にもなりえる。スマートフォンのマナーやルールを学習することで，安心・安全に生活しようとする態度を育てたい。また，マナーやルールは時代や社会の状況によって内容が変化する。大事なことは「周囲を思いやる心」であり，自他共に気持ちよく過ごすためにはどうすればよいのかを考えさせたい。

指導のポイント

①スマホのマナーとルール

- いろいろできて便利で楽しいスマホだからこそ，マナーとルールを守って，安心・安全・快適にスマホを使いたい。

②スマホのマナー

- 電車のような多くの人がいるところで大きな音を出すのは迷惑行為である。マナーモードに設定し，緊急時以外の通話は控えるべきである。
- 人と会っている時は，相手に不快な思いをさせないように，ひとこと断ってからスマホを使うようにしたい。

③歩きスマホの危険

- 歩きスマホをしているときは，視野が狭くなり，周りに注意がいかなくなる。自分だけでなく周囲の人を巻き込んでしまうこともあり，損害賠償や刑事責任を問われてしまう事例もある。
- 歩きスマホや自転車スマホは絶対にやってはならない。

〈第2章〉実践事例「解説アニメ教材」

〈スマホのマナーとルール〉
よく考えて！スマホの使い方

小学3～6年生・中学生

事例アニメの概要

①スマホのマナーとルール
まわりの人やネットを見る人のことを考えて知っておきたいマナー，社会の決まりごとであるルール，どちらも守るべき大切なことである。

②こんなことが起きて
電車で音を出してスマホゲームをしている人がいた。友だちと会っているときにもスマホを操作している人がいた。

③どうしてこんなことに
多くの人がいる場所では，必ずマナーモードに設定する。人と会っているときにスマホを使うときは，声をかけてから使うようにする。

④もっと知ろう
歩きスマホはとても危険な行為。自転車スマホはもってのほか。絶対にしてはならない。

▶視聴のポイント

　子供たちは，スマートフォンを使用する上で気をつけなければいけないことがあることを，漠然とは知っている。使う時間や場所などの具体的な視点を与えたり，なぜ気をつけるのかという理由を考えさせたりして，適宜スマートフォンを使っている人とその周囲の状況を押さえながら，具体的なマナーやルールを考えさせたい。

①便利なスマートフォンであるが，守るべきマナーやルールがあること。
②自分は快適に過ごしているつもりでも，周囲の人や直接会っている友だちなどが不快に思うこともあること。
③公共の場ではマナーモードにすること。緊急時以外の通話は控えること。直接人と会っているときは，使用を控えたり，一言断りをいれて使用したりすること。
④歩きスマホをすることで，被害者にも加害者にもなり得ること。

もんだい

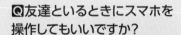

Q友達といるときにスマホを操作してもいいですか？
Aスマホを操作しないようにする

Qイヤホンをして自転車に乗ってもいいでしょうか。
Aイヤホンをして自転車に乗ってはいけない

Qスマホで地図を見ながら歩いてもいいでしょうか。
A地図でもダメ

123

K-09 スマホのマナーとルール

1・2
3・4
5・6
中

指導の流れ

学習活動	教師の発問と予想される児童生徒の反応

導入

Step 1 >>>>>>>> (7分)

スマートフォンは便利である一方で，気をつけなければならないことがあることに気付く。

全体

☺ スマートフォンをどのような時にどのような場所で使っていますか。また，気をつけていることはありますか。

- 友だちとメッセージアプリで会話をするときに自分の部屋で使う。
- 暇なときにゲームをしたり動画を見たりする。
- 夜遅くまで使わないように家族に言われた。
- 電車で使っている人をよく見かける。
- 道で他の人とぶつかりそうになったことがある。
- 食事中に使っていて，家族に怒られた。

事例アニメの視聴（4分）

展開

Step 2 >>>>>>>> (10分)

電車内でのマナー，人と会っている時のマナーについて考える。

個別 **グループ** **全体**

☺ スマホを使っている人の周りにいる人は，なぜこのような表情をしているのでしょうか。このような表情にさせないためには，どうすればよいでしょうか。

- 電車の周りの人はとても迷惑そうだ。
- 友だちはとても怒っている。
- せっかく会っているのに，話ができないからかな。
- スマホを使っている人は気が付いていない。
- 周りのことを考えなければいけない。

Step 3 >>>>>>>> (10分)

歩きスマホや自転車スマホは，なぜやってはいけないのかを考える。

個別 **グループ** **全体**

☺ 歩きスマホや自転車スマホは，なぜやってはいけないのでしょう。

- 階段につまずいてしまう。
- 危ないことに気が付けない。
- スマホに熱中してしまう。
- 事故に遭うかもしれない。
- 人にぶつかったら，怪我をさせてしまうかもしれない。
- 自分も周りも危ない。

Step 4 >>>>>>>> (5分)

ワークシートのもんだいにチャレンジし，どのようにスマホを使えば良いのかを具体的に考える。

個別

☺ ワークシートのもんだいに挑戦しましょう。なぜその答えを選んだのか，理由も考えましょう。

- 友だちと会っている時は，スマホは使わない。
- 仕方がない時であれば，少しは使っていい。
- イヤホンをして自転車に乗るのは危ないからダメ。
- 地図を見ながら歩くのは危ない。
- 電車では緊急の場合もあるのではないか。
- 水に濡れたらスマホが壊れちゃう。

もんだいアニメの視聴（5分10秒）

まとめ

Step 5 >>>>>>>> (7分)

これから，自分はどのようにスマホを使っていきたいのかを考え，発表する。

個別 **全体**

☺ 便利なスマホを，これから自分はどのように使っていきたいですか。

- 友だちと会っている時は使わないようにする。
- 電車では，必ずマナーモードにする。
- どうしても使わなければいけない時は，相手に言ってからにしたい。
- 歩きスマホはやめようと思う。
- 自転車スマホは絶対にやらない。
- 周りのことを考えながら使っていこうと思う。
- 家族といる時も，なるべく使わないようにしたい。

〈第2章〉実践事例「解説アニメ教材」

板書

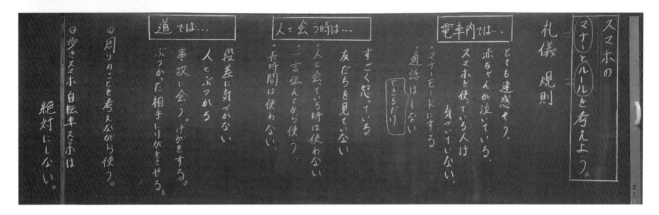

ワークシート例

K-09 情報安全 スマホのマナーとルール
よく考えて！スマホの使い方

___年___組___番　名前_____

1 電車でのマナーを考えよう。

- 周りの人たちはとても迷惑そう。
- 赤ちゃんが泣いている。
- 電車の中ではマナーモードにして、音が出ないようにする。

2 人と会っている時のマナーを考えよう。

- 一緒にいる友達はとても怒っているけど、スマホを使っている人はそれに気がついていない。
- 人と会っている時は、スマホは使わない方がいい。

3 歩きスマホや自転車スマホは、なぜやってはいけないのか考えよう。

- 事故にあってしまうかもしれないから。
- 自分も相手もケガをしてしまうかもしれないから。

もんだい にチャレンジして、わかったことをメモしましょう。

	もんだい	正解だと思う方に〇をしましょう		メモ
Q1	友達といるときにスマホをそう作してもいいですか？	ちょっとだけならスマホをそう作しても良い	スマホをそう作しないようにする	
Q2	イヤホンをして自転車に乗って出かけてもいいでしょうか。	イヤホンをして自転車に乗っても良い	イヤホンをして自転車に乗ってはいけない	
Q3	スマホで地図を見ながら歩いてもいいでしょうか。	地図なら良い	地図でもダメ	
Q4	電車で電話に出てもいいでしょうか。	出ても良い	出てはいけない	
Q5	スマホをプールやせん湯に持って行ってはいけない理由は？	スマホが水にぬれてはいけないから	スマホにはカメラがついているから	

4 （まとめ）スマホはどのように使ったらよいだろう？

- 使う時は周囲の状況や周囲の人のことを考えながら使いたい。
- 歩きスマホや自転車スマホは絶対にしない。

この指導を通じて感じたこと考えたこと

　私が平成28年度に担任した6年生のクラスでは、卒業を控えた2月時点で9割以上の子供が自分のスマートフォンを所有していました。家庭によってはルールを決めていたり、約束を決めたりしている家庭もありましたが、そのようなことがない家庭も少なからずありました。スマートフォンのマナーとルールを考えることを家庭に任せるのではなく、学校で指導することで子供たちの日常生活をより安全で安心なものにしたいと思います。

　変化を予測することが難しいこれからの社会、今の子供たちが大人になる頃には、今のスマートフォンの形がそのまま残るかはわかりません。しかし、「周囲のことを考える思いやり」という普遍的なことを意識させ続けることが今後の指導で大事なことだと思います。

G-02 正しい情報収集

富山県高岡市立伏木小学校　中山均先生

ねらい　児童生徒は調べ学習をするとき，漠然とした内容しか思い浮かべず，なかなか調べ学習が進まないという現状がある。テーマを絞ってから情報収集を始めることや，情報収集のポイントなどを身につけさせたい。

こんなときに

- インターネットを使って調べ学習を始めようとするとき。
- 情報の収集方法に偏りが見られるとき。
- 調べ学習を終えてまとめたことを発信する前に，まとめ方を見直すとき。

学習の必要性

　一人一人の興味・関心に沿いやすくキーワード検索を使えば様々な情報を手に入れやすいため，インターネットを使って調べ学習を取り入れる場面がよくある。調べたいことが漠然としすぎて自分の調べたい情報にうまくたどり着かなかったり，調べたとしても目についた情報をそのまま書き写したりすることがよく見られる。また，調べたホームページの信憑性を確認せずに情報を信じ込んでしまうこともある。正しい情報収集の仕方を身につけさせるとともに，様々な手段を活用し多面的に収集することが大切であることを押さえておきたい。

指導のポイント

①社会科で

- 産業データや都道府県・国別データなど定期的に変化がある内容を調べる学習には，インターネットが向いている。しかし，調べたホームページの信憑性を確認することを忘れてはいけない。
- インターネットや図書資料など目についた情報をそのまま写し取ることも少なくない。

②総合的な学習の時間で

- 例えば「日本の祭り」について調べる場合，インターネットでは映像で祭りの様子やその年の情報が詳しく掲載されていることが多い。また，図書では，祭りの歴史や伝承などが詳しく書かれていることが多い。
- インターネットと図書の特性を知り，調べたい事柄について，二つの方法で調べてみる。

③国語科で

- 物語文の作者について調べる場合，多くは学校図書館等でその作者の作品を読んだり調べたりする。また，記念館などがある作者は，資料を展示公開している場合もある。インターネットを利用して作者の関連情報を調べる場合は，必ず情報の発信元を確認する。

〈第2章〉実践事例「解説アニメ教材」

〈正しい情報収集〉
情報収集の基本を知ろう！

小学5〜6年生・中学生

事例アニメの概要

①調べ学習の前に
インターネットを使って調べ学習をする前には、何を調べたいかテーマをはっきりさせておく必要がある。

②その情報は正しいか
インターネットで調べ学習をする際には、古い情報や正確でない情報もあることを理解し、ひとつのホームページだけの情報を鵜呑みにしない。

③調べ学習のコツ
調べた情報がどこから発信されているか、誰が出したものかを確認する。
図書やマスメディアなどを組み合わせて調べること。

④「もんだい」に挑戦し、解説も含めて視聴し、理解を深める。

▶視聴のポイント

インターネットを使った調べ学習を始める時には、漠然としたテーマから知りたいことを絞っているか確認してから調べ学習へ入りたい。解説アニメ「調べ学習を始める前に」を視聴することで、「何のどんなことを」といったように調べる項目が具体的になっているか確認させたい。

また、調べたことをまとめていく過程では、解説アニメ「その情報は正しいか」「調べ学習のコツ」の視聴後、情報収集する際に気をつけることはどんな点かを全体で確認した上で、ホームページに書かれている情報を鵜呑みにしないことや、そのまま書き写さないように注意させていきたい。

さらに、調べ学習の前後で、「もんだい」を視聴して、調べスキルをチェックすることでちょっとした隙間時間を使ってのスキル確認にも活用できる。

いずれの教材も短いので、子供の実態に合わせて、授業の中で視聴できる。

📎 もんだい

Q インターネットの検索は文章で入れるとたくさん表示されますか？

A たくさんは表示されない

Q 生き物を調べるには、博物館にも行ったほうがいいですか？

A 行ったほうがよい

Q 市役所の仕事を調べたいのですが、取材に行ってもいいですか？

A 取材に行ってもよい

127

G-02 正しい情報収集

調べ学習を始める前に

学習活動

導入

Step 1 ≫≫≫≫≫≫（5分）
自分の調べ学習のテーマについて話し合う。
全体

教師の発問と予想される児童生徒の反応

 水産業について調べてみたいことはどんなことですか。

- 水産業のさかんな地域について。
- 水産業ではどんな工夫をしているのか。
- 水産業ではどんな人が働いているのか。
- どんなことを調べればいいのかな。よく分からない。

 どんなことに気をつけてテーマを考えれば良いのか，「調べ学習の前に」というアニメを視聴して考えてみましょう。

解説アニメ（調べ学習の前に）の視聴（1分50秒）

まとめ

Step 2 ≫≫≫≫≫≫（5分）
テーマを決める際のポイントを知る。
グループ　全体

 テーマを決めるときにはどんなことに気をつければ良いですか。

- 何を調べたいかはっきりさせると良い。
- 「〜について」だけだとぼんやりしすぎている。
- 「〜の歴史」とか「〜の特徴」などのようにもう少しくわしくすると良い。
- 「〜の〜」といったようにすれば，テーマがはっきりする。
- 自分のテーマも見直してみたい。
- ※シンキングツール等を使って見直すこともよい。
- ※テーマを決める際のポイントを知った後に，調べ学習に入る。

調べ学習でまとめる時に

学習活動

導入

Step 1 ≫≫≫≫≫≫（5分）
まとめる際に大切だと思う点を話し合う。
グループ　全体

教師の発問と予想される児童生徒の反応

 調べたことをまとめる際に気をつけなければいけないことはどんなことですか。

- 検索して出てきた最初のページから分かったことをまとめる。
- 分かったことだけをメモしていく。
- 間違った情報かもしれないから他のページも見る。
- 誰がつくったページなのか確かめて，記録しておく。
- インターネットだけでなく，資料集や事典でも調べてみる。
- 他にも気をつけることはあるかな。

解説アニメ（その情報は正しいか，調べ学習のコツ）の視聴（4分20秒）

まとめ

Step 2 ≫≫≫≫≫≫（5分）
調べ学習のコツを確かめる。
全体

 調べ学習のコツにはどんなことがありましたか。

- 調べた情報がどこから発信されているかを確かめる。
- 誰が出したものかまでしっかりと確かめる。
- インターネットだけでなく本でも情報を集める。
- テレビや新聞などのマスメディアからも情報を集める。
- ※調べ学習のコツを確かめた後に，調べ学習に入る。

〈第2章〉実践事例「解説アニメ教材」

板書

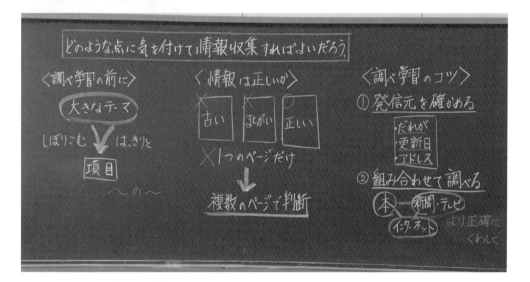

ワークシート例

> この指導を通じて
> **感じたこと
> 考えたこと**

　実践においては，社会科の授業のはじめの部分で，解説アニメ「調べ学習の前に」を視聴させました。テーマを絞ることの大切さがよく分かり，その後，ペンタゴンチャート等のシンキングツールを使うと簡単に絞ることができ効果的だったように思います。また，正しい情報収集のスキルが身についているか確認するために，機会を見つけては調べ学習の前後に，付属の「もんだい」を視聴し挑戦させるようにしています。

　正しい情報収集の仕方が身についていない子供は，ホームページで見つけたことを丸写ししたり，書かれていることは全て正しいと思い込んだりしている例がよく見られます。短時間で視聴できる解説アニメ教材を効果的に活用して，情報活用能力を育んでいきたいと思いました。

EB-01 道徳用読み物（小学生）

兵庫県神戸市立東灘小学校　常深晃史先生

ねらい　人の考えたもの，作ったものには，作った人の思いが込められていることを知る。また，それらを本人に無断で使ってはいけないこと，許可を得てから使うことの大切さを理解する。

こんなときに

- 学級のシンボルを考えたり，学級旗を作ったりするとき。
- 提出物のコピペや違法なダウンロード等を未然に防止したいとき。
- 著作権について考えさせたいとき。

学習の必要性

お気に入りのキャラクター等を紙に写して遊ぶような経験は，誰にでもあることだろう。ただ，それが無許可で借用したものを別の場所で使用・公開するとなると話は違ってくる。遊びの延長から罪悪感なく，児童生徒がこれらの行為を行ってしまうことは容易に予想できる。また，最近ではインターネット等で資料の検索や音楽ダウンロード等も手軽に行えるようになってきたことから，著作権に関する問題が起きる可能性が高くなっている。他の人が作ったものは無許可では使用できず，許可が必要なことを理解するとともに，著作に関わる人々の思いにも心を配ることのできる児童生徒を育てていきたい。

指導のポイント

①道徳の観点から……主題名：正直，誠実 A－（2）

- さやかが，みかのマークを使ってしまったのは，かわいいと思ったからであり，悪気はなかったことを押さえる。
- さやかは友だちにマークをほめられ，本当のことを言いだせなかったので，自分で考えたマークであるかのように，その場を取り繕ってしまったことを理解させる。

②情報モラルとの関連

- 人の作品は，作った人に何に使うのかを伝え，許しを得てからでないと使えないということを理解させる必要がある。たとえ，友だちであっても，人が作った作品は人のものであるという認識を持たせたい。この時期に著作権の基本的な考え方をきちんと指導しておくことが重要である。

〈第2章〉実践事例「道徳」

〈道徳用読み物（小学生）〉

クラスのマーク

小学 **3~4** 年生

「明日までなんて、むりよ。」

さやかは、大きなため息をつきました。

クラスのマークを考えてくることが、今日の宿題です。

でも、さっきから考えているのに、ちっとも思いうかばないのです。

（絵が上手な人はいいなあ。みかだったら、すぐかけるんだろうな。）

ふと、みかがくれた手紙のことを思い出しました。

そこには、みかが考えた、かわいいマークがかいてありました。

「そうだ、これをかけば…。」

さやかは、さっそく色えんぴつを取り出してかきはじめました。

（できたあ。これでいいわ。）

かんせいしたマークを見て、さやかは、ほっとしました。

次の日、みんなのかいたマークが、教室の後ろにはられていきました。

クラスのマークは、帰りの会で決まります。さやかは、みかが来るのを待っていました。でもみかは、かぜでけっせきでした。

（どうしよう。マークのことを言おうと思ったのに。）

さやかがこまっていると、

「さやかちゃん。まだはらないの。」

と、声をかけられ、しかたなくマークをはりました。

「さやかのが、一番いいよ。」

「さやかちゃんので、決まりだね。」

と、クラスのみんなが集まってきました。

（みかが考えたマークなの。）

さやかは、そう言おうと思いましたが、つい、

「う…うん。きのう考えたの。」

と、答えてしまいました。

クラスのマークを決める帰りの会が近づくにつれ、さやかはだんだんこわくなってきました。

早くほんとうのことを言わなくちゃ、と思うのですが、とても言い出せません。

（このまま、だまっていても…。）

（でも、もしこれがクラスのマークに決まったら、みかは…。）

考えれば考えるほど、どうしたらいいのかわからなくなりました。

さやかは、一人でそうっと先生の近くに行きました。

下を向いたまま、だまって立っていると、

「さやかさん、どうしたの。もうすぐ帰りの会ですよ。」

と声をかけられました。

「先生、あのマーク、ほんとうは…。ほんとうは、みかが考えたマークなんです。」

さやかは、先生にやっと聞こえるような小さな声で言いました。

先生のやさしい顔が、さやかに近づいてきました。

「さやかさん、よく言えましたね。」

「先生…。ごめんなさい。」

さやかの目から、なみだがこぼれ落ちました。

「わたし、みかにも、みんなにもあやまらなくちゃ。」

と、さやかの心は、すうっと軽くなっていきました。

指導の流れ

学習活動	教師の発問と予想される児童生徒の反応

導入

Step 1 >>>>>>>>>> (2分)

今日の教材について知る。
主人公のおかれた状況について想像する。

個別 **全体**

🙂 「明日までにクラスのマークを考えてきましょう。」そんな宿題が出されたら，どうしますか？

- 絵が好きだから、自分で考えてくる。
- すぐに思いつかず、正直困ってしまうと思う。
- 好きなキャラクターとかを参考にして描く。
- なんか考えて描くと思うけど、それがいいデザインの自信はない。
- 得意な人にお願いをして描いてもらう。

読み物の朗読 (3分)

展開

Step 2 >>>>>>>>>> (5分)

本当のことを言わなければと思いながらも，つい嘘をついてしまった主人公の心情について考える。

個別 **全体**

🙂 「う…うん。きのう考えたの。」さやかがそう答えてしまったのは，どうしてだろう？

- クラスのみんなが褒めてくれたから。
- みんなが集まってきている中では言い出せなかった。
- 褒めてもらえたのに、みかが描いたと言ったら「えー」ってなるから。
- 人のものを写したとは言いづらいから。
- 思わず、勢いで。
- つい、いい格好をしたくなってしまったから。

Step 3 >>>>>>>>>> (7分)

本当のことが言い出せず，悩み葛藤する主人公の心情について考える。

個別 **全体**

🙂 早くほんとうのことを言わなくちゃ。でも，言い出せない。この時さやかはどんなことを考えていたのだろう？

- 勇気出して言わなきゃ。でも、怖くて言えない。
- 本当のことを言ったら、みんなに泥棒とか言われるかも。
- 嘘つきって言われそう。
- 黙っていても、なんとかなるかも。
- あとでみかが知ったら、みかはどう思うかな。
- 自分で描いたって言ったから、今さら言えないよ。

Step 4 >>>>>>>>>> (20分)

正直に話をした主人公の心情について考えることで，正直であることの快適さについて考える。

個別 **全体**

🙂 先生に本当のことを話したさやかの心がすうっと軽くなっていったのは，どうしてだろう？

- 話せたことで心のもやもやが消えて、すっきりできたから。
- 嘘をついたままでは、後悔する気持ちが残り自分の心も痛くなる。
- 話をしたことで、苦しみから解放されたから。
- 正直に話せたことで、自分にも嘘をつかずに済んだから。
- 本当のことを話せたことで、信頼を失わなかったから。
- 誰かに言われてからでなく、自分から謝ることができたから。

まとめ

まとめ

Step 5 >>>>>>>>>> (8分)

主人公の苦しみの原因について考えるとともに，著作権についても知る。

感想を書く。

個別 **全体**

🙂 さやかが苦しむことになった原因はなんだろう。

- みかの絵を勝手に写したから。
- みかの許可をもらわないで絵を使ったから。
- 嘘をついてしまったから。

嘘は他人も自分も苦しめるね。正直であるからこそ明るく元気に過ごせるんだね。そして、誰かが作ったものには著作権というものがあり、勝手に使ってはいけないんだね。正しい知識を持って快適に過ごしたいね。

〈第2章〉実践事例「道徳」

板書

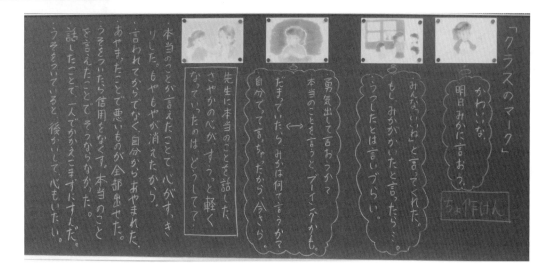

児童の感想

- わたしは、うそをついたことがあって、さやかみたいにお母さんに言おうか、言わないでおこうか、まよって、そのときはとてもモヤモヤしていて、とてもへんな気もちだけど、はっきり言うと、とても気もちわるかったので、さやかもそんな気もちだったのかなと思いました。さやかは先生に言うとき、勇気を出したけど、先生のところに行くときも、まだモヤモヤしていたのかなと思いました。けどそのモヤモヤはこうかいとか、どうしようというきもちかなと思ったので、先生にあやまれたから、気持ちがかるくなったのかなと思います。正じきはいいなと思いました。
- ぼくは、この勉強を通して、なにか友達にウソをついてしまったら、さやかさんみたいにすぐにあやまるということを学びました。ほかに発表できなかったけど、さやかさんが先生にみかさんのをうつしたと言えた理由は、もし自分がみかさんだったり、ウソをつかれた人のたち場を考えたからだと思います。ありがとうございました。
- ぼくは人の考えたことをかってに使うのはダメだと思いました。自分もされるといやだと考えました。また、本当のことを言うと、心がすっきりすることがわかりました。ぼくは、この勉強をしてよかったなと思いました。
- さやかちゃんはみかちゃんのキャラクターをもらい教室にはったのは悪いけど、本当は「みかちゃんにかってにつかったことをあやまりたい」と思っていて、悪い気持ちではやっていなくて、本当は思いやりのある子なんだなぁと思いました。せめられてもがまんができそうなさやかちゃんを見ならいたいです。
- 今日、みかさんのキャラクターをかいてしまったのがざんねんだなぁと思いました。さやかさんは、と中で心もやもやしていたけど、そんなときがわたしもあって、そのときにさやかさんは先生に言ったほうがよかったと思います。わたしはずっともっていたので、ずっとかなしみました。なので、またそういうことがあったらいいたいです。
- わたしはクラスのマークをべんきょうして、うそをついてずっとだまっておくのはだめだなと思いました。また、人が思いついたマークをかってに自分がおもいついたんだよといったらだめなんだなと思いました。さやかさんは先生の所にいってちゃんとあやまったのもえらいと思いました。べんきょうができてよかったです。
- わたしはこの勉強で先生とした道とくを通して、さやかさんみたいなことがあっても、きょかをもらってからなんでもしたいなと思いました。でもさやかさんがさいごにおもいきって先生にしょうじきに言いにいってえらいなと思いました。
- 「クラスのマーク」を勉強して、わたしは、クラスのマークはわたしも分からないというさやかさんとおなじ思いだけど、やってはいけないことと、やっていいことがあるので、だめだと思います。なので、みかさんにその日手がみなどでこのキャラクター使ってもいいかときいたほうがよかったと思います。
- わたしは、始めに文を聞いた時に、なぜさやかはうそをついたんだろう。なぜそんなことになったんだろうと思いました。先生が読みおわった後、みんなのいけんが出て、なぜ？がわかりました。わたしは最後さやかが先生に本当のことを言うというところでは、わたしがさやかだとずっとこまっていたと思って、さやかは勇気がある人だなと思いました。
- わたしはクラスのマークを勉強して、わたしも絵が苦手だしヘタなので、さやかさんの気持ちも分かるけど、パクるのはいけないと思いました。もう必死で考えて書くしかないのかなと思いました。
- わたしは、道徳でさやかさんのことは、わかるけどみかさんのまねするときは、みかさんにちゃんと聞いてからじゃないとだめだと思いました。みかさんが来ていたとしてもまねをしたらだめだと思いました。こんなことがあっても、まねはしたらだめだと思いました。

この指導を通じて感じたこと考えたこと

　道徳の授業でしたので、道徳的価値である「正直、誠実」について考えることを中心に置き、終末で著作権について触れる形をとりました。授業後の感想には、正直に言うことの良さについて書く児童、著作権を守る大切さについて書く児童が見られました。

　小学校4年生の9月でしたが、著作権については知らない児童がほとんどでした。「かわいかったから真似しただけなのに、どうしていけないの？」という意見にうなずく児童も多く、著作権について正しい知識を持つことの大切さを感じました。とはいえ、知識だけ増やしても、正しい理解にはつながらないでしょう。道徳や総合的な学習の時間等で上手く連携をとり、知識・技能・心情をバランスよく育てていくことで、効果が高まると思います。

ED-03 道徳用読み物（中学生）

公益財団法人日本財団　池田和幸先生

ねらい　電子掲示板に人の悪口やうわさ話などを書き込むことは，卑劣な行為であることを知り，利用には，細心の注意が必要であることを理解する。

こんなときに

- SNSやトークアプリ，ブログ等での書き込みによるトラブルが起こりそうなとき。
- 部活動やクラス内での人間関係について考えを深めさせたいとき。

学習の必要性

　ネットの技術革新は日進月歩であり，SNSだけでも様々なサービスが展開されている。昔は，一対一のコミュニケーションはメール，複数間のコミュニケーションは掲示板であったが，今はSNS等の利用で，これらが組み合わされた形で利用されている。多くの生徒が使うサービスとなっているものの，その使い方について深く考えていないところがある。それが部活，学級等で発生する友人間のトラブルにつながっている。使う際にその結果がどうなるかについて考えることは重要なことではあるが，人と人との関係の中で，人を大切にするとはどういうことかについて，しっかりとした心の柱をもっていることが大切である。本教材を通し，友情から人間関係について考えを深めさせたい。

指導のポイント

①道徳の観点から……主題名：友情，信頼 B－(8)

- 練習したい気持ちを抑えてでも，一緒に行動することが友だち付き合いだと考える主人公を押さえる。
- 同じバスケ部であっても，日頃は友だちとしての付き合いはない光司が，主人公を励まし，また部員をいさめたのは，単に武をかばっただけでなく，仲間としてのあり方を訴えていることに気付かせたい。
- 光司の言動を通して，主人公が本当の友だち関係に気付いていく心の変化・成長を押さえたい。

②情報モラルとの関連

- インターネットに悪口を書き込むことは卑劣な行為であることに気付かせ，適切なインターネットの使い方や，対応の仕方を指導する。
- 悪気なく書き込んだ内容が，重大な問題を引き起こす場合がある。安易な気持ちで無責任な書き込みをしないように指導したい。

〈第2章〉実践事例「道徳」

〈道徳用読み物（中学生）〉
ゴール下のファウル

武は体育館をのぞき込んだ。やっぱり、今日も来ている。光司は、早朝の自主練習を休んだことがない。バスケ部の二年生の中で、レギュラーに選ばれているのは光司ただ一人だ。それなのに、一年生より先に来て準備を始めている。光司は口数が少なく、なんとなく大人っぽい。武は、光司とは反対側のゴールで、シュート練習を始めた。光司は、気になるが近寄りがたい存在だ。

やがて秋になって、どの部活動もめずらしく三年生が引退して二年生が中心となった。バスケ部も新人戦に向けて、練習は厳しさを増していた。武はレギュラーに選ばれたくて、熱心に練習した。

そんなある日、午後の部活動がめずらしく早く終わった。
「しっかり休養をとってもいいし、自主練習してもいいぞ。」
顧問の先生の言葉を聞いて、武は、今日はたっぷり練習ができると思い、うれしくなった。

シュート練習をしようと、ゴール下に向かっていると、同じバスケ部の守が声をかけてきた。
「家に来ないか。新しいゲームが手に入ったんだ。今日ならゆっくりできるだろ。」
「うーん…。」
「どうしたんだ。たまにはみんなでゆっくり遊ぼうぜ。」
武は本当は練習したかったが、ここは付き合いを優先したほうがいいだろうなと思い、
「行くよ。」
と返事をした。
「…ところで、光司は？」
「そういうと、来ないんだって。」
「誘ったけど、守は、さっさと帰り支度をはじめた。武は、ちらっと光司を見た。光司は一人で練習をしていた。

新人戦の日がやってきた。武は、光司や守とともにスタメンに選ばれた。試合はシーソーゲームで進み、武のチームは1点差でリードしていた。ところが、最後の最後、武は、ゴール下でファウルをしてしまった。相手にフリースローが与えられ、逆転負けで試合が終わってしまった。

家に帰っても何も言わなかったけれど、やっぱり悔しそうだった仲間の顔が目に焼きついてはなれない。
武は、バスケ部の電子掲示板をおそるおそる見てみた。
【電子掲示板の書き込み】
【あのファウルさえなかったらな】
【それでもバスケ部か】【ヘタクソ】

悔しい気持ちをぶつけた何人もの書き込みが、えんえんと続いている。武の体は凍りついた。誰もが武の名前は出していないけれど、武が勝利のチャンスをつぶしたのは、誰もが知っている。みんなの言葉が重くのしかかってくる。学校なんて行きたくない。このまま消えてなくなりたいと思った。

次の日、武は初めて早朝練習を休んだ。何とか学校には行ったものの、放課後の練習にはとても行く気になれなかった。サボって帰ろうとしたら、下駄箱のところで光司が待っていた。
「今日は練習に出ないのか。」
武は、光司の顔を見ることができなかった。
「掲示板の顔を見るなよ。」
「光司の言葉を聞いたとたん、
「お前に何が分かる。」
武は、顔を真っ赤にして怒鳴ると、光司に背をむけて走り出した。
「お前が一日も休まず朝練に来てたから、おれもがんばれたんだ。」
と、叫ぶ光司の声が聞こえた。

家に帰っても何もする気になれなかった武に、守から電話がかかってきた。
「今日、光司がみんなの前で怒ったんだ。誰だか知らないが、それでもバスケ部員か、仲間かって。本当にごめん。」
「もういいよ。」
電話を切った武は、ぼう然と立ちつくした。頭の中をいろいろなことが駆け巡った。ゴール下でのファウルのこと、バスケ部のみんなや守のこと。そして下駄箱での出来事がよみがえった。武は、泣きそうになりながら光司のことを考え続けた。

翌朝、武はいつもより早く家を出た。案の定、光司はもう、練習の準備を始めていた。何か言わなければと思いながら武が立っていると、光司が声をかけてきた。
「ぼーっとしてないで、手伝ってくれよ。」
「あっ、う、うん。」
武は、光司と一緒にボールかごを運んだ。
「あの…、ありがとな。」
武は思い切って言った。
光司が笑った。
武も笑った。
武は、光司と新しい付き合い方ができそうな気がした。

135

ED-03 道徳用読み物（中学生）

指導の流れ

学習活動	教師の発問と予想される児童生徒の反応

導入

Step 1 >>>>>>>>> （5分）
友情について、今の生徒の考えについて簡単に確認する。
全体

 友だちとはどんな人だと思いますか？
- 相性のいい人
- 一緒にいて疲れない人
- 楽しく過ごせる人
- 相手の考えていることが分かる
- 自分を守ってくれる人
- いつでも笑っていられる人

読み物の朗読

展開

Step 2 >>>>>>>>> （10分）
掲示板に自分のことを書き込まれ、それが仲良くしていた守だったことを告白された時の思いを共有する。
グループ

掲示板に書き込んだのが守と分かった時、武はどんな気持ちになっていたのか話し合ってみよう。
- 今まで楽しくやってきたのに、裏切られた。
- 自分がどんな気持ちだったのかわかっていない。
- 守に付き合ってきたのにこんなことをするのか。
- こっちの気持ちを考えていなさすぎる。
- 二度と守と仲良くはしない。
- ひどいやつすぎる。

Step 3 >>>>>>>>> （13分）
光司の言葉から信頼できる友人とはどういうものか考える。
個別　全体

武は泣きそうになりながらどんなことを考えていたのだろうか。
- 光司は自分を認めてくれていたんだ。
- どうしてそこまでかばってくれるのか。ありがたい。
- 自分から近寄り難いと線をひいてしまって悪かった。
- いろいろとわかってくれて光司ありがとう。
- 光司はすごいな。まねしたいな。
- 光司に比べ、守はひどいやつだな。

Step 4 >>>>>>>>> （5分）
武が気付いた付き合い方について考えを深める。
全体

新しい付き合い方とはどんな付き合い方だろうか。
- 正々堂々と言いたいことを言い合える関係
- 自分の目標に向かって励まし合いながら進める関係
- いいこと、悪い事をしっかり区別できる付き合い方
- 相手を尊重した付き合い方
- 本音で語り合える付き合い方
- お互いを認め合える関係

まとめ

Step 5 >>>>>>>>> （7分）
友情について、授業を通して考えたことをまとめる。
個別

今日の授業を通して、友情や友人についてどんなことを考えましたか？考えをまとめて書きましょう。
- 相手のことを思い、付き合っていける関係を築きたい。
- 何かあったときに、しっかりと友だちを守れる人になりたい。
- こいつなら大丈夫と思われるような、信頼される関係を作りたい。
- その場のノリや雰囲気だけではダメだなと思った。
- 本当に自分を大切にしてくれているのは誰かということを考えたい。
- 頭に来たとしても、掲示板やグループトークに書いてはいけない。
- 悪気なく相手を傷つけているのかもしれないから気をつける。

〈第2章〉実践事例「道徳」

板書

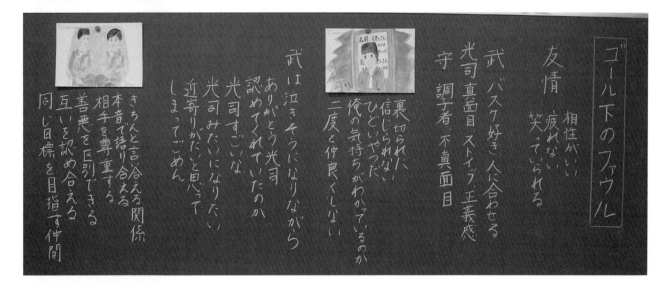

ワークシート例

道徳プリント

「ゴール下のファウル」

____年____組____番　名前_____

1　掲示板に書き込んだのが「守」だと分かったときはどんな気持ちだったのだろうか。

自分の考え
ひどいやつだと思った。

みんなの考え
信じることはできない　・裏切られた
自分の気持ち分かってない
最低なやつだ　・二度と仲良くしない
なんでこんなことするんだ

2　「武」は泣きそうになりながらどんなことを考えていたのだろうか。

自分の考え
光司は自分を認めてくれていたのか。すごいやつだ。

みんなの考え
どうしてかばってくれるのか、ありがたい。
自分が近寄りがたいと一歩引いてしまった、悪かった。
光司のようなやつが本当に信頼できる仲間だ。
光司はすごいな、こんなやつになれるかな。いろいろと分かってくれていて、ありがとう光司。

3　新しい付き合い方とはどんな付き合い方だろうか。

同じ目標をもって、互いに信頼しながら。バスケットを強くしようとチームをまとめていく付き合い。かけがえのない仲間。

4　今日の授業を通して、友達についてどんなことを考えたか書きましょう。

守のようなタイプの気持ちはよくわかるが、やはり書かれたほうの気持ちを考えると、ひどいことをしていると思う。
そういったことを考えて、相手のことを思えることが友達だと思う。光司と武は、友達になったかどうかわからないけど、確実に絆が深まったと思うし、このことを通して、素敵な関係になったのではないかと思った。
自分もお互いを高めあえるような友人を作っていきたい。

この指導を通じて 感じたこと 考えたこと

スマートフォンが普及しSNSやトークアプリを使用している割合が増え，IoTの時代となり，PC以外にもゲーム機などを利用してSNS等を使用している子供たちがいて，インターネットは普通に存在しています。しかし，電子掲示板はあまり中学生には活用されなくなっており，サービスのイメージがつかめない子供が多くなってきているので，簡単な説明を行うことで，授業にスムーズに入ることができました。

こういった書き込みに関するトラブルは，トークアプリ上に多く見られるようになりました。舞台は変わってきても，内容の構造は大きな変化はないため，身近なトラブルとして考えることができた生徒が多くいました。トラブルの未然防止のために，有効であると感じました。

SB-05 迷惑メールのしくみ

東京都北区立赤羽台西小学校　野間俊彦先生

ねらい　知らない人からの身に覚えのないメールは，無作為に送られてくるものが多く，そのメールに返信したり，メール内にあるURLにアクセスしたりすると，多数の迷惑メールや脅迫メールが来る可能性があることを理解する。

こんなときに

- 子供たちを迷惑メールの被害から未然に防ぎたいとき。
- 子供たちや保護者から，「迷惑メールがたくさん来て困っている」という相談を受けたとき。

学習の必要性

　メールを使っていると，何かの宣伝，出会い系サイトや詐欺サイトなどへの誘導，架空請求など様々な内容のメールが知らない人や会社から来ることがある。特に架空請求は金銭を要求されるので大人でも怖い思いをする。迷惑メールの原因は，会員登録などをした際に送信したメールアドレスが流出したり，無作為に作成されたアドレスが偶然一致して届いたりすることが多い。迷惑メールが届くしくみを理解し，迷惑メールには返信したり，リンクをクリックしたりせず，すぐに削除すれば安全だという正しい知識，危険を見抜く想像力，知識と想像力を活用した判断力をもった子供たちを育てたい。

指導のポイント

①知らない人からのメールは無視

- 知らない人からのメール，心当たりのないメールはむやみに開かないようにする。
- 迷惑メールの多くは，メールアドレスを知って送信しているわけではなく，メールアドレスを機械的に作成して自動で送信しているにすぎない。

②メールの本文にあるURLは要注意

- 送られてきたメールにあるURLには自分のメールアドレスが組み込まれているものがあり，クリックしてしまうと自動的に自分のメールアドレスが有効であることを相手に教えてしまう仕組みになっている。
- メール本文のURLは偽装しているものがあるので注意が必要である。

③登録解除などのURLをクリックするのは危険

- 「メールマガジンの登録解除はこちらから」などといったリンクをクリックすると，相手にメールアドレスを教えてしまう場合もある。いずれにしても，知らない人からのメール，心当たりのないメールには絶対に反応しないようにする。

〈第2章〉実践事例「情報セキュリティ」

〈迷惑メールのしくみ〉
無料占いのはずだったのに…

小学生・中学生

事例アニメの概要

①知らない人からのメールを受け取ったみきは，無料占いという言葉にひかれてメール本文にあるURLをクリックする。

②みきは，数ある占いの中から星座占いを選び，生年月日と性別を入力して占いを楽しむ。

③翌日，メールチェックすると，登録した覚えがないのに会員登録完了のメールが来ている。さらに知らないところからメールがたくさん来て途方にくれ，きょうこに相談する。

④きょうこは，みきのアドレスが流出したのではないかと言う。みきはどうしていいかわからなくなり，泣き出してしまう。

▶視聴のポイント

　はじめに，心当たりがない人からのメールだったが，「占い」という興味がある言葉や「無料」という安心感から，ついメール本文にあるURLをクリックしてしまった。これは，誰にでもありそうなことだと子供たちと対話しながらイメージさせる。

　そして，たくさんの占いが楽しめ，入力するのは生年月日と性別だけなので大丈夫だと安心感が増していく心の変化を確認する。

　しかし，最初に届いた無作為のメールアドレスと，本文のURLにふられた個別番号が紐付いているために，URLをクリックしたことで個別番号が相手に送信され，メールアドレスが特定される仕組みになっていたことを知る。これからどんなことが起こるのかを想像させるところがこの授業の山になる。

　「みんながみきだったら，やっぱり友だちに相談する？」と質問すると，トラブル時の相談相手を把握しておくことができる。

事例のまとめ

①知らない人からのメール，心当たりのないメールはむやみに開かないようにしましょう。

②メールアドレスを知った相手は，会員登録メールや料金請求メールなどを次々と送りつけてくるようになります。

③知らない人からのメール，心当たりのないメールには絶対に反応しないようにしましょう。

SB–05 迷惑メールのしくみ

指導の流れ

学習活動	教師の発問と予想される児童生徒の反応

導入

Step 1 >>>>>>>> (3分)

迷惑メールがきた経験を発表する。

全体

😊 メールを使っている人で，知らない人から迷惑なメールがきたことがありますか。それはどのようなメールでしたか。

- ●お金が稼げる，というメールがきた。
- ●ロト6の番号がわかる，というメールがきた。
- ●ゲームのサイトに登録したら，ゲームのメールがたくさんきた。
- ●英語のメールがきたけど，さっぱりわからなかった。
「実際に届いている人もいるんですね。アニメを見て、迷惑メールについて考えていきましょう。」

事例アニメの視聴 (4分)

展開

Step 2 > (小8分、中10分)

なぜ，みきに知らない占いサイトからメールがきたのかを考える。

個別 **全体**

😊 なぜ，みきのところに知らない占いサイトからメールがきたのでしょうか。

- ●前に，アンケートか何かに答えてメールアドレスを送ったことがあるかもしれない。
- ●インターネットで前に買物をしたことがあるから。
- ●何もしていなくても，迷惑メールがくることがあるから。
「業者は専用のソフトを使い，メールアドレスを自動的に何万とつくって送りつけるので，たまたま同じアドレスの人に届くことがあります。」

Step 3 > (小8分、中10分)

どうして，みきはメールにあるURLをクリックしてしまったのか，みきの心の変化を考える。

個別 **全体**

😊 みきは，なぜ占いサイトからのメール本文にあるURLをクリックしてしまったのでしょうか。

- ●占いに興味をもっていたから。
- ●「完全無料」ってあったので，お金を取られることはないと思った。
- ●名前や住所，電話番号，メールアドレスなどの個人情報を送信しないので安心だと思った。
「それらは，安心させるために仕組まれたワナだったのです。『無料』と引き換えに個人情報を取られているのです。」

Step 4 > (小14分、中15分)

今後，みきにどんなことが起きるのかを考えてグループで話し合う。

グループ **全体**

😊 これから，みきにどんなことが起きるのかを想像して，グループで話し合ってみましょう。

- ●毎日，大量の迷惑メールがくる。
- ●入会金とか会費とか言ってお金を請求される。
- ●住所を特定されて，「お金を払え」と人が家までくる。
- ●住所がわかって，宣伝の郵便がたくさんくる。
「一度流出したメールアドレスを取り消すことはできませんが，メールアドレスを変えることで，これ以上の被害を防ぐことができます。」

まとめアニメの視聴 (3分)

まとめ

Step 5 >>>>>>>> (5分)

本時のまとめと，今日の感想をワークシートに書いて，発表する。

個別 **全体**

😊 知らない人からメールがきた場合，どのように対処すればよいでしょうか。

- ●メールアドレスを送信しなくても相手に知られることがあるので，無視したり削除したりする。
- ●メールアドレスを知られると大変なことになるので，絶対にアドレス（URL）をクリックしない。
- ●興味があっても，知らない人からのメールには注意する。
- ●どうしても興味があって気になるときは，メールを親に見てもらう。
「『登録解除』とあっても，クリックすると同じ結果になります。」

〈第2章〉実践事例「情報セキュリティ」

板書

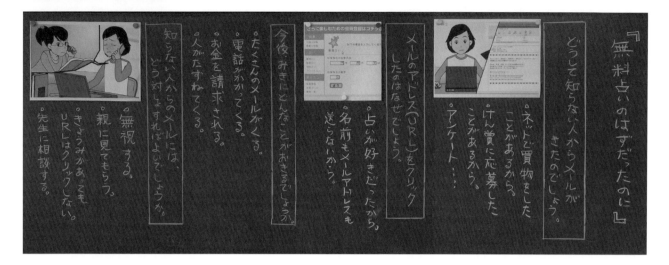

ワークシート例

SB-05 迷惑メールのしくみ

無料占いのはずだったのに…

＿＿＿年＿＿＿組＿＿＿番 名前＿＿＿＿＿＿＿＿＿＿

1 どうして知らない人からメールがきたのだろう。

> 前にアンケートなどに答えたから。

2 メール内にあるアドレスをクリックしたのはなぜだろう。

> 占いにすごく興味があったし、無料って書いてあったから。

3 どうして会員登録のメールがきたのだろう。

> お金を請求される。

4 知らない人からのメールにはどう対処したらいいのだろう。

> ・メールにある URL には、絶対にアクセスしない。
> ・迷惑メールは無視する。

5 今日の学習を振り返って、感想を書きましょう。

> 今はあまりメールは使ってないけど、メールアドレスを送ってなくても勝手に使われることがわかりました。知らない人からのメールは無視して、被害にあわないようにしたいです。

この指導を通じて感じたこと考えたこと

　最近は，友だちとコミュニケーションをとるツールはメールよりもトークアプリが圧倒的に多いのが子供たちの実態です。それでも，各種調査結果を見ると，多くの子供が迷惑メールの経験があると答えています。メールの使用頻度が低いだけに，迷惑メールの知識や対処法を知らないと大きな被害にあう危険があると考えて，この題材を取り上げました。

　授業は小学6年生で行ったので，「なぜ会員登録のメールがきたのか」を話し合うのは難しいと考え，「これからみきに起きそうなことを想像する」に変更してみました。自由に想像できたので話し合いも活発になったと思います。中学生であれば，情報の科学的理解として仕組みを掘り下げて話し合わせることができるでしょう。

SA-02 情報発信の責任

Bellevue Children's Academy 金俊次先生

ねらい インターネットには，無責任なうわさ話や個人が特定できるような内容は書いてはいけないことがわかる。

こんなときに

- 児童生徒の間で，電子掲示板の話題が出始めたとき。
- 児童生徒の電子掲示板によるトラブルを未然に防ぎたいと感じたとき。

学習の必要性

　インターネットの急速な普及により，誰でも自由に多くの人の目に触れるような情報発信ができるようになった。一方その中で，インターネット上にある情報は事実ばかりとは限らず，情報の受信者としての判断力と，情報の発信者としての責任の大きさを考えなくてはならない時代ともなってきている。

　児童生徒の何気ない普段の情報発信でも，内容によっては知らない間に被害者や，加害者になってしまうことがある。情報発信することによって他人や社会へ影響を与えたり，自分や他人の権利を阻害したりする可能性があることを知り，情報を発信することには大きな責任が伴うことを自覚し，ネットワーク上のルールやマナーを守ることの大切さを，インターネットとつき合い始めたときにしっかり知識として学ばせたい。

指導のポイント

①プライバシーへの配慮

- 人の名前や住所などをそのまま書いていなくても，個人が特定される場合がある。その危険性を理解する。
- プライバシーに関わるようなことは，本人の許可を得ずに書き込んではいけない。

②プライバシー侵害への注意

- 自分の意見や感想，地域の情報などを発信することは有意義なことだが，事実かどうか分からないうわさ話などを書き込むことはマナー違反。
- 特に，他人の私生活について書き込むことは，例えそれが事実だとしても，プライバシーの侵害になる。

③プライバシー権

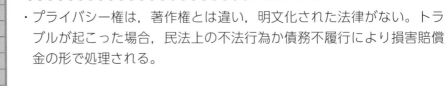

- プライバシー権は，著作権とは違い，明文化された法律がない。トラブルが起こった場合，民法上の不法行為か債務不履行により損害賠償金の形で処理される。

〈第2章〉実践事例「情報セキュリティ」

〈情報発信の責任〉
もしかして、私の書き込みのせい？

小学生・中学生

事例アニメの概要

①あきなは、古い車を集めるのが趣味の和菓子屋の主人に、宝くじの高額賞金が当たったという噂話を聞く。その当選賞金はタンスに隠されているらしい。

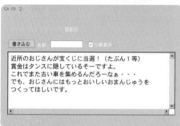

②あきなは、近所のおじさんが宝くじに当選したこと、賞金はタンスに隠していること、そして、これからもおいしいおまんじゅうを作って欲しい、などと電子掲示板に書き込んだ。

③数日後、あきなはその和菓子屋に泥棒が入ったという話を聞く。犯人は和菓子屋の主人が宝くじに当たったという話を電子掲示板で見て知ったという。

④もしかして自分の書き込みのせいで和菓子屋に泥棒が入ったのではないかと、あきなはぞっとする。

▶視聴のポイント

スマホやケータイの普及により、児童生徒が簡単に情報発信ができる時代になった。しかし、情報を発信する際のマナーや配慮するべきことなどを、正確に学習しないまま、友だちから聞いた知識や、自分が体験して学んだ知識だけで情報発信が行われている傾向がある。中には知らないうちにトラブルまで発展するケースも少なくない。

ここでは、情報を発信することの楽しさを体験し、より面白いものを発信したいと思うようになった主人公が、個人情報が他の人に分からないように配慮したつもりで、情報を発信している。しかし、十分な情報発信の責任の理解が伴わなかったために、無意識に加害者となってしまった。個人情報に配慮して発信したつもりでいるところに注目させ、様々な情報が集まることで個人を特定できることを理解させる。さらに、公開できる情報、できない情報について考え学ぶことをポイントとして確認しておきたい。

事例のまとめ

①人の名前や住所をそのまま書かなくても、個人が特定される場合があります。

②プライバシーに関わるようなことは、本人の許可を得ずに書き込んではいけません。

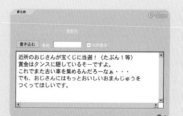

③他人の私生活について書き込むことは、例えそれが事実だとしても、プライバシーの侵害になります。

SA-02 情報発信の責任

指導の流れ

学習活動	教師の発問と予想される児童生徒の反応

導入

Step 1 >>>>>>>>>（7分）

電子掲示板について教師の説明を聞き，電子掲示板に情報発信をするとき注意していることを発表する。

全体

:) 電子掲示板って知っていますか，電子掲示板に情報をアップするときどんなことに注意していますか。

- 知っていて，使ったことがある。
- どんなことができるんだろう。
- うそや悪口を書かないようにしている。
- 読んでる人がいやな思いをすることは書かない。
- 楽しく，みんなが喜ぶことを書く。
- 質問しながら電子掲示板のイメージを全体につかませる。

事例アニメの視聴（2分50秒）

展開

Step 2 >>>>>>>>>（7分）

泥棒が入ったという話を聞いて，あきなはどのような気持ちになったのか考える。

個別 **ペア** **全体**

:) 和菓子屋に泥棒が入ったといううわさ話を聞いて，あきなはどのような気持ちになったか考えてみましょう。

- 和菓子屋さん大変だろうな。
- 自分が書いたことと関係あるのかな。
- 自分の書き込みが原因で泥棒が入ったのかもしれない。
- 自分は個人名や住所は書き込まなかったから大丈夫。
- となりの人とあきなの気持ちについて話し合い，その後全体に発表する。

Step 3 >>>>>>>>>（7分）

掲示板への書き込み方によって，問題になることについて考える。

個別 **ペア** **全体**

:) どんな気持ちであきなはうわさ話を書き込んだのでしょうか。あきなの書き込みのよくないところはどこでしょう。

- 町の面白い話を発信し，見ている人たちによい反応をもらおうと思った。
- たくさんの人に見てもらいたかった。
- 饅頭を作っていること，古い自動車を集めていることから個人が特定されたのかもしれない。
- うわさ話で本当のことかどうかわからない。
- 書き込みの情報源が「うわさ話」だったことにも注目させる。

Step 4 >>>>>>>>>（10分）

掲示板に書き込んでよい情報について考える。

個別 **ペア** **全体**

:) はじめに掲示板に書き込んだ図書館の情報と，うわさ話では情報にどんな違いがあるのでしょうか。

- 本当なのかどうか，情報の信頼性が違う。
- 町の人が知って有効な情報と，個人の情報。
- 図書館の本は書いた人がわかるけど，うわさは確かめられない。
- 直接名前は書かなくても，誰かがわかってしまうことは書かない。
- 書き込む情報は事実か確認する必要があり，事実でも個人情報は本人の了解が必要。

まとめアニメの視聴（40秒）

まとめ

Step 5 >>>>>>>>>（10分）

まとめの映像クリップを視聴させる。

本時のまとめを行い感想を書く。

全体

:) 電子掲示板などに情報を発信するときにどんなことに気をつけたら良いのでしょう。

- 事実でないことは書かない。
- 確かでないことは書かない。
- 事実であってもプライバシーの侵害にならないよう，他人の私生活に関わることは書かない。
- 人のことは，勝手に書かない。
- 児童生徒の感想を幾つか取り上げながらまとめをする。

1・2
3・4
5・6
中

〈第2章〉実践事例「情報セキュリティ」

板書

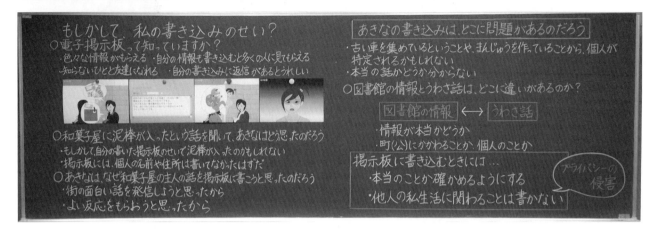

ワークシート例

もしかして、私の書き込みのせい？
___年___組___番　名前_____

1　和菓子屋に泥棒が入ったといううわさ話を聞いて、あきなはどのような気持ちになったか考えてみましょう。

- あきなは不安な気持ちになった。
- あきなのせいでドロボウが入ったかも知れないと思ったから。
- あきなとしては、だれか分からないように書いたつもりなんだけれど自信がなくて自分のせいかもしれないと思っているから。

2　あきなはなぜ和菓子屋のうわさ話を掲示板に書き込んだのでしょうか。

- 図書館の書き込みで返信があったのでもっと多くの人の反応が欲しかったから。
- 自分の書き込みをみんなに見て欲しかったから。

3　あきなの書き込みに問題があるとすれば、どんな点なのでしょうか

- 本当かどうかわからないうわさ話なのに、書き込んでしまった。
- 古い車をあつめていて、おまんじゅうをつくっていることから誰なのか分かってしまうかもしれないから。
- 本当かどうか確認しないまま書き込んでしまったから。
- 和菓子屋のおじさんのことを考えずに書き込んでしまったから。

4　はじめに掲示板に書き込んだ図書館の情報と、うわさ話では情報にどんな違いがあるのでしょうか。

- 図書館は本当の情報。
- 図書館の情報はみんなが知ってもいい情報。
- うわさ話は本当かどうか分からない情報。
- うわさ話はみんなが知らなくていい個人的な情報。

5　電子掲示板などに書き込むときには、どんなことに気をつけたらよいでしょうか。

- みんなが知ってもいいものを書く。
- 本当かどうか分からないものは書かない。
- 本当のことでも、個人的なことは本人からOKをもらう。
- 書き込もうとするひとのプライバシーを守ってあげる必要がある。

6　今日の学んだことを振り返り、自分だったらどうするのか書いてみましょう。

　　自分の発信した情報がみんなに読んでもらって、返信があるととてもうれしいけれど書き込むときに注意しなければならないことが分かりました。わたしも書き込みをすることがよくあるけれど、本当かどうか分からないことは書かないことや、ひとのプライバシーをよく考えて書きたいと思います。それから、ひとの役にたつような情報を書き込むように心がけたいと思います。

この指導を通じて感じたこと考えたこと

　「情報発信の責任」を指導するにあたり、本授業は学級で数人がスマホやケータイを所持し始めた時期に適した授業です。このため、導入でスマホを持ち始めた子供たちから実際の使用状況を聞きながら、まだ持たない子供たちに電子掲示板のイメージを捉えさせようとしました。

　所持している子供たちの発表が低調なときは説明を短くし、アニメ視聴に入っても授業は流れると思います。大切なことは、このような事例があることを知ることであり、知らないために起きてしまうことを防ぐのが指導の一歩だと思います。悪いことと思ったらやらないという児童生徒自身の道徳的規範意識を育てる日常的な指導と絡めながら、繰り返し繰り返し進めることを大切にしたいと思います。

授業参観日にネットモラル・セキュリティ指導をしてみませんか？

携帯電話やスマートフォンを買い与えているのは保護者

ネット犯罪に巻き込まれた子供のケータイやスマホは誰が購入しているかを示したデータです。

保護者のみ来店 **18.3%**
保護者と被害児童が一緒に来店 **81.7%**

保護者の指導だけでは力不足

ネット犯罪の被害にあった子供の保護者による指導状況についてのデータです。

注意あり **47.1%**
注意なし **52.9%**

ケータイやスマホは子供だけでは買えません。なのであたりまえとは言えますが，保護者が買って子供に与えています。

保護者が買い与えたケータイ・スマホですが，5割以上の子供が「注意はなかった」と回答しています。注意があっても，注意する側の知識不足がうかがえるようなケースがあります。

出展：警察庁「コミュニティサイトに起因する児童被害の事犯に係る調査結果について（平成26年下半期）」

　授業参観は，ネットモラル・セキュリティについて，親子で一緒に学べる良い機会です。子供たちがネット社会と安全に付き合い，望ましい情報社会の進展につながるよう，保護者も一緒に考える授業にしませんか？

CASE #01

うちの子は毎日飽きずに動画サイトを見ています。止めずにいたら，何時間でも見続けます。

小学4年生 **A**くんのお母さん

動画視聴だけでなく，ゲームやトークアプリなども，終わりにするタイミングを自分で決める必要があります。

家のルールや友だちのおうちのルールを確認し，それを守れるように協力し合うことをみんなで話し合いましょう。

実践事例⇒ P.100
C-19「スマホ・ゲーム依存」

CASE #02

うちの子も写っている写真が断りなくSNSに投稿されていました。

小学6年生 **B**さんのお母さん

スマホで撮った写真には，個人情報に結び付く情報がたくさん含まれており，内容をよく考えて投稿する必要があります。

ネットに投稿された情報は不特定多数の人へ拡散していまう可能性があること，自分以外の人にも迷惑をかけてしまうことをしっかり押さえましょう。

実践事例⇒ P.76
B-24「写真の投稿」

CASE #03

スマホを買ってあげようと考えています。ルールやマナーをしっかり守って使ってもらいたいです。

中学1年生 **C**くんのお父さん

スマホのルールとマナーを守って，自分も周りの人も気持ちよく過ごせるようにする態度を育てます。

歩きスマホや自転車スマホはなぜやってはいけないのか，また他の人がいる場所でスマホを使うマナーについてみんなで話し合いましょう。

実践事例⇒ P.120
K-09「スマホのマナーとルール」

第3章

研修

　小中学校などでネットモラル・セキュリティ教育をすすめるためには，先生方のネットモラル・セキュリティへの認識を高めなければなりません。また，子供たちが学校から帰ってからも続くネットモラル・セキュリティの問題を取り上げて指導するには，家庭や地域との連携も重要です。

　この章では，校内研修，保護者への啓発，学校全体としての取り組み，教育委員会の役割，そして教員養成など，児童生徒と直接関わらない立場での，体制づくりや推進の事例を紹介します。

校内研修

校内研修の進め方 ・・・・・・・・・・・・・・・・・・・・・・・・・・ 148
　教員研修用 事例アニメ教材 活用事例
　　TC-02　USB メモリの紛失と盗難 ・・・・・・・・・ 150
　　TC-09　裏紙の再利用 ・・・・・・・・・・・・・・・・・ 154
近隣の学校との連携 ・・・・・・・・・・・・・・・・・・・・・・ 158
教育センターにおける情報モラル研修 ・・・・・・・・・ 160

保護者

保護者への啓発がなぜ必要か ・・・・・・・・・・・・・・・ 162
保護者と学ぶ ネットモラル・セキュリティ ・・・・・・ 164

管理職

管理職としての情報モラルへの対応のあり方 ・・・・・ 168
管理職としての情報モラル対応の実際（小学校）・・ 170
管理職としての情報モラル対応の実際（中学校）・・ 172

教育委員会

教育委員会としての情報モラルへの
対応のあり方 ・・・・・・・・・・・・・・・・・・・・・・・・・・・・ 174
教育委員会としての情報モラル対応の実際 ・・・・・・・ 176

教員養成

教員養成段階における情報モラル指導法 ・・・・・・・・ 178

コラム ・・・・・・・・・・・・・・・・・・・・・・・・・・・・・ 180

校内研修の進め方

岐阜聖徳学園大学　石原一彦先生

1 はじめに

　校内研修は学校における情報モラル教育の司令塔の役割を果たす重要な取り組みです。個々の先生方の授業改善だけでなく，児童生徒の実態把握や学習履歴の確認，年間指導計画の検討などを通して，情報モラル教育の全体像をデザインします。しかしその一方で学校業務は多忙であるため，全体研修会は多くても年度始めと年度末の2回程度しか持てないのが現状です。そこで一年を見通した標準的な校内研修の構成を考えてみましょう。まず，年度始めの全体研修会が新年度のスタートです。ここでは，年間目標を設定し，各学年の年間指導計画を見直し，授業形態や教材の選定，授業評価の方法などを話し合います。次に年間指導計画に基づき，各学級で授業を順次実践していきます。そして年度末にもう一度全体研修会を持ち，1年間の授業実践を振り返って，成果と課題をまとめ，翌年の実践に向けた改善点を話し合います。このように情報モラルの校内研修は年度始めと年度末の二度の全体会で各学級の授業実践を挟み込み，1年を通じてPDCAサイクルを形成させるのです。（**図1　校内研修の流れ**）

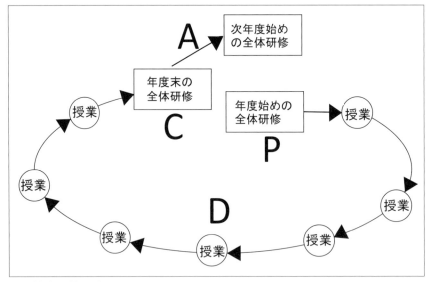

図1 校内研修の流れ

　情報モラルの校内研修では「不易と流行」の視点が重要になります。「不易」とは時代や環境がどのように変わっても変化しない普遍的な価値や徳性のことです。「流行」とは時代や環境の変化に伴って移りゆくものを指します。情報モラルの不易は，自他の権利を尊重したり，自分の行動に責任を持ったりするなど児童生徒の人格形成に関わる徳性の涵養です。一方で社会の情報化の進展に伴って子供たちを取り巻く環境は大きく変化し，使われるメディアやコンテンツの盛衰サイクルも短くなってきています。従来の年間指導計画をそのまま使い続けるのではなく，授業の内容と方法に新しい風を吹き込まなければなりません。情報モラルの教育課程は時代の変化に対してより柔軟で臨機応変な対応が求められます。

　また，情報モラルの指導内容には「A 情報安全」・「B 責任ある情報発信」・「C 健全な情報社会の形成」の3領域があります。「小学校学習指導要領解説 特別の教科 道徳編」（平成29年6月）では，「道徳

〈第3章〉研修「教員研修」

科においては，（略）特に，情報社会の倫理，法の理解と遵守といった内容を中心に取り扱うことが考えられる」とされています。そのため道徳では主に「B 責任ある情報発信」の内容を指導し，「A 情報安全」と「C 健全な情報社会の形成」の内容については道徳以外の教科等で取り扱うことになります。このように，情報モラルの指導内容をどの教科等でどのように指導するかは，重要な課題となっています。いずれにせよ，情報モラルの年間指導計画を検討するには，カリキュラム・マネジメントの充実を図らなければなりません。

② 年度始めの校内研修

　年度始めの校内研修ではまず，全体的なねらいと学年ごとのねらいを設定します。ねらいの策定には，学習指導要領の記載内容や各教育委員会の指導指針，学校の教育目標，昨年度末の研修会での反省点などを基にして，新たに赴任された先生方も含めて教職員全体で共有することが大切です。ねらいが策定されると，年間指導計画を見直します。その際に実態を把握することが重要です。子供たちがどのような情報環境に置かれ，メディアをどのように利用しているのか，情報のやりとりで困ったことやトラブルに遭遇したことはなかったかなどをあらかじめ把握しておきます。調査の方法としては，アンケートや，保護者向けチェックリスト，生徒指導担当者への聞き取りなどがありますが，個々の子供たちの実態や課題を知る上では「ネットモラルけんてい」を活用するのも有効でしょう。

　年間指導計画の見直しでは，新年度のねらいにふさわしい指導内容であるか，学習履歴から学習内容に重複や抜けが無いか，どの教科等で指導するのか，どのような指導形態を用いるのかなどを検討します。情報モラルの指導形態には1単位時間をフルに使う通常の授業のほかに，既存の教科の中で横断的に情報モラルの指導を差し挟む形態や，朝の会や帰りの会などの短い時間を活用して指導する形態などがあります。年間指導計画の検討では，情報モラルの様々な授業形態を組み合わせ，使用する教材コンテンツを効果的に選択するカリキュラム・マネジメントが重要になります。指導に不慣れな若手教員がこのような年間指導計画の検討に主体的に参加することにより，情報モラルの実践的な指導方法を学ぶことができるのです。

③ 授業実践及び授業研究会

　年間指導計画に基づき，順次各担任が授業を実践していきます。授業の実施に当たっては，個人または学年等のグループによる事前の教材研究を基に，授業で利用する教材の選択や課題提示の工夫，主要な発問や板書計画などを検討します。同僚性の観点から可能な限り授業を公開し，多くの教師に授業を見てもらうことも大切です。特に経験の浅い先生とベテランの先生の授業を見せ合うことで，お互いの良さを吸収できると考えられます。そして年度末の全体研修会に向けて，授業の展開や児童生徒の成果物，板書の様子など授業実践の足取りを記録に残します。可能であれば，授業後に反省会を持ち，授業のねらいに対してどのような成果と課題があったのかも話し合います。

④ 年度末の校内研修

　年度末の全体研修会では，一年間の授業記録を基に，年度始めの全体研修会で定めたねらいに関して成果と課題を話し合います。特に授業では，子供たちの実態や課題に応じた今日的な取り組みができていたか，また子供たちの内面に迫り，意識の変化や人格の形成に資することができていたかなど「不易と流行」両面の視点が大切です。また授業形態や発問，課題提示の方法，板書等が効果的であったのかなど授業改善の視点から次年度に向けた授業作りの方策を話し合います。

　めまぐるしく変化する情報環境の中にあって，ネット社会に潜む危険を察知する力と，人権意識に基づいた徳性を子供たちに育むためには，年間指導計画に基づいた温度差のない授業を実践するとともに，校内研修で授業の質を不断に改善することが求められるのです。

149

TC-02 USBメモリの紛失と盗難

愛知県春日井市立出川小学校　水谷年孝先生

ねらい　校務データをパソコンやUSBメモリを利用して校外に持ち出す際は，十分な管理をするとともに，暗号化など，セキュリティを高める必要があることを理解する。

こんなときに
- 年度始めに，校務データを持ち出す際のルール・手順を再確認するとき。
- 近隣の学校で情報管理に関する不祥事が起こった場合や校内で情報管理の甘さを感じた場合に，全職員でルール・手順を再確認するとき。

研修の必要性

個人情報の不適切な取扱いにより懲戒処分等を受けた全国の公立学校教職員は，平成26年度は837人，平成27年度は309人（文部科学省公立学校教職員の人事行政状況調査より）で，そのうち個人情報が記録された電子データの紛失は62人，書類の紛失は165人である。啓発が進み，以前よりもよく注意をするようになり大きく減少している。しかし，すべての教職員がもう少しきちんと注意をすれば，このような事案を「ゼロ」にすることは可能である。自分は大丈夫だろう，この程度なら心配ないといったちょっとした心のゆるみを防ぐために，情報管理については繰り返し研修をする必要がある。

研修のポイント

①セキュリティポリシーと実施手順の遵守

- 校務データを持ち出す場合は，持ち出す手順（セキュリティポリシーと実施手順）に沿って，所属長の許可を得てから持ち出す。

②持ち出したデータは常に携帯する

- 校務データの入ったパソコンやUSBメモリを持ち出した場合は，目的地に着くまで，車の中などに放置しないようにし，体から離さないよう細心の注意を払う。

③パスワードと暗号化

- パソコンやハードディスクにパスワードを設定したり，ファイルを暗号化したりしておくと，盗難に遭った場合でも，被害を最小限に抑えることができる。

〈第3章〉研修「教員研修」

〈USBメモリの紛失と盗難〉
気をつけなさいと言われていたのに…

 教職員

事例アニメの概要

①山下先生は，報告書に使うデータをUSBメモリに保存し，家に持ち帰ることにした。

②帰宅途中，買い物を思い出し，USBメモリが入ったカバンを車中に置いたまま，書店に立ち寄った。

③山下先生が買い物をしている間に，怪しい影が山下先生の車のドアを開けた。

④数分の間に，USBメモリが入ったカバンが盗まれてしまった。

▶視聴のポイント

　校務データを校外に持ち出す場合のルールや手順は，各校でこれまでも何度も研修を行っている。しかし，同様の事案がなくならない現実を踏まえて，いかに自分事としてとらえさせ，各自の意識を高めるかが研修の重要なポイントである。

1　視聴の前に，最近の近隣での事例や全国での発生件数を確認して，注意すればなくすことができるこのような事案が，なぜなくならないのかをグループごとに確認する。
2　まず，事例アニメの①を視聴して，自校での持ち出しのルールを再確認し，さらに，持ち出さなくてもいいように仕事の順番を考えることまで，確認する。
3　次に②～④の部分を視聴し，自分ならどう行動したかをグループごとに確認した後，まとめを視聴してポイントを再確認する。
4　管理職研修として，この動画を視聴して，各校の現状を確認し合い，どのような研修をするといいのかを検討するのもよい。

事例のまとめ

①校務データを持ち出す場合は，セキュリティポリシーと実施手順に沿って，所属長の許可を得ましょう。

②校務データの入ったPCやUSBメモリを持ち出した場合は，体から離さないよう，細心の注意を払いましょう。

③パスワードを設定したり，ファイルを暗号化しておくと，被害を最小限に抑えることができます。

研修の流れ

講師・参加者の活動	留意点

Step 1 >>>>>>>>>>>>>>>>>>（5分）

- 最近の近隣市町村での情報管理に関する不祥事の事例を確認する。
- 全国でのこのような事案による処分傾向や問題点を確認する。

（導入）

- ●学年ごとに班を編成しておく。
- ●都道府県教育委員会資料や新聞記事を使い, 最近の事例を説明する。ただし, どのような点が問題であったかについてはここでは触れないようにする。
- ●大きく件数が減っているが, ゼロになっていないことをまず確認する。
- ●これまで何度も研修や指導を受けていることではあるが, 件数がゼロにならない理由を各班で話し合う。

資料 都道府県教育委員会処分発表資料
文部科学省資料

事例アニメ①の視聴

Step 2 >>>>>>>>>>>>>>>>>>（10分）

- 「気をつけなさいと言われていたのに…」の①（持ち出すまでの部分）を視聴し, 持ち出すまでの問題点はないか話し合う。

（展開）

- ●まず, 事例アニメの①の部分を視聴した後, 自校での持ち出しのルールを再確認する。さらに, 持ち出さなくてもいいように仕事の順番を考えることまで, 確認をする。

事例アニメ②〜④の視聴

Step 3 >>>>>>>>>>>>>>>>>>（15分）

- 「気をつけなさいと言われていたのに…」の②〜④を視聴して, 問題点を明確にする。

- ●②〜④の部分を視聴しながら, 各自で問題点を付箋にメモをさせる。
- ●視聴後, 各班でミニホワイトボードに付箋を貼りながら, 自分ならどう行動したかを確認させる。
- ●いくつかの班に確認をしたことを発表させる。その際, その班で一番経験年数が少ない教員に発表をさせるようにする。
- ●このような事案が起こると, その後どのような点で支障が出るかも少し出させる。

まとめ

Step 4 >>>>>>>>>>>>>>>>>>（10分）

- 「気をつけなさいと言われていたのに…」のまとめ動画を視聴したのち, 各自の行動宣言を書く。

（まとめ）

- ●まとめを視聴後, 今後, 特に注意することを行動宣言として各自付箋に記入させる。
- ●各班で行動宣言を確認させる。
- ●全体で少経験者を中心に数人に発表させたのち, 校長からまとめの指導をする。

〈第3章〉研修「教員研修」

研修にあたって工夫したこと

●これまでも何度も研修や指導を重ねている内容なので、自分事として考えさせるために、学年ごとに班を編成して、ワークショップ形式で研修を進めた。

●最初に、近隣での事例や全国での処分件数を確認して、ちょっとした油断や不注意によってこのような事案が発生することを全員に再確認させようとした。

●重要な情報を持ち出さなくてもいいように、日常的に仕事の順番までよく考える習慣をつけさせることもねらった。

●動画を見て、自分ならどう行動したかを各自で考えさせ、最後には行動宣言としてまとめさせた。さらに、経験の少ない者の理解をより深めるために、発表は経験の少ないものからさせるようにした。

研修参加者のようす・声

●またこの話題かと最初は思ったけれど、自分は大丈夫だろうとちょっと緩んでいた部分がなかったわけではないので、今回再確認できてよかった。

●市内では、このようなことはほとんど起こらなくなったと思っていたけど、全国では、まだまだ多くの件数が起きているということに驚いた。ちょっとの不注意で起きてしまうことを改めて知って、これまで以上に注意しようと気が引き締まった。

●持ち出さなくてもいいように、仕事の順番まで考えることはこれまであまり意識していなかった。

●問題点がはっきりしている動画を見た後で、学年の先生たちと問題点を話し合うことができてよかった。ベテランの先生から普段気をつけていることをこの機会に聞くことができて、自分はもっと注意をしなければならないと強く感じた。

●「不祥事根絶」ということで注意事項を聞くことはよくあるが、このように事例をもとに実際の行動をみんなと考えることができて、気が引き締まった。

●動画の先生のように車上狙いの被害者であるが、結果的に情報流失の加害者になり、信頼を失い、多くの方に迷惑をかけるようになってしまうことを改めて認識することができた。

研修を振り返って

　情報管理の重要性や注意点については、これまでも繰り返し指導をしてきていることではある。ただ、同じような指導だけでは、高い意識を維持することは難しい。自分は大丈夫だろうとか、この程度なら心配ないとかいったちょっとした心のゆるみを防ぐために、いろいろな方法の研修を繰り返す必要がある。今回、わかりやすい事例の動画を視聴後、学年メンバーで構成した班で問題となる行動を確認しながら、各自が普段から注意していることや今後特に注意することを話し合うことで、これまでの研修以上に意識を高め、効果のある研修にすることができた。

TC-09 裏紙の再利用

岐阜県本巣市立弾正小学校　上水流信秀先生

ねらい　裏紙は，誰がどんな使い方をするかわからないので，内容をよく見て，裏紙として使えるか廃棄するかを判断しなければならないことを知る。

こんなときに

- 年度始め等，大量の個人情報を印刷出力する必要があるとき。
- 学期末等，成績処理で個人情報を多くの職員が同時に印刷出力するとき。
- 生徒指導事案発生時など，職員間で大量のメモ等がやり取りされるとき。

研修の必要性

　先生方の机上は，個人情報であふれている。名簿・成績・各種検診結果だけでなく，生徒指導事案に関わる情報や，時には病名や障がい名といったセンシティブな情報も含まれている。デジタルデータの持ち出し等に関しては，セキュリティ意識の向上により減少している。一方で，それらデータが印刷された紙媒体の流出によるインシデントの発生は後を絶たない。特に，ミスプリントの再利用として，不用意に行われる"裏紙の再利用"は，情報漏洩の温床となっている。ここでは，そこに潜むリスクを，自分の業務を再確認することを通して，一人一人に自覚させていきたい。同時に，組織として個人のミスを補うための再チェックの態勢を作るなど，具体的対策の確認をしていくことが重要である。

研修のポイント

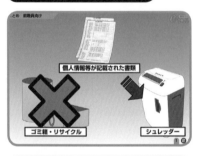

①裏紙として再利用してはいけないもの

- 個人情報などを記載している用紙は，学校内で使用するとしても，誰がどこで使うかわからないので，裏紙としては再利用しない。必ず，シュレッダーにかけて廃棄する。

②裏紙として再利用できるもの

- 誰に見られても大丈夫なものだけが，裏紙として再利用できる。
- 判断に迷うレベルのものは，シュレッダーにかけて廃棄したほうが安全である。

③メモに書いた個人情報

- 氏名や電話番号，要件等を記載したメモも，個人情報として取り扱わなければならない。特に，再利用の裏紙を使ったメモは，捨てる時も雑になりがちなので，個人情報を書いていないか確認する必要がある。

〈第3章〉研修「教員研修」

〈裏紙の再利用〉
あれっ、このメモは？

教職員

事例アニメの概要

①児童名簿の印刷に失敗した鈴木先生は，失敗した紙をリサイクルボックスに入れた。

②教頭先生にかかってきた電話を受けた佐藤先生は，リサイクルボックスにあった紙を使って，教頭先生への伝言を書き，教頭先生の机に置いた。

③教頭先生が，机の上に置かれたメモを裏返してみると，要件を書かれたその用紙の裏には，児童名簿が記載してあった。

④鈴木先生は，教頭先生から，児童名簿はシュレッダーにかけて廃棄するレベルのものだと指導を受ける。

▶視聴のポイント

　日常業務の何気ない行いが，重大な情報漏洩に結びつき，最終的には，学校の信用失墜という大きな損失を生み出してしまうことになるという意識を明確に持たせていきたい。

　そのために，視聴に先立ち自分たちの業務で取り扱っている「何が情報」であり，それらを「どのように守る」のか職員間で交流させ，再確認していく必要がある。

　視聴後は，本事案の原因と対策について考えていく。原因を単に，「個人の不注意」に求めるだけでなく，「個人のミスをフォローできなかった組織」としての視点を持ち，リサイクル時の再チェックの態勢の不備にも気付かせていきたい。さらに，漏洩した情報が名簿業者等に販売されたり，ネットに公開されたりすることによって，被害が広がっていくことにも気付かせたい。

　また，生徒指導事案対応に関わる情報メモや保健室来室時の記録簿は，廃棄の際に特段の配慮が必要になることも併せて意識づけていきたい。

事例のまとめ

①個人情報などを記載している用紙は，裏紙として再利用せず，必ず，シュレッダーにかけて廃棄しましょう。

②誰に見られても大丈夫なものだけが，裏紙として再利用できます。判断に迷うものは廃棄した方が安全です。

③氏名や電話番号，要件等を記載したメモも，個人情報として取り扱わなければなりません。

TC-09 裏紙の再利用

研修の流れ

講師（○）・参加者（●）の活動	留意点

導入

Step 1 〉〉〉〉〉〉〉〉〉〉〉〉〉〉〉（10分）

業務の中で扱う『何が情報』なのでしょう？
○「情報セキュリティとは」を視聴し，学校における『情報』とは，どんなものか再確認する。
- ●自分の業務に関連するものを，付箋紙（小）にメモをしながら視聴する。

留意点：
- ●学年や校務分掌など，業務上関連がある4〜8人の小グループを編成しておく。
- ●小グループごとに相談し合いながら，「情報セキュリティとは」を視聴し付箋にメモする。
- ●漏洩の被害にも気付かせたい。

資料 情報セキュリティの基礎知識「情報セキュリティとは」

事例アニメの視聴

展開

Step 2 〉〉〉〉〉〉〉〉〉〉〉〉〉〉〉（10分）

事例が起こった原因を考えよう。
○「裏紙の再利用」を視聴し，事例の原因を考える。
- ●原因を考え，付箋紙（大）にメモをしながら視聴する。

留意点：
- ●原因が，「個人の不注意」に終始しないよう，あらかじめ「組織」の視点を示しておくことが必要。

Step 3 〉〉〉〉〉〉〉〉〉〉〉〉〉〉〉（20分）

グループで原因を交流し，対策を考えよう。
○原因を交流し，KJ法的にホワイトボード上にまとめていく。
- ●内容を確認していない。（個人視点）
- ●チェックの態勢がない。（組織視点）
- ●基準が不明確。（組織視点）

○分類された原因の対策を考えホワイトボード上に書き込んでいく。
- ●チェック表を貼り付ける。（個人視点）
- ●校務分掌に位置づける。（組織視点）
- ●基準を共通化する。（組織視点）

留意点：
- ●ホワイトボード上に，付箋紙（大）を各自貼り付け，同種同様なものをグループ化していく。
- ●個人視点と組織視点で左右に分けたり，グループ化した原因を丸で囲ったりしながら，その対策を記入していく。
- ●最初に，記入した付箋紙（小）を，グループ化した原因・対策に貼り付けていくとより具体的になる。

資料 指導資料「裏紙の再利用」

まとめ

まとめ

Step 4 〉〉〉〉〉〉〉〉〉〉〉〉〉〉〉（20分）

対策案を交流しよう。
○各グループの対策案を全体の場で交流する。
○全体交流の中で，共通する対策を明示するなどして，共通理解を図り，明日からの実践を確実なものにする。

留意点：
- ●リサイクルに回したり，廃棄物として処理したりする基準を組織として明確に持たせるようにする。
- ●校務分掌としてのチェック役を校内に設置し，複数の目による確認がなされる態勢を作るようにすること。

〈第3章〉研修「教員研修」

研修にあたって工夫したこと

- 職員一人一人が，『情報セキュリティの担い手』であることを認識してもらうために，『自分の業務』に目を向けさせ意識を高めていくようにした。

- 情報セキュリティの基礎を再確認するために，『情報セキュリティとは』を最初に視聴し，『守るべき情報』が自分の業務内にどれだけあるのかを意識づけていった。

- 講義形式ではなく，ワークショップ形式をとり，参加しながら自ら考えることを大切にした。

- 学年や校務分掌という，似通った業務環境の小グループでワークショップを行うことを通して，より実践的な研修を目指した。

研修参加者のようす・声

- 改めて，自分が個人情報の渦の中で仕事をしていることに気付かされた。

- 経費削減というスローガンだけに振り回されて，ミスプリの紙を子供たちに使わせているときもあった。そういう状況の自分の業務を振り返り，具体的対策を持ついい機会となった。

- 複数人でのチェック体制の構築が重要である。現状，それぞれの教員が個人レベルで気をつけている程度であった。早急に，共通理解を図り実施していく。

- 名簿の情報が販売されたり，紙媒体でもデジタルに加工されたりして再配布されることに驚きを感じた。自分が扱っている情報がそうなることを知った上で，再利用や廃棄に配慮していける具体的対策を考えることができた。

- 講義形式では聞けないことも，小グループの話し合いでは気軽に聞くことができて明日からの実践に有意義であった。

- 校務分掌グループで話し合うことで，同種同等の情報でも学年によって扱いの細部が異なっていることが分かった。基準の共通理解が不可欠である。

- メモなど扱いが疎かになっている自分を振り返ることができた。

研修を振り返って

研修の最初に「情報セキュリティの基礎」を視聴したことによって，研修の土台を確かなものにすることができた。また，ワークショップ形式のスタイルにより，一人一人が『自分の業務』を足場にしながら振り返り考えることができた。小グループ内の話し合いでは，日頃確認し合うことの少ない『情報の取り扱いの細部』に関して，それぞれが現状を交流し合い，問題点や共通の対策を考えることができた。「忙しいときこそ，声を掛け合おう」といった同僚意識に支えられた発言も見られ，単に知識として知るだけではなく，組織の構えとして実践的に効果のある研修となった。

近隣の学校との連携

島根県情報教育研究会　足立賢治先生

① はじめに（概要）

1）背景－教師自身の認識と体験の必要性－

　各学校での情報モラルの指導は，重要で必要不可欠であるという認識はあるものの，実際は生徒指導主事（主任）任せであることが多くあります。多くの学校では，その内容も講師を招いての講演を聞くだけで終わっているのが現状で，その結果，有効な対策となっていないのが実情です。近隣の学校との連携も不十分で，小中ともに問題事象への事後指導的なものとなっています。講師の話も多数の子供たちや保護者を対象とすることから，危険なことを回避するとかルールを作って守りましょうとかにならざるを得ません。そのときは，分かったつもりになっていても自分のこととして認識することが不十分で，体験を通してリアルに学ぶことが必要不可欠です。

　本来，情報モラルは子供の実態をよく知っている担任が指導するのが効果的ですが，各担任の認識に個人差があり，実施するクラスとしないクラスに分かれ，本来の目的を達成できない状況があります。

　そこで，同じ中学校区内の近隣の学校と連携を取ることにより，複数の教員で子供の実態に即した指導ができる体制を作り，校務分掌に即して5部会をつくり，それぞれの立場からのアプローチを試みました。縦と横の連携を図っていくことを目指したのです。これにより，小中の連携と近隣の学校や保護者との連携を図ることができ，実効的な指導となりました。

2）方向性－否定でない共存を－

　子供たちに対しては禁止事項の説話，保護者に対しては家庭でルールを作って守りましょうという従来の指導では，「情報社会において，適正な活動を行うための基になる考え方と態度」を身につけるには不十分です。子供たちの日常生活を見るとすでにかなり利用しているスマホやインターネットを否定するのではなく，共存を目指すのが自然な流れだと思われます。インターネットの光と影を適切に指導していきたいものです。

② 研修の具体的内容

　同一中学校区内の各小中学校で下記の5部会をつくり，それぞれの立場からの情報モラル教育へのアプローチを試みました。
　　①情報社会の倫理～道徳教育推進教師（道徳主任）
　　②法の理解と遵守～生徒指導主事（主任）
　　③安全への知恵～養護教諭
　　④情報セキュリティ～教頭
　　⑤公共的なネットワーク社会の構築～情報主任

　まずは，各学校の子供たちの実態調査を行い，特に中学校が抱えている問題から対策を始めることにしました。そうすることで，校区内の子供たちへの指導が共通でできると考えたからです。小中9年間を見通した情報モラル指導を行うことにより，目指す児童生徒像の共通化が図られた意義は大きいと思います。他の活動にも波及効果を生み，小学校，中学校，家庭で同じ方向を目指していくという効果が見られました。

道徳教育部会
・情報社会の倫理に関すること

生徒指導部会
・法の理解と遵守に関すること

養護教諭部会
・安全への知恵に関すること

教　頭　会
・情報セキュリティに関すること

情報主任部会
・公共的なネットワーク構築に関すること

図1 校区内組織図

③ 研修全体から

それぞれの部会では，次のような実践が行われました。

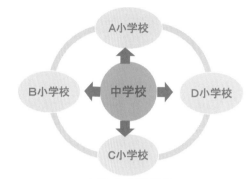

図2 小中連携図

1）道徳教育部会

目指す児童生徒像から，道徳の時間に重点的に扱っていく項目を決定し，小中それぞれで授業を公開して各学校に参加を呼びかけました。この部会では，特に心情面に重点を置いて指導し，授業公開日を設定して，保護者にも啓発を心がけました。

道徳用資料として，「想いとどけて」（広島県教科用図書販売株式会社，以下「広教」）を活用し，各校同じ資料で授業をすることにより情報モラルを意識づけられるようにしました。

2）生徒指導部会

中学校で実際に起こった問題や県内及び市内の学校であった事例を元に，その背景や影響，対策について具体的に紹介し，児童会や生徒会に呼びかけて発表会を開催しました。小学校へは中学生が出かけて，直接訴えることで児童の意欲の向上が見られました。

実施に当たっては，「ネットモラルけんてい」（広教）を活用し，理解度の低い事例を重点的に学習できるようにしました。

3）養護教諭部会

学校保健委員会を合同で開催し，ネット依存についての事例紹介や対策について，児童生徒，保護者，学校医，地域の方，教員で協議しました。様々な立場の大人が地域共通の課題として子供たちを見守っていこうという機運が高まりました。

4）教頭会

校区内の学校で，USB メモリーの紛失があったことから，その原因と対策について協議しました。セキュリティ対策が施された学校用の USB メモリーの購入，暗号化について周知することや，個人情報が含まれたエクセルのファイルにはパスワードをかけること等が話し合われ，各学校で徹底することとしました。また，著作権についての認識が不十分であったことから，各学校で著作権についての研修をするとともに，全校集会で児童生徒にも話す機会を持つようにもしました。

5）情報主任部会

中学校の方から，小学校段階でキーボード入力が一通りできるようにとの提案があり，小学校の中学年の段階でローマ字入力ができるようにし，高学年でできるだけ早くタイピングができるようにすることを試みました。タイピングを向上させるためには，「全国小学生キーボード検索サイト キーボー島アドベンチャー」を活用しました。授業で1時間だけ扱い，その後は昼休みや放課後にパソコン教室を開放し，家庭でも実施できるように勧めました。

また，新学習指導要領で重視される情報活用能力の育成についても，「情報活用能力を確実に身に付けることは，基礎的・基本的な知識・技能の確実な定着とそれを活用して行う言語活動の基盤となるものである。」という考えの下に，教科の中での情報活用能力の育成を目指しました。算数・数学科を中心に，具体的な情報活用能力を洗い出し，公開授業の中に組み込みました。今後は，2020年の完全実施に向けて，算数（数学）理科の中で行うプログラミング学習についての研修を深めることになっており，情報活用能力の3観点である情報活用の実践力，情報の科学的な理解，情報社会に参画する態度をバランスよく育成していこうとしています。

教育センターにおける情報モラル研修

前広島県広島市教育センター　野上真二先生

① 情報モラル教育の必要性

　今日，子供たちを取り巻く情報にかかわる環境は日々変化し，コンピュータやタブレット端末，スマートフォン，携帯型ゲーム機等を使う子供たちが増えてきています。各家庭では，子供たちが自由にインターネットを利用しているという実態もあり，中でも，常に持ち運ぶことができるようになったスマートフォン等は，子供たちにとっても身近なインターネット端末となってきています。スマートフォン等におけるインターネットの普及が急速に進む中で，ネットいじめ（インターネットの掲示板やスマートフォン等のメールによるいじめ）が多発している問題があります。その他にも，なりすましメールや架空請求メール，チェーンメールなどが社会的な問題となっていて，情報社会の特性を知らない子供がインターネット上のトラブルに巻き込まれ，被害者・加害者も低年齢化している状況にもあります。こうした問題を踏まえ，「情報モラル」について指導することが必要となってきているのです。

② 本市教育センターにおける情報モラル研修について

　本市教育センターでは，平成29年度の情報モラルに係る主な研修として，希望者を対象とした「情報モラル研修」，情報教育担当者を対象とした「情報教育担当者研修」を実施しています。

1）情報モラル研修

　教員自身が児童生徒を取り巻くネット問題の実態を理解し，対処するためのヒントを得ること，情報モラルの必要性や情報に対する責任について理解し，未然防止や事案発生時の対処法等の見通しをもつことのために，「情報社会におけるネット問題の理解と取組方策」をテーマに，講師を招聘して研修を行いました。

　研修内容としては，講師から実際にあったSNSやインターネット世界のトラブルの例を具体的な画像も交えての紹介や，仮想メールの画面を見ながらどのような危険性や問題があるかについて話し合いました。また，実際に身近で問題が起こった場合，どのような対処をすればよいか，どこに相談をすればよいかについての紹介がありました。

【受講者の感想】
・ネット社会のトラブル例をスマートフォンの具体的な画面を見せてもらいながら紹介してもらったことで，喫緊の問題であるということを再認識できた。まずは，教員がこのような実態をしっかりと知っておかないといけないと感じた。
・児童生徒が被害者や加害者にならないように，日頃からしっかりコミュニケーションを取っていこうと思った。
・トラブルが起こったときの相談機関を紹介してもらったので参考になった。

2）情報教育担当者研修

　情報教育担当者としての職務内容を理解し，教育の情報化推進に向けた見通しをもつために，「教育の情報化推進における情報教育担当者の役割」をテーマに，研修を行っています。

　情報モラルに関する内容は，1日目の研修の中で，「教員のICT活用指導力チェックリスト」（文部科

学省)の「D 情報モラルなどを指導する能力」を用いて，受講者に自校の状況を確認してもらったり，『「情報モラル」指導実践キックオフガイド』(日本教育工学振興会)の「情報モラル指導チェックリスト」及び「情報モラルチェックリスト」の紹介を行ったりしています。

また，授業や校内研修等の参考となるように，次のサイトを紹介しました。

- 「情報モラル教材 ネット社会の歩き方」(日本教育情報化振興会(JAPET&CEC))
  http://www2.japet.or.jp/net-walk/
- 「情報モラルに関する指導の充実に資する〈児童生徒向けの動画教材，教員向けの指導手引き〉・〈保護者向けの動画教材・スライド資料〉 等」(文部科学省)
  http://www.mext.go.jp/a_menu/shotou/zyouhou/1368445.htm

1日目の終わりには，受講者が持参した自校の今年度の「教育の情報化推進計画シート」(図1)を交流することで，自校の教育の情報化に係る研修計画の見直しの視点を得ることができるようにしています。また，情報モラルに係る内容も研修計画の中に位置付けるようにしています。

4日目には，自校の教育の情報化に係る研修内容の交流と改善計画の作成を行い，今年度の課題を整理し，次年度の研修計画を立てるようにしています。

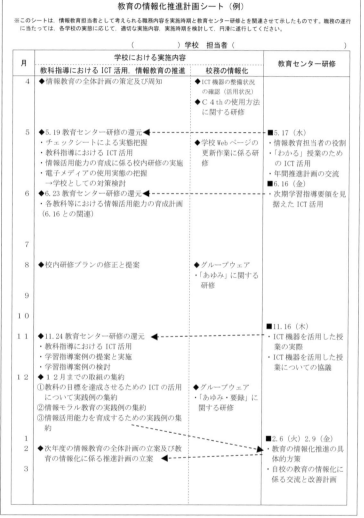

図1 教育の情報化推進計画シート (例)

【受講者の感想】

- チェックリスト等を活用して，児童生徒の情報モラルに関する状況を把握するとともに，教員自身が児童生徒を取り巻くネット問題の実態を理解することが大切だと感じた。
- 校内研修で実際にスマートフォンの画面を映しながら，どのような危険性や問題があるかについて周知を図っていきたい。
- 情報教育担当者として，教育の情報化を推進できるように自校の実態に合わせて校内研修(情報モラル教育も含めて)を計画的に行っていきたい。
- 児童生徒の実態は，年度・学年・学級によっても違うので，実態にあった授業等ができるコンテンツがあれば，情報モラルに係る指導がしやすくなると思う。

保護者への啓発がなぜ必要か

新見公立短期大学　梶本佳照先生

① はじめに

　スマートフォンの使用が広がり，携帯電話を使用していた時と比べてはるかにインターネットやSNSが子供たちの身近になっています。それに伴い数々の問題が発生していて，それらへの対応が急がれているのが現状です。「平成28年におけるコミュニティサイト等に起因する事犯の現状と対策について」（警視庁）の中にある「コミュニティサイト及び出会い系サイトに起因する事犯の被害児童数の推移」を見ると，出会い系サイト規制法が改正された2008年から出会い系サイトによる被害児童数は大きく減少し，2008年：724人から2016年：42人になっています。反面，コミュニティサイトによる被害者数は，2008年：792人から2016年：1,736人に急増しているのです。被害児童のコミュニティサイトへのアクセス手段（割合）の87.8％がスマートフォン，10.2％が携帯音楽プレイヤー，パソコン等です。スマートフォンを購入する場合，契約時の年齢が20歳未満の人が契約をするときは原則として法定代理人（親権を有する者，普通は親）の同意が必要になります。このことから，未成年の子供は，保護者の承諾のもとにスマートフォンを購入していることになり，その使用によって発生する問題に保護者は，責任がないとは言えません。そもそも購入に同意しなければ，スマートフォンによる問題は発生しなかったかもしれないのです。

　また，「高校生のWEB利用状況の実態把握調査2013」（リクルート進学総研）によるとスマートフォン所有者（N=400）の一日の利用時間帯の割合を自宅と自宅外に分けると自宅：約54％，自宅外：約37％となり全使用時間の1/2を自宅で使用しています。特に多いのが，落ち着いてから布団ベッドに入るまで：60.9％，帰宅時：58.0％，布団ベッドに入ってから寝るまで：53.0％，学校に出かけるまでの時間：52.5％です。このことからも，保護者はスマートフォンの自宅での使い方に無関心ではいられないのです。

② スマートフォン購入時や使用時に保護者から注意された内容

　スマートフォン購入時や使用時に保護者から注意を受けたことがあるかどうか，また受けたのであればどのような注意を受けたのか，大学2年生及び3年生84名に質問紙調査により尋ねてみました。

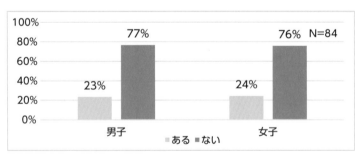

1）スマートフォンの購入時

　スマートフォンの購入時に注意を受けた割合は，男子：23％，女子：24％です（図1）。これを見ると平均76.5％は，保護者から何も注意を受けずにスマートフォンを購入していることがわかります。約束事などもせず子供にスマートフォンを買い与えている保護者が多いということになります。

　次に購入するときに注意された内容を見ていくと，「使用時間・データ使用容量」が最も多く，「夜遅くの使用」も加えると「長時間の使用」について保護者は多く危惧している

図1　スマートフォン購入時に注意を受けたか

注意された内容	男子	女子
使用時間・データ使用容量	4	3
アプリや物品の購入，クレジットカードの使用	3	2
見るサイト	1	3
夜遅くの使用		3
SNSの使い方		2
食事中に触らない	1	1
壊さないように	1	

表1　スマートフォン購入時に注意された内容（人）

ことがわかります。そして、2番目は，物品等の購入です（**表1**）。

2）スマートフォンの使用時に注意された内容

スマートフォンを使い始めてから注意されたことがある割合は，男子：17%，女子：41%です（**図2**）。

これを見ると，女子の注意された割合は，男子の約2.4倍になっています。購入時に注意された割合には差がないのに比べて，使用するようになってから注意された割合には大きな差が生まれています。女子の方が長時間使用している実態があるのかもしれません。注意された内容を見ていくと男子・女子とも「使用時間・データ使用容量」と「食事中の操作」が多いのですが，特に女子は「電話のし過ぎ」も含めて「使用時間の多さ」に関連することが多くなっています（**表2**）。

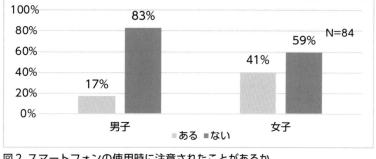

図2　スマートフォンの使用時に注意されたことがあるか

注意された内容	男子	女子
使用時間・データ使用容量	3	9
食事中の操作	2	4
アプリの購入や物品，クレジットカードの使用		2
勉強しなさい	1	
夜遅くの使用	1	
電話のしすぎ		2
落として壊さない		2
歩きスマホ		1
使用料金		1

表2　スマートフォン使用時に注意された内容（人）

③ 保護者への啓発の必要性

スマートフォンを使用する上で多くの問題が発生しているのはコミュニティサイト（以下SNS）であることを考えると，保護者はSNSの使い方についても子供に教えたり注意したりすることが必要であると思われます。保護者がSNS等の注意点について認知しているかについて，「平成28年度青少年のインターネット利用環境実態調査調査結果（速報）」（内閣府）の中の小・中・高等学校の保護者のインターネットを安全・安心に使うための注意点の認知についての調査を見ると，「インターネット上のコミュニケーションで注意すべき点を知っている」が73.8%，「公序良俗に反するような情報や成人向け情報等の有害情報に関する問題を知っている」が72.2%，「出会い系サイトや著作権等の違法情報の問題を知っている」が83.1%，「個人情報やパスワード等のプライバシー保護に関する問題を知っている」が74.5%です。この結果をそのまま受け取ると，保護者はSNSに関する知識は持っているが自分の子供には注意を喚起していないことになります。この原因として考えられるのが，上記の調査結果で保護者のスマートフォンでのインターネットの利用内容が，「コミュニケーション」に関することで92.2%になっていることから，保護者自身SNSを使用することが日常になっていて，子供が使うことについても特に注意しようと思わなくなっていることが考えられます。一方，スマートフォンを四六時中使っているという状態は目に入るので，それには注意をしようと思うのではないでしょうか。もちろんスマートフォンを長時間使用することについて子供に注意することは大切ですが，発生しているトラブルや事件から考えると使う内容や方法についてもっと子供に話をしていくことが求められます。しかし，保護者は，知識は持っているが子供にどのように教えて良いのかわからないのかもしれません。いずれにしろ学校としても，子供に何をどのように注意していくことが必要なのかを，保護者に具体的な内容を通して啓発していくことが求められているのです。さらに，上記の調査で，保護者のインターネットに関する啓発や学習の経験は，「学校から配布された啓発資料などで知った」が61.4%，「学校の保護者会やPTAの会合などで説明を受けた」が61.1%，「テレビや本・パンフレットなどで知った」が44.9%であることから，学校で啓発していく効果は大きいと言えます。

（参考資料）
警視庁（2016）平成28年におけるコミュニティサイト等に起因する事犯の現状と対策について
http://www.npa.go.jp/cyber/statics/h28/h28_community_shiryou.pdf（2017.10.11確認）
リクルート進学総研（2013）「高校生のWEB利用状況の実態把握調査2013」
http://souken.shingakunet.com/research/2013_smartphonesns.pdf（2017.10.11確認）
内閣府（2017）平成28年度青少年のインターネット利用環境実態調査調査結果（速報）
http://www8.cao.go.jp/youth/youth-harm/chousa/h28/net-jittai/pdf/sokuhou.pdf（2017.10.11確認）

保護者と学ぶ ネットモラル・セキュリティ

　ネット社会を生きる子供たちが，安全に安心して暮らすために，ネット社会の知恵や大人ができることをまとめました。
　保護者と子供が一緒に学んだり，保護者会やPTA懇談会で話題に取り上げたりしながら，子供たちがネット社会と安全に付き合える環境を作りましょう。

ネットと上手につきあうために

インターネットに接続できる便利な機器

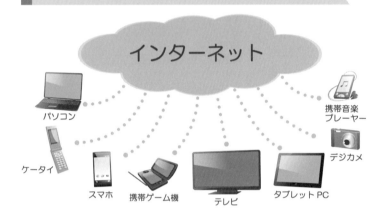

　パソコン，スマートフォンだけでなく，テレビ，デジカメなど，様々なデジタル機器がネットに接続できます。また，子供たちが日常的に使用している携帯ゲーム機，携帯音楽プレーヤーなども簡単にネットに接続できます。
　大人が知らない間に，また，使っている子供たち自身が気が付かない間にネット接続してしまっている場合があります。子供たちが使っている機器の特徴と，ネットへの接続状況を把握しましょう。

いつでも，どこでも，インターネット

　コンビニ，飲食店など，無料でインターネットを利用できる場所が増えています。携帯ゲーム機や携帯音楽プレーヤーにある「接続」ボタンを押すだけで，インターネットに接続し，Webページの閲覧，対戦型ゲーム，チャットなどができます。

ペアレンタルコントロール

　保護者が，視聴するコンテンツやサービスを制限したり，使用できなくすること，もしくは設定できる機器やソフトウェアの機能のことを，ペアレンタルコントロールと言います。子供たちがトラブルに巻き込まれないよう適切な設定を行いましょう。

◎フィルタリング
　不適切なサイトや悪意のあるページを遮断して，閲覧できなくするソフトウェアのこと。青少年ネット規制法によって未成年が利用するケータイ等へのフィルタリングサービスの提供を携帯電話事業者などに義務付けている。

※フィルタリング機能だけでは万全ではありません。機器による機能制限を設定する，家庭でルールを作ることなどが大切です。

◎機器による機能制限
　特定のソフトウェア（アプリなど）を起動できなくしたり，インターネットに接続できないよう制限を加えること。制限できる内容は，機器によっていろいろ用意されている。

※「機能制限」の多くは機器の「設定」画面から案内に従って設定し，勝手に変更できないようにパスワードをかけてロックします。

安全に利用するために

SNSのプライバシー設定

　SNSを始めるとき，その本人の実名や，電話帳にある電話番号，メールアドレス等の登録を求めるものがあります。

　要求されるまま，軽い気持ちで登録してしまうと，気が付かない間に自分のプライバシーをインターネット上に公開してしまう場合があります。

　本来SNSは，多くの人が情報共有できるように作られているため，プライバシー設定を見直さないまま使っていると，公開したくない情報も広まってしまうことがあります。

公開範囲と投稿内容

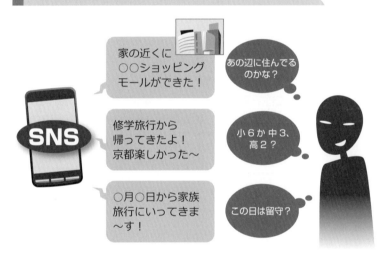

　多くのSNSは，一般向け，グループ内のみ，1対1だけ，というように，投稿内容を公開する範囲が設定できます。投稿の際には，必ず公開範囲を確認し，不用意に自分や他人の情報が公開されてしまうことのないように注意する必要があります。

　また，直接個人情報を書いていなくても，日常の出来事や写真などと，友だちが投稿した内容をつなぎ合わせて，個人が特定される場合があります。

　悪意を持った人は，個人につながる情報が発信されるのを待っています。安易な情報発信の危険性について子供たちとしっかりと話し合いましょう。

消えない情報

　インターネットに公開した情報は，発信者（自分）の力ですべてを削除することはできません。誰か一人でもコピーして残していれば，いつかどこかに公開されてしまう可能性があるのです。何年か経った時，本人も知らないところで誰かに公開されてしまうかもしれません。

　将来自分が見直したとしても困らないよう，公開する情報には十分注意するようにしましょう。

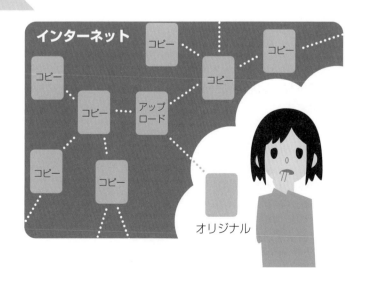

知っておきたい著作権のきまり

著作権法とは

　著作権法は，文化の発展のために定められた法律です。著作者の権利を守り，利用できる範囲を決めることで，創作活動を支えています。

　音楽のCDを購入すれば，買った人は「音楽を聴いて楽しむ」権利を得たことになります。しかし，複製して他人に配ることや，許可なくインターネットに公開することは，違法行為となります。不正にアップロードされた曲をダウンロードする人が増えると，その曲は売れなくなり，作曲者，歌手，レコード会社など，制作にかかわった人たちは大きな損害を被ります。

知っておきたい著作権

　子供に知っておいて欲しい大切なきまりの一つが著作権です。違法行為と知らずに，SNSなどのアイコンに人気キャラクターを使用したり，動画投稿サイトにテレビ番組を投稿したりするケースがあるからです。また，「バレないだろう」「お金がもったいない」と，映画や音楽を違法ダウンロードしているケースもあります。

　違法行為をすれば，子供であっても厳しい処罰を受けることになります。損害賠償を請求されれば，保護者が責任を問われるのです。どのような行為が違法になるのか，しっかり話し合いをしましょう。

> 著作権侵害は，10年以下の懲役又は1000万円以下の罰金が科せられる。

家庭で取り組む著作権教育

　子供が宿題や夏休みの自由研究で，他人の文章やアイディアを使いたいという場面があれば，著作権を教える絶好のチャンスです。一緒に許諾を得たり，引用できる範囲を調べたりして，著作物を適切に利用する方法を学ばせましょう。

◎「許諾」から学ぶ著作権

　決められた範囲を超えて著作物を利用したいときは，著作者に直接連絡を取り，利用できるかどうかを確かめます。

1) メール，電話，手紙などで著作者に連絡する。
2) 利用したい著作物や内容を伝え，利用の目的や利用形態を伝える。
3) 許しがもらえたら，約束した範囲で利用させてもらう。

◎「引用」から学ぶ著作権

　公表されている他人の著作物を，きまりに従って自分の作品内で利用することを「引用」と言います。「引用」のきまりを守れば，本人から直接許諾を得なくても利用することができます。

○自分の文章が「主」であり，その節を補強するために「従」として著作物を利用する。
○原文をそのままに利用する。
○必要最低限の利用にとどめる。
○引用部分を「」などで本文と区分けをする。
○出典を明確にする。

「引用」と「無断転載」の違いは理解しておきたいところです。

保護者と学ぶ ネットモラル・セキュリティ

知っておきたい身近なきまり

知っておきたい情報発信の責任

個人が利用するケータイ，スマホなどのデジタル機器の普及により，だれでも気軽に情報発信ができるようになりました。

しかし，多くの人が見ているインターネットに殺害予告や放火などの犯行予告を書き込むことは重大犯罪となり，偽計業務妨害や威力業務妨害などの罪に問われます。冗談のつもりだったとしても絶対に許されないことです。

また，いたずら自慢や飲酒，喫煙，暴力などの不適切な行為をインターネットに書き込んでしまうと，多くの人から非難を浴びることになります。匿名で書き込んだとしても，個人が特定されてしまい，自分だけでなく周囲の人にまで迷惑を掛けてしまうのです。感情や勢いに任せた書き込みをしないようしっかり指導しましょう。

> 偽計業務妨害，威力業務妨害は，
> 3年以下の懲役又は50万円以下の罰金

公職選挙法と18歳未満の投稿

平成25年4月，公職選挙法の一部が改正され，インターネットを使った選挙運動が解禁になりました。候補者や有権者は，選挙期間中，定められたきまりに則って，インターネットを使った選挙運動ができるようになったのです。

しかし，18歳未満の選挙運動はもともと禁止されているため，選挙運動をしている様子を動画投稿サイトにアップロードしたり，メールやSNSなどに選挙運動メッセージなどを書き込んだりすることはできません。

自転車のルールとマナー

ケータイ，スマホを操作しながらの片手運転は，不安定で危険な運転になるため，各都道府県の「道路交通法施行規則」で基本的に禁止されています。

また，自転車スマホと同様に，歩きながらスマホを操作することも大変危険です。スマホは画面の操作に気を取られやすく，周りへの注意力が散漫になりがちです。自分が怪我をするだけでなく，周りの人を巻き込んで大事故になる危険性があります。

一人ひとりがルールを守ることで，安全に，安心して生活を送ることができます。社会の一員としての自覚を持たせ，周囲への配慮やマナーの大切さをしっかりと指導しましょう。

管理職としての情報モラル教育の進め方

岐阜女子大学　横山隆光先生

① はじめに

1) 背景

情報モラル教育の必要性について，学習指導要領（平成 29 年 3 月）には，児童や生徒の発達の段階を考慮し，情報モラルを含む情報活用能力の学習の基盤となる資質・能力を育成していくことができるよう，各教科等の特質を生かし，教科等横断的な視点から教育課程の編成を図るものとされています。学習指導要領「特別の教科　道徳」には，児童や生徒の発達の段階や特性等を考慮し，情報モラルに関する指導を充実することが求められています。国立教育政策研究所の「情報モラル指導カリキュラムチェックリスト」（平成 23 年 3 月）には，各学年の指導計画や指導状況を記載する使い方等が示されています。情報モラル教育の必要性が増し，情報モラル教育に関する教材の数も増えてきました。

各学校での情報モラルの教員研修が進み，文部科学省の「学校における教育の情報化の実態等に関する調査」によると「情報モラルなどを指導する能力」について，「わりにできる」や「ややできる」と回答した教職員は 78.9%（平成 28 年 3 月）と増加しています。情報モラル教育の年間指導計画を作成して，計画的に実践する学校も増えてきています。

しかし，情報モラルに係るトラブルは減っていません。警察庁の「平成 28 年におけるコミュニティサイト等に起因する事犯の現状と対策について」（図 1）によると，コミュニティサイトに起因する事犯の被害児童が平成 20 年以降は増加傾向（平成 28 年 4 月）にあります。「ネット依存」「SNS 等のトラブル」等，次々と現れる情報モラルに関する新たな問題への対応にも迫られています。これらのことにより，情報モラル教育の指導の方法が分からず，情報モラルに関する知識が不足していることに不安を感じている教職員が少なくないのが現状です。

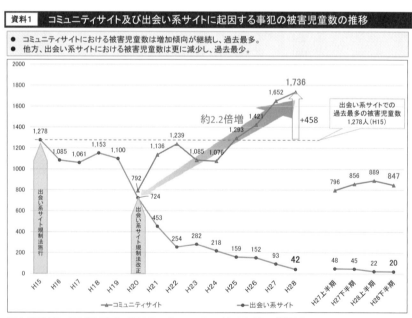

図1　警察庁　平成28年におけるコミュニティサイト等に起因する事犯の現状と対策について

2) 方向性

内閣府の「平成 28 年度 青少年のインターネット利用環境実態調査」（平成 29 年 3 月）によるとインターネットの利用率は，小学校で約 60%，中学校で約 80% と，年々高くなっています。児童や生徒が社会人となったときには，ほぼ全員がインターネットを利用していると考えられます。

「モノのインターネット（Internet of Things：IoT）」により利便性が増し，様々な分野で IoT が利用され始めています。生活がますます便利になると同時に，インターネットにつながる情報機器を安全

〈第3章〉研修「教員研修」

に使いこなす必要があります。そのため，学校では，危険なものとしてスマートフォン等の情報機器を使わせないというスタンスで指導するのではなく，生活を便利にするものとして，被害者や加害者になったりトラブルを招いたりしないよう安全に利用できるよう指導することが大切です。社会の持続可能な発展などの現代的な課題の扱いにも留意し，身近な社会的課題を自分との関係において考え，それらの解決に寄与しようとする意欲や態度を育てるよう努めることが求められています。

② 研修の具体的内容

管理職として，情報モラル教育を進めるにあたって大切なことは，児童や生徒を中心にすえ，実態に応じて，PTA や地域を巻き込んで計画的に進めることです。そのため，情報モラル教育の組織的な進め方を全教職員が理解できるよう教員研修を行い，教職員の意欲を引き出す等のリーダーシップを発揮し，PTA や地域等との連携・折衝を適切に行い，組織的，機動的な学校運営を行います。

1）情報モラル教育の進め方

情報モラル教育は，特定の教科等だけで進めるものではなく学校教育全体で行うものです。「情報モラル指導カリキュラムチェックリスト」を参考に，児童や生徒の実態に合わせて，各教科や「特別の教科　道徳」，総合的な学習の時間，特別活動等の年間指導計画に情報モラル教育を位置付け，学校教育全体で情報モラル教育を推進できるようにします。そのために，まずは，目の前の児童や生徒の実態を定期的に「ネットモラルけんてい」やアンケート等から把握します。

「特別の教科　道徳」でSNSやゲーム依存等の資料を用いる場合，SNSやゲームをやったことがない児童や生徒の中に，資料に書かれていることや登場人物の心情が理解できない児童や生徒が現れることがあるとの報告があります。このような場合，あらかじめ児童や生徒の実態を掴み，「特別の教科　道徳」で情報モラルに関する題材を扱う前に，情報モラルの授業でSNSやゲーム依存でのトラブルや原因，危険を回避する方法等を学べるよう年間指導計画を修正する必要があります。

続いて，指導方法の検討に入ります。各教科等の内容として位置付けられている場合は通常の授業と同じように教科書や資料等を使って指導します。教科等の内容として位置付けられていない場合は，指導の必要性を検討し，情報モラル教育に関する教材や資料等を使って指導します。

情報モラル教育は，児童会や生徒会等の自治，PTA や地域の活動との連携を図って実施することが大切です。児童会や生徒会等が実態調査を行って情報モラルに関する取り組みを全校で行ったり，学校を基盤として PTA や地域，地方自治体が情報モラルに関する取り組みを行ったりすることで，児童や生徒，PTA，地域の意識が高まり，取り組み意欲が継続します。指導後は，授業や取り組みを振り返り，ワークシートや感想文等から指導内容や活動内容を評価し，年間指導計画等の改善を図ります。

③ 教員研修全体から

児童や生徒に考えさせることを中心とした授業や活動が求められています。変化する情報社会に対して，自ら判断して行動できるような態度を身につけさせる授業や取り組みが実施できるよう教員研修を進める必要があります。その際，A 情報安全，B 責任ある情報発信，C 健全な情報社会の形成，道徳の事例，情報セキュリティに示された事例や指導案，ワークシート等（**表1**）が研修の参考になります。また，情報モラル授業を公開し，PTA や地域の方等との連携を図っていくことが大切です。

表1 次の内容の一部

第2章　実践事例	
1）情報モラル指導の実際	4）C 健全な情報社会の形成
2）A 情報安全	5）道徳
3）B 責任ある情報発信	6）情報セキュリティ

管理職としての情報モラル対応の実際（小学校）

広島県広島市立藤の木小学校　島本圭子先生

① はじめに

　平成22年9月，本校に，児童一人一台のタブレット端末（以下TPC），各教室一台の電子黒板・実物投影機，無線LAN，教育クラウドと，ステージⅣ（2020年代に向けた教育の情報化に関する懇談会のまとめ）のICT環境が整備されました。学校にとっても，教員にとっても，児童にとっても初めてのことであり，全国的に前例のない実証事業でした。

　「ICTは道具である」をコンセプトとし，学校としてまず整えたことは，ルールとモデルです。具体的には，全校で生活規律・学習規律を統一するための「藤の木スタンダード」，協働学習を深めるための「つながる発言モデル」，ICT活用を位置付けた「授業過程モデル」，そして，TPC活用に関することです。

② TPC活用

1）タブレット開き

　情報担当教員とICT支援員が中心となって，低・高学年別に，指導資料を作成しました。（例 図1）この資料を活用して，毎年，年度始めに担任とICT支援員とで「タブレット開き」の授業を行っています。児童は，「My TPC」を6年間大切に使い続けます。

2）操作スキル

　「起動・終了・保存」といったような基本的な操作スキルは，1年生から計画的に指導しています。ブラインドタッチでのキーボード入力練習は，ローマ字を学習する3年生からカリキュラムに位置付け，着実な習得を図っています。平成29年7月，5・6年児童に行ったキーボード入力チェックにおいては，1分間の入力文字数は，5・6年共に平均約30文字でした。年3回「キーボード選手権」を行い，スキルを競い合う場を設けています。6年生では，身につけたスキルを生かし，TPCでの新聞作成，プレゼンテーション資料作成，ビデオクリップ作成を行うまでになります。

3）インターネット活用

　個々の児童がTPCでインターネット検索をする頻度は，社会や総合的な学習の時間などで高まりました。その際担任は，予めコンテンツやURLを指定します。その理由を考えさせることや，制限のある中でインターネット活用をする体験そのものが，情報モラルの指導に役立っていると考えています。

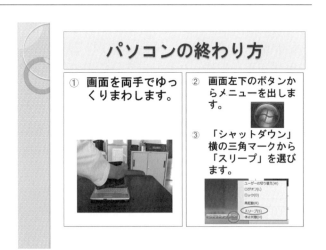

図1 タブレット開き指導資料

キーボード選手権の様子（H29.7）

〈第3章〉研修「教員研修」

③ 情報モラル指導

情報モラルについては、既に道徳で、「事例で学ぶNetモラル」を活用して指導したり、言語・数理運用科で指導したりしていましたが、今年度、情報活用能力育成のための情報教育年間計画を再整理する中で、6年間を見通した年間計画を立て実践しています。

1）児童アンケートより

平成27・28年度の卒業生は、TPCを6年間活用した児童です。そこで、卒業前には、ICT活用に関するアンケートを行っています。情報モラルについても行っています（**表1**）。3、5、7、8については、肯定的回答が100％でした。9、10は、僅かではありますが否定回答（思わない）が出現した項目です。これらは、絶対危険であるととらえなければならない項目ではありませんが、小学生段階では慎重に受けとめる傾向にあると考えています（**図2**）。

1	新聞やテレビなどが、すべての情報を伝えることができないことを知っていますか。
2	新聞やテレビからの情報には、事情や発信者の意図があることを知っていますか。
3	インターネット上には、正しくない情報や危険な情報があることを知っていますか。
4	著作権など、人や物の権利を知っていますか。
5	人の写真を撮る時や、他人の作ったものを使うときは、許可がいることを知っていますか。
6	自分や友達の情報を他人にむやみに教えてはならないことを知っていますか。
7	IDやパスワードが大切であることを知っていますか。
8	掲示板やブログで情報を発信する場合、見た人がどう思うかを考える必要があると思いますか。
9	掲示板やブログに書き込むことは危険だと思いますか。
10	電子メールや掲示板で仲良くなった人と会うのは危険だと思いますか。

表1 情報モラルについての児童アンケート

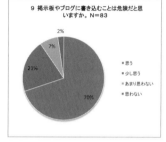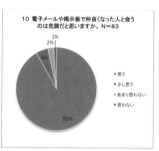

図2 情報モラルについての児童アンケート結果

2）保護者の声

情報モラルに関しては、中学校区の保護者会や地域協議会等で、講師を招いての研修会が継続して開催されています。特に、SNSの使用から生じる危険について、保護者の関心が高いことが見受けられます。また、平成29年度新入生の入学説明会を行った際、「藤の木小学校は、ICTを使って勉強をしているということだが、大丈夫だろうか。」と教育相談を受けました。身体への影響、依存への心配を話されました。そこで、本校ではICTを学習の道具として計画的に活用していることを、様々なデータをもとに説明し、授業で活用している様子も見せ、安心していただきました。今の保護者の多くは、小学校でICTを使って学んだ経験はないが、現在便利に使っている世代です。日常的に危険性を感じている世代です。そこで、保護者・地域をまきこんだ本校ならではの研修会を開催したいと考えました。

3）「キーボード選手権ファイナル＆情報モラルアップに挑戦!!」

このイベントは、平成28年度卒業前の6年生を中心に、保護者・地域の方々に呼びかけて行いました。初めてながら、40名の参加がありました。まずは、児童によるキーボード選手権。1分間で12単語〜44単語、平均23.1単語（文字数にするとその2倍〜3倍）入力しました。情報モラルアップは、ネットモラルけんてい問題集から、まず中学年の問題を全員で練習し、

イベントの様子（H29.3）

児童2人・大人1人の3人グループで、高学年と中学生問題に挑戦しました。最も難しかった問題は、「一度書き込んだ情報は、自分で消せないこともある。」でした。ネットモラルについては、子供も大人も一緒に考えることができるという印象を受けました。その後、広教の方を講師として、情報モラルについて学びました。今年度は、学区の青少年健全育成協議会やPTAと連携して、同様のイベントを開催する予定です。

④ おわりに

TPCの適切な使い方を学ぶことと情報モラルを学ぶことは、情報端末活用の両輪であると考えます。小学1年生から情報端末と良い出会いを果たし、6年間良い付き合いを積み重ねることが情報活用能力育成の土台となり、情報モラル指導に繋がっていくと考えています。

管理職としての情報モラル対応の実際（中学校）

愛知県春日井市立高森台中学校　田中雅也先生

① はじめに

　ここでは筆者の勤務校の状況をもとに，中学校における管理職としての情報モラル対応の実際について，「中学校での情報モラル対応の実情」「管理職としての情報モラル対応」「実践」を中心に考えます。

② 中学校での情報モラル対応の実情

　本校は全校生徒約360名13学級という中・小規模の公立の中学校です。幸いなことに子供たちは落ち着いて学校生活を送っています。ただし，時として子供同士のちょっとしたトラブルは発生することがあります。そして，同じようにネット上のトラブルも発生しています。それはどこの学校でも起こりうるごく当たり前のことです。この当たり前のことへの丁寧な対応こそが，中学校での情報モラル対応のポイントです。現実の社会でもネット上でも，まずはトラブルや問題を回避し，未然に防ぐために指導をします。その上で事案が発生すれば事実を把握し，状況を共有した上で，所属学年などを中心としたチームで対応して解決を図ります。これが日常であり基本です。

　中学校では学年のまとまりや全校で情報モラルの指導，対応をすることが多くあります。その指導は，警察や携帯会社・SNS運営会社等による全校講話，情報担当者による全体指導として行われています。このような指導は，指導の漏れがなく，また，教師間の考え方や伝え方による指導の差異がない等のよさがあります。一方，指導が一部の教師に偏ったものとなるなど，教師の意識向上や事案への対応が懸念されます。中学校では指導場面の設定や確保は容易なことではないのも実情です。そこで，全体指導のよさを生かしながら，個別でも，それぞれの実態や状況に応じた指導が可能となるような仕組み＝教育課程を整えることと，それを可能とする適切な教材が大切になってきます。

③ 管理職としての情報モラル対応

1）教育課程を整える

　全ての教科，全ての教員で展開・実施できるように，教育課程を整え，無理なく情報モラル指導が実施できるように仕組むのが管理職の一つの役割です。教務主任，情報教育担当者が中心となり，本校の実情に合った教育課程，年間計画を整えています。一方，全ての教員で実施可能な適切な教材が必要です。本市では，全ての学校に「事例で学ぶNetモラル」が導入されています。準備や実践に大きな労力を要しない「いつでも・どこでも・誰でも」活用できる教材があることは心強いものです。年間を通した意図的な指導や，状況に応じて臨機応変に即時化・重点化を図ることが可能です。

2）指導場面を整える

　情報モラルに関する全体指導を長期休業前に年間2回設定し，生徒指導との関連も意図して実施しています。また，広教ニューズレターを情報モラル週間や保護者を交えた個人懇談会等の機会に配付し，家庭との連携による情報モラルへの対応の啓蒙に活用しています。

　全体指導以外では，情報教育の全体計画に基づいて，技術・家庭科を核とした教科指導，道徳，特別活動，総合的な学習で実施しています。特に情報モラルは，道徳や特別活動の内容や活動と関連させて実施しています。また，全体指導と連携して重点化するために，情報モラル週間を設定し，生徒の実情に応じた内容で情報モラル指導の重点化を図っています。

〈第3章〉研修「教員研修」

3）指導方法を整える（研修）

　県・市が主催する情報モラル指導の研修に担当者を派遣し，それを職場で還元できるようにするのが管理職としての一つの役目です。

　県では情報モラル指導の中核となる教員への研修があり，情報モラル指導の研修方法も含めたパッケージとして参加者は持ち帰ります。本市では，市内53校全校から担当者が参加して，情報モラル教材の活用方法や，実際の授業実践例をもとに，模擬授業を行うことを含めた研修が実施されています。特に「事例で学ぶNetモラル」は，毎年内容が更新されるのでとても有益な研修となっています。日々刻々と変化している情報社会への参画，トラブル事案の変化に対応できるようになっていることは，学校現場，教職員にとってはたいへんありがたいことです。

　校内研修では，「事例で学ぶNetモラル」について，活用例の紹介や更新された内容の紹介を中心にコンパクトに実施しています。市内どの学校にも導入されて7年が経過しているので，大きな時間や労力を要しないで研修が実施できるのがそのよさです。また，ニューズレターを読み合い，本校の状況と比較しながら情報モラルで求められている事柄など把握することに役立てています。

　さらに，ワークショップによる研修により，ネット上でも現実社会でも，守るべきルールやマナーに違いがないことなど，情報モラル指導の本来的な意図の再確認と，学校全体で指導の方向を確認しています。生徒にどのような力を育成していくべきなのか，そのために学校や地域・家庭などはどのように連携し支えていくべきなのかなどを模造紙にまとめ，全教職員がいつも目にできるところに掲示しています。

④ 実践

1）全体指導として

　本年度は情報担当者による全体指導として「ネット社会での上手なつきあい方」をテーマに夏期休業前に実施しました。日常モラルとネットモラルの再確認，SNSでのケーススタディなど，自分の目の前にいる人や事

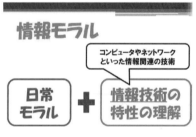

柄を大切にすることが第一であること，そして，ネット上の関係だけに依存せず，程よい距離感を持って楽しく人間関係をつくっていくことについて全校で学ぶ機会となりました。

2）各学級，教科指導として

　各学級では，情報モラル週間を中心に「事例で学ぶNetモラル」により教材のワークシートを活用しながら「SNSへの書き込みの影響」や「ネット依存・メール依存」の内容で実施しました。また，技術・家庭科で，Webページでの情報発信におけるマナーや個人情報，著作権に関することを学習しました。

⑤ おわりに：これからの中学校における管理職としての情報モラル対応

　生徒指導では，生徒が安心して日常生活を送ることができ，自分たちで問題を解決し，対応できるようにするための指導を継続するのと同じように，情報モラルへの対応でも情報社会への参画態度を育成していくことを主眼にどの学年・学級でも指導にあたることができるようにすることが大切です。そして，新学習指導要領で全ての教科で情報活用能力の育成が求めていることにも対応できる仕組みや，そのための組織・役割を整えるのは，管理職の重要な役割です。

教育委員会としての情報モラルへの対応のあり方

兵庫県たつの市教育委員会　清久利和先生

１ はじめに（概要）

１）背景　―生徒指導から見えてきた実態―

10年程前から，ネットにおけるコミュニケーションのトラブルの報告が上がってくるようになり，情報モラル教育の必要性が求められるようになってきています。そこで，実態調査のためのアンケートを実施したところ，本市における小中学生の携帯所持率（図１）や家庭でのネット使用率（図２）の増加，ネットにおけるコミュニケーションのトラブルがあることなどがわかってきました。以前より，情報活用能力の１つとして「情報社会に参画する態度」が示され，その中で情報モラルの育成が求められていましたが，平成20年３月に告示された学習指導要領の中で，道徳の時間に「情報モラルに関する指導に留意すること」が示されるようになりました。このことにより，学校現場では，情報モラルの指導が急務となりました。

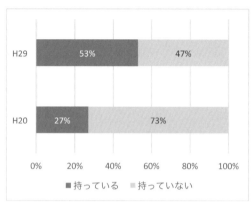

図１　携帯電話所持率調査

10年経った今，小中学生の携帯電話やスマートフォンの所持率や家庭でのネット使用率は急激に増加し，その中でのトラブルの報告も多く上がっているのが現状です。今まで以上に情報モラル教育に取り組む必要があると考えています。

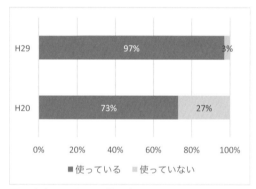

図２　家庭でのネット使用率

２）方向性　―誰もが楽しいと感じる学校を目指して―

本市では，10年前に情報モラルに関するカリキュラムの作成を始めましたが，その頃は，現場の教員が使いやすい教材があまりない状況でした。インターネット上には，いくつか教材がありましたが，情報担当教員が手作業でリンク集を作成していたので，すべての教員が授業で活用するにはハードルが高い状況でした。

そこで，広教の「事例で学ぶNetモラル」を全国でいち早く導入し，情報モラル教育の推進を行ってきました。この教材が素晴らしいのは，たくさんの教材が学年の発達段階に応じてカテゴリー別にラインナップされており，毎年，更新されていることにあります。また，指導展開例や板書例，ワークシートだけではなく，道徳的な問題を取り上げた読み物教材など，指導のための資料も充実しており，教員に大きな負担をかけなくても授業ができるようになっています。さらに，子供たちが学んだことを家庭の中で話題にしたり，直接，保護者へ啓発したりするための資料もあり，学校と家庭が連携して繰り返し情報モラルを学ぶようになっています。

この教材と併せて，他の教材での道徳授業や特別活動，生徒指導を充実させることで，子供たちに情報モラルを身につけさせ，誰もが楽しいと感じる学校の実現を目指すことにしました。

② 本市の具体的な取り組み

1)「事例で学ぶ Net モラル」の活用

広教の「事例で学ぶ Net モラル」の活用を市内小中学校全22校に導入し，どの学校でも情報モラルの授業を実施しています。学年の発達段階に応じて必要な教材を選び，教員は負担感なく授業を進めることができました。また，教員向けの研修教材もあるので，情報モラル教育について教員自身も学ぶことができました。

2) 生徒会活動での取り組み

本市では，6年前から市内の全中学校の生徒会が一堂に会して課題解決に取り組む「中学生サミット」を年に2回開催しています。昨年度は「ネットトラブルの解消」について，特にスマートフォンとうまく付き合うためにはどのようにすればよいかということにテーマを絞り，話し合いを進めました。子供たちが主体的に課題を捉え，アンケートなどで情報収集を行い，その情報を整理・分析していきました。最後に，啓発の新聞やポスター，ビデオなどを作成すること，毎月25日を「ノースマホデー」とすることを決定し，スマートフォンとうまく付き合うきっかけにしてもらうよう，全小中学校へ広げていくことを確認しました。

3) 生徒指導情報交換会での取り組み

中学校区ごとに，生徒指導担当者が集まり各学校の情報交換を行っています。中学校区ごとに行うことで，小中連携の一環として取り組むことができ，以前よりも異校種間同士の理解が深まりました。通常のいじめはもちろんのこと，ネットでのトラブルについても話題に挙げることで，指導に生かすことができています。

4) 産官学連携による情報モラル授業の実施

企業，警察及び近隣の大学と連携し，大学生を講師として招き，希望する小中学校へ派遣して情報モラル教育を実施しています。スマートフォンを使用している子もそうでない子も，真剣に耳を傾けていたり，話し合ったりしていました。

③ 取り組みの成果と課題

上記の取り組みを継続して行ってきた結果，情報モラルを守りネットトラブルを減らそうと意識する児童生徒が増えてきました。また，生徒指導における問題傾向が減少し，学校が落ち着いてきているという波及効果も出てきています。しかし，取り組みはまだ始まったばかりで，課題が完全に解決したわけではありません。今後も，新しい教育課程の中で，情報モラルを道徳や特別活動にきちんと位置付けるなど，さまざまなアプローチを組み合わせ，多面的に取り組むことで，誰もが楽しいと感じる学校の実現を目指していきたいと思います。

教育委員会としての情報モラル対応の実際

愛知県春日井市立藤山台小学校　前川健治先生

① はじめに（概要）

1）本市の課題

　かつて「ポケットベル（ポケベル）」が社会を席巻した時期がありました。1980年代後半頃から一部の中学生たちが，このポケベルを使い始め，子供たちの問題行動のありようもアグレッシブに変容しました。ポケベルは時代とともに携帯へと変わり，インターネットの発達とともに，現在では「LINE」や「Twitter」，「Facebook」など各種「SNS」を舞台とした，ネット上のいじめや無自覚な個人情報の流出，著作権や肖像権の侵害，オンラインゲームへの過剰な課金など，対処困難な問題行動が次々と発生しています。

　本市でも情報モラル指導の必要性は早くから認知され，その実施に取り組んできたものの，社会の変化は急激で，対応は後手に回っていました。

　現代の多くの子供が，既に小学校段階から，インターネット接続サービスや携帯電話を利用している状況だからこそ，私たちは常に子供たちの現状を把握し，子供たちを取り巻く環境の把握をしていく必要があります。その上で，教育委員会として情報モラル的な問題行動に未然防止的な対応を打ち出していかなければ，学校現場での混乱はますます広がるという危惧を持ちました。

2）学校における情報モラル指導研修実施の状況

　図1は，本市における各学校での「校内の情報モラル指導の研修」の実施状況を表しており，半数の学校で校内研修を実施していないという状況です。

　現実問題として，様々な行事や課題を抱える学校現場で，情報モラル指導にかかる研修時間を捻出するのは相当に困難な実態があることがわかります。

　それゆえに，情報モラル指導を継続的に実施し未然防止的な対応を強化するには，学校現場に負担がかからず，簡単で使いやすく効果的な教材の配付が必要であると考えました。また，選定する教材には，次のような要件が必要であると考えたのです。

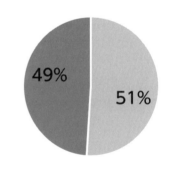

図1　情報モラル指導の校内研修実施率

○全校へ共通の教材を配付　○事例が豊富でありタイムリーである
○いつでも，どこでも，だれでも負担が少なく実践できる　○小中の系統性があること
○保護者への啓発ができる

　その結果，本市では平成11年度から「事例で学ぶNetモラル」を教材として選定し，継続利用をしています。と同時に，本教材が各学校で充分に活用されるよう，市の全体研修において，教職員対象の研修を定期的に実施しています。

② 情報モラル指導担当者への研修

1）研修の意図

　指導者の研修は夏期休業中に，継続的に全校の情報モラル指導担当者に対して実施しています。
　研修では導入された教材が各学校において有効に活用され，情報モラル指導がより充実されることを

狙っていますが，春日井市の全教職員に一律に研修を実施することは困難であるため，情報モラル指導の担当者に研修を実施し，各学校内で中心となって活用法を広めてもらう意図を持っています。

これらの研修には，経験年数数年の若手教員から，学年主任や生徒主事，教務主任など経験豊富な教員も参加するため，幅広い視点や考えで研修が実施できるよう，当日の研修班構成などは事前に慎重に検討し，多様な立場やスキルの教員でも役立つ，実際的な研修となるよう配慮しています。

2）研修の内容

ここ数年実施されている研修の流れを紹介します。

① 全体での情報モラルに関する総合的な講義を行います。
② 実際の教材に触れ体験することから始めます。教材を実際に見てみることで「情報モラル指導」という少し難しいイメージが，参加者の教員から払拭されていきます。
③ 実際の指導場面を想定したワークショップに取り組みます。年代や職制に応じて，意図的な班構成を作っているので，いろいろな立場で，「どのように指導をしていくといいのか」，「こんなときはどうしようか」と構成班ごとに盛り上がりつつ取り組めます。

職制や学校種によって，いろいろな考えが出てきて面白く，互いに参考になり，事例を多く共有することで，研修した教員が自分の学校へ，学んだ事を還元もしやすくなっています。

良い教材の配付 → ①講義 → ②体験 → ③ワークショップ → 各校での共有・実践

③ 学校での取り組み

こうした取り組みにより，情報モラル教材の利用も活発になりました。活用傾向については次の**表1**に示す傾向があります。（太字は平成26年度末調査時点での活用トップ3）

中学校	小学校
・著作権の基本を知ろう！ **・学校裏サイト（不適切な書き込み）** **・プロフ（自己紹介サイト）** ・チャットに夢中にならない／責任を持って情報を発信しよう！ ・違法ダウンロード／メール依存 ・気をつけて！個人情報がネット上に！／ケータイのフィルタリング	**・ルールやマナーを守る** **・メールで伝えるとき** **・ネットいじめ** ・携帯ゲーム機／チェーンメールへの対処 ・電子メールのルール／著作権の基本を知ろう！ ・写真と肖像権／個人情報を守る

表1 事例で学ぶNetモラル活用事例（平成26年度）

中学校では学校が直面している課題に関連したコンテンツが上位になっていて，小学校では，規範意識やマナーなどの教材が上位に入っており，まずはネットリテラシーを育てていきたいという流れです。また，情報モラル指導は家庭・保護者の協力がなければ成果が上がりにくいのですが，その啓発資料としての「広教ニューズレター」が効果的です。こうした資料を適時に活用することは，多忙を極める教員の負担を軽減し，うまくフォローしてくれます。

④ まとめ　～日常的に！　いつでも・どこでも・だれでもできる～

教育委員会として，各学校で日常的に継続的に情報モラル指導に取り組める環境作りが大切であり，良い教材を導入し，それを学校へ広め，有効に使ってもらう仕組み作り，保護者や家庭を引き込んで情報モラル指導の効果をより上げていく仕掛けを工夫し続けること。これは地味ですが，無理なく日常的に情報モラル指導に取り組んでいく近道であると感じています。

日常的に，いつでも，どこでも，だれもが取り組める情報モラル指導が，今求められているのです。

教員養成段階における情報モラル指導法

東京学芸大学　高橋純先生

1）教職課程における情報モラル教育の位置付け

中央教育審議会（2015）は「これからの学校教育を担う教員の資質能力の向上について」の答申において，教員の養成・採用・研修の接続を重視して，指導力のある教員を育むためには何をすべきかを示しました。「養成課程における指導に当たっては，情報モラルなどの情報活用能力についても育成すべきである」とし，教員養成段階において情報モラルを学ぶとしています。

さらに，文部科学省（2017）から，大学が教職課程を編成するに当たり，参考とする指針「教職課程コアカリキュラム」が示されました。今後，全ての教職課程を持つ大学が，本コアカリキュラムに対応したシラバスを作成し，実施する必要があります。情報モラルに関する指導法は，「教育の方法及び技術」における到達目標の一つである「子供たちの情報活用能力（情報モラルを含む）を育成するための指導法を理解している」を満たす中で，身につけることが期待されています。

以上から，情報モラルに関して教職課程で取り扱われる実際の授業のコマ数は，具体的に定められているわけではありませんが，「教育の方法及び技術」が全 15 コマの授業で行われ，この中で，コアカリキュラムに示されている全 6 件の到達目標を満たすと考えると，全体のバランスからみて 1 コマ程度と考えられます。これ以上は，他の科目で扱うなど，大学の裁量となると思われます。

したがって，かなり限られたコマ数の中で，情報モラルを育成するための指導法を効果的に扱っていく必要があります。

2）情報モラルを育成するための講義の開発

そこで，わずかな時間でも情報モラルに関する指導法を効果的に学ぶための講義を検討しました。その際には，情報モラルの指導用教材を活用した指導法を扱うことを前提としました。これは，情報モラルの指導内容にも授業の実施にも未熟な学生には，教科書も教材もない状態での指導は困難であると考えたからです。

講義は，中教審答申にもあるように，まずは情報モラルの最新事情を学び（Step 1），続いて，実際の情報モラル授業をビデオから学び（Step 2），ワークシート形式で簡易な学習指導案を作成し，グループで発表・共有を行い，全体で指導案の発表を行います（Step 3）（**図 1**）。

本講義について，実際に教員養成系大学の 2 年生を対象に実施しました。その結果，情報モラルに関する知識，指導法に関する知識，実際にできるかの自信のいずれの項目も，講義後に上昇しました．また，映像教材を活用する際に，まずは事実関係の振り返りを行うことや，実際の場面と結びつける点など，本講義で重視して取り扱った内容が自由記述でも見られ，概ね効果的な講義であると考えられました（佐藤ら 2016）。

〈第3章〉研修「教員研修」

Step1. 情報モラルの基礎知識を学ぶ

情報モラルに関する最新事情などを学ぶ
■主な学習内容
・児童生徒のスマホ等の活用，事件・事故等の現状
・情報モラル指導の必要性に関する基礎知識

Step2. 学校現場で行われている授業から学ぶ

Netモラル教材を活用した授業ビデオから学ぶ
■授業の主な流れ
1）教材視聴時の視点の確認
2）Netモラル教材の視聴
3）学習課題の把握
4）協働による課題解決
5）まとめと確認

Step3. 教材を活用した学習指導案を作成する

ワークシート上に学習指導案をまとめる
■ワークシートの項目
1）導入（意欲や関心を高める活動や発問）
2）展開I（Netモラル教材を視聴する）
3）展開II（実感をもって対策やルールを学んだり考えたりする活動）
4）まとめ（まとめ動画を視聴するなど）
指導案を作成後，グループで発表・共有を行い，全体で発表を行う

図1 情報モラルを育成するための講義

3）おわりに

　本講義は，講義に必要なものをひとまとめにした講義パッケージとしてまとめられています。パッケージには，
1）講義スライド（発話セリフ付き）（図2）
2）模範授業ビデオ
3）指導案作成用教材
4）指導案ワークシート
　が含まれます。
　パッケージは，http://www.hirokyou.co.jp/yousei/ で配布されているので，是非，多くの皆様に御活用いただきたいと思います。

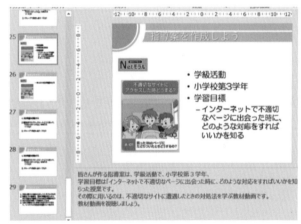

図2 講義スライドの例

【参考文献】
文部科学省（2017）教職課程認定申請の手引き.
中央教育審議会（2015）これからの学校教育を担う教員の資質能力の向上について
佐藤和紀・高橋純・吉野真理子・堀田龍也（2016）教員養成段階において情報モラルの指導法を学ぶ講義の検討，全日本教育工学研究協議会第42回全国大会，pp.304-305

情報モラル指導の年間計画の作成

　情報モラル指導の重要性が認識され，たくさんの教材や指導事例が提供されています。それらを生かして，日常的に，全ての学級で，全ての子供たちが情報モラルを学ぶ場を作っていくためには，どのような取り組みが必要でしょうか。

１）子供たちの状況を把握する

　情報モラルに関する子供たちの実態の調査において，そこに表れる子供たちの実態は，全て同じではなく，調査対象の傾向として捉えられます。同じ学校でも，学年が変わると，子供たちの生活経験や既習経験が異なりますので，毎年の見直しが必要です。アンケートや「ネットモラルけんてい」で把握すると良いでしょう。

Ａ小学校 の「ネットモラルけんてい」の結果より

２）子供たちに身につけさせておきたい内容を整理する

　成長とともに身につけておきたい情報安全やセキュリティの知識・情報モラルの考え方も情報モラル指導の年間計画を作成する上で大切にしたいことです。子供たちが出合うトラブルなどの事象への対応も大切な視点ですが，事象に対応する力を培っていく積み重ねが欠かせません。

　その一つの指針が，文部科学省で検討された，情報モラル指導モデルカリキュラムです。2領域5つの柱で分類され，成長とともに積み重ねていくモデルです。また，チェックリストも，国立教育政策研究所から提供されています。

　　情報モラル指導モデルカリキュラム
　　　http://www.mext.go.jp/a_menu/shotou/zyouhou/1296900.htm
　　情報モラル指導カリキュラムチェックリスト
　　　http://www.nier.go.jp/kaihatsu/jouhoumoral/

３）年間指導計画に位置付ける

　情報モラル指導の年間指導計画を全ての学校が独自に作成することは，大変な負担になります。教科に位置付けられることは明記し，卒業までには網羅できるように計画することが大事です。教育委員会単位で基本になる指導計画を作り，それを元にして，学校で加除や差し替えをしてはいかがでしょうか。

第4章

新学習指導要領と情報モラル

　小学校で 2020 年から中学校では 2021 年から，全面実施予定の新学習指導要領には，情報活用能力として，情報モラルや情報セキュリティが位置付けられています。

　また，特別の教科　道徳においても，情報モラル教育が重要となります。

　この章では，新学習指導要領に情報モラルや情報セキュリティがどのように取り上げられているのかを整理し，また，特別の教科　道徳では，どのように情報モラルを取り扱えば良いかを紹介します。

　道徳教育における情報モラル教育の考え方 ········ 182

　新小学校学習指導要領における情報モラル教育 ···· 184

道徳教育における情報モラル教育の考え方

中国学園大学　佐々木弘記先生

① はじめに

　文部科学省は 2015（平成 27）年 3 月に学習指導要領の一部を改正し，道徳を「特別の教科　道徳」としています。「道徳が教科化された」と言われていますが，厳密にいうと，週に 1 時間授業が行われていた「道徳の時間」が道徳科という一つの教科として位置付けられたということであり，道徳教育が道徳の授業を要として学校の教育活動全体で行われることは従来の方針を踏襲しています。特に注目されることは，「考える道徳」「議論する道徳」を標榜し，体験的な活動や問題解決的な学習を取り入れ指導方法を改革することが掲げられていることです。また，答えのない問題も取り上げることも求められています。したがって，情報モラル教育もこれらの道徳教育の改革の方針に沿って見直すことが必要になります。ここでは，体験的な活動や問題解決的な学習を道徳科の授業に取り入れる際の留意点について述べたいと思います。

② 道徳科の授業における留意点

1）道徳科で扱う情報教育の内容

　「学習指導要領解説　特別の教科　道徳編」には，次のように述べられています。

> 　情報モラルは情報社会で適正な活動を行うための基になる考え方と態度と捉えることができる。内容としては，情報社会の倫理，法の理解と遵守，安全への知恵，情報セキュリティ，公共的なネットワークがあるが，道徳科においては，第 2 に示す内容との関連を踏まえて，特に，情報社会の倫理，法の理解と遵守といった内容を中心に取り扱うことが考えられる。

　この記述から，道徳科で行う情報モラル教育としては，特に「情報社会の倫理，法の理解と遵守」の内容を中心として扱うことになります。

2）体験的な活動

　解説書には，情報モラルに関する指導の工夫として，コンピュータによる疑似体験を授業の一部に取り入れるなどの工夫が記されています。具体例として，「インターネット上の法やきまりを守れずに引き起こされた出来事などを題材として規則の尊重に関わる授業」が紹介されています。このような授業では，児童生徒に，人間には「法やきまり」を守れない弱い面があることに気付かせることは必要ですが，それが高じて，行き過ぎた指導になることは控えなければなりません。例えば，メールや電子掲示板などで，文字だけでのコミュニケーションでは，すれ違いが生じて，冷静さを失い，不適切な書き込みをしてしまうという弱い面があるということに気付かせたいとします。その際に，コンピュータ室内のネットワークに電子掲示板を設置し，児童生徒が自由に書き込む活動をする中に，教師が匿名の第三者として介入し，わざと不適切な書き込みをするように仕向けるような指導です。実際に，ある児童が悪口を書き込み，級友を傷付けてしまうという事象も発生しています。このように人をおとしいれるような指導は人権・同和教育の観点から許されるものではありません。児童生徒に人間の弱い面を気付かせるには，読み物教材などを使って，第三者的な立場から客観的に指摘させるような指導で十分であると考えます。

〈第4章〉新学習指導要領と情報モラル

3）問題解決的な学習

解説書には次のように述べられています。

> 学校生活を送る上では，例えば，相反する道徳的価値について，どちらか一方の選択を求められる場面も数多く存在する。その場合の多くは，答えは一つではなく正解は存在しない。こうした問題について，多面的・多角的に考察し，主体的に判断し，よりよく生きていくための資質・能力を養うためには，児童が道徳的価値を自分との関わりで考えることができるような問題解決的な学習を取り入れることが有効である。

葛藤を扱う教材には「モラルジレンマ」の読み物教材があります。モラルジレンマ教材を開発して，「議論する道徳」を実現しようとする向きもあります。モラルジレンマ教材は，環境，貧困，人権，平和，開発といった葛藤や対立のある現代的な課題，答えのない問題等について議論するには大変効果があると考えられます。ところが，情報モラルに関するモラルジレンマ教材の開発は慎重に行うべきだと考えます。なぜなら，対立する価値を設定して議論をすると，情報モラルで扱う「情報社会の倫理，法の理解と遵守」の内容がないがしろになるおそれがあるからです。例えば，やや古い教材ですが，小学校の読み物教材として，主人公がインターネットで知り合った友達から送られてきたメールを，差し迫った事情からできるだけ多くの人に転送するように頼まれ，チェーンメールになってしまうのではないかと思い悩むという話があります。メール友達の願いを叶えたいという「友情」と，ネチケットを守ろうとする「規則の尊重」の価値を対立させ議論するという教材です。友情の方が大切だから，ネット上のルールは無視してもよいという議論にもなりかねません。情報モラル教育では，「規則の遵守」が主な指導の内容となるので，この教材での価値の対立や葛藤は議論するには明らかに不適切であり，このような教材を開発して議論をする必要性は低いと考えます。価値の対立や葛藤については十分に吟味してから教材を開発することが大切です。

③ おわりに

体験的な活動や問題解決的な学習を道徳科の授業に取り入れる際の留意点について述べましたが，道徳科の授業に道徳的でない活動や教材を取り入れることは厳に慎まないといけません。情報モラル教育の黎明期には，奇をてらったような指導が注目を集めることもありましたが，時を経て，情報モラル教育を道徳科の授業に定着させる時期に来ていると思います。そのためにも，情報教育に詳しい教師や情報教育の専門家たちだけで情報モラルの指導法や教材を開発するのではなく，道徳教育に熱心な教師や道徳教育の専門家たちと協働し，切磋琢磨して優れた指導法や教材などを開発していく必要があると考えます。

新小学校学習指導要領における情報モラル教育

常葉大学　佐藤和紀先生

　新小学校学習指導要領における情報モラル教育の指導は，数多くの場面で実践が可能です。「情報モラル」という言葉のみに着目すれば，総則における教育課程の編成2教科等横断的な視点に立った資質・能力の育成では，「情報活用能力（情報モラルを含む）が学習の基盤となる資質・能力を育成していくことができるように，各教科等の特質を生かして，教科横断的な視点から教育課程の編成を図るものとする」とされています。また，特別の教科道徳においては，情報モラルに関する指導を充実させることが記述されています。単純にその言葉のみを拾えば，たった2箇所しか記述されていませんが，情報モラルに関連する語句をたどってみると，多くの場面で情報活用能力や情報モラルに関する記述がみられます。新小学校学習指導要領を表1の語句で検索し，総則と各教科等に分類を試みました。その結果が図1です。

情報，情報活用，情報の活用，情報活用能力，情報モラル，情報機器，情報通信ネットワーク，情報手段，情報を精査，データ，情報の収集，情報を収集，情報の提供，情報の扱い方，情報と情報との関係，必要な情報，防災情報，気象情報，情報化，情報技術，情報通信技術，

表1　新小学校学習指導要領における情報活用能力・情報モラルに関連する語句

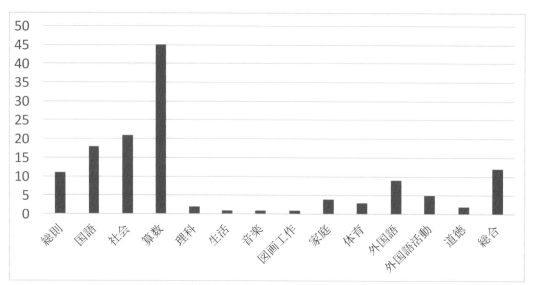

図1　新小学校学習指導要領における情報モラルに関連する語句の総則と教科ごとの分布

　最も多かった教科は算数の45件で，「Dデータの活用」という新領域が設定されたことによるものです。続いて社会科では21件，国語では18件，総合的な学習の時間では12件，総則では11件，外国語と外国語活動で併せて15件でした。関連する語句には，教師が授業で情報やICTをどのように提示したり，取り扱ったりするのかに関しても含まれていますが，教師の指導を一工夫することによって，情報モラルは多くの場面で実践することが可能であることを示唆しています。表2は新小学校学習指導要領で見られる記述と関連する「事例で学ぶNetモラル」の教材についてまとめました。

〈第4章〉新学習指導要領と情報モラル

表2 新小学校学習指導要領でみられる記述の例とNetモラル教材

教科等	具体的な記述や想定される実践	事例で学ぶ Net モラル 事例番号
国語科	(2) 話や文章に含まれている情報の扱い方に関する次の事項を身に付けることができるよう指導する。ア 共通，相違，事柄の順序など情報と情報との関係について理解すること。	A-24，A-26，B-06，B-17，B-25，C-21 など
社会科	(4) 我が国の産業と情報との関わりについて，学習の問題を追究・解決する活動を通して，次の事項を身に付けることができるよう指導する。 (イ) 大量の情報や情報通信技術の活用は，様々な産業を発展させ，国民生活を向上させていることを理解すること。	A-01，A-03，A-06，A-18，A-19，A-20，A-24，A-25，A-26 など
算数科	(ア) 目的に応じてデータを集めて分類整理し，データの特徴や傾向に着目し，問題を解決するために適切なグラフを選択して判断し，その結論について多面的に捉え考察すること。	A-06，A-26，B-04，B-19，C-20 など
理科	(イ) 天気の変化は，映像などの気象情報を用いて予想できること。 (4) 天気，川，土地などの指導に当たっては，災害に関する基礎的な理解が図られるようにすること。	A-06，B-04，B-18，B-23，C-01，C-16，C-23 など
生活科	学習活動を行うに当たっては，コンピュータなどの情報機器について，その特質を踏まえ，児童の発達の段階や特性及び生活科の特質などに応じて適切に活用するようにすること。	A-01，A-02，A-19，A-20，C-16，C-17，C-20 など
音楽科	ウ 児童が様々な感覚を働かせて音楽への理解を深めたり，主体的に学習に取り組んだりすることができるようにするため，コンピュータや教育機器を効果的に活用できるよう指導を工夫すること。	C-14，C-15，C-17，C-20 など
図画工作科	(10) コンピュータ，カメラなどの情報機器を利用することについては，表現や鑑賞の活動で使う用具の一つとして扱うとともに，必要性を十分に検討して利用すること。	B-04，B-18，B-24，B-25，C-01，C-13，C-14，C-15 など
家庭科	C 消費生活・環境 次の(1)及び(2)の項目について，課題をもって，持続可能な社会の構築に向けて身近な消費生活と環境を考え，工夫する活動を通して，次の事項を身に付けることができるよう指導する。イ 購入に必要な情報を活用し，身近な物の選び方，買い方を考え，工夫すること。	A 全般 B-19，B-27，C-14，C-18，C-21，C-22，C-23 など
体育科	(10) 保健の内容のうち運動，食事，休養及び睡眠については，食育の観点も踏まえつつ，健康的な生活習慣の形成に結び付くよう配慮するとともに，保健を除く第3学年以上の各領域及び学校給食に関する指導においても関連した指導を行うようにすること。	A-12，A-19，A-21，A-24，A-25 など
外国語活動外国語科	オ 児童が身に付けるべき資質・能力や児童の実態，教材の内容などに応じて，視聴覚教材やコンピュータ，情報通信ネットワーク，教育機器などを有効活用し，児童の興味・関心をより高め，指導の効率化や言語活動の更なる充実を図るようにすること。	A-17，A-23，B-04，B-17，C-15，C-18，C-20，C-23 など
特別の教科道徳	(6) 児童の発達の段階や特性等を考慮し，第2に示す内容との関連を踏まえつつ，情報モラルに関する指導を充実すること。	B 全般，C 全般
総合的な学習の時間	(3) 探究的な学習の過程においては，コンピュータや情報通信ネットワークなどを適切かつ効果的に活用して，情報を収集・整理・発信するなどの学習活動が行われるよう工夫すること。その際，コンピュータで文字を入力するなどの学習の基盤として必要となる情報手段の基本的な操作を習得し，情報や情報手段を主体的に選択し活用できるよう配慮すること。	探究的な学習の過程に応じて，必要な箇所で必要な教材を選択して実施

185

事例で学ぶNetモラル ラインナップ

事例アニメ教材

A 情報安全

A-01 小1〜4年
不適切な Web に遭遇したときの対処法
困った Web ページに
たどりついたときどうするの？
実践は **p.26**

A-20 小1〜4年
個人情報を守る
おしえちゃだめなの？
実践は **p.30**

A-21 小5〜6年, 中学校
携帯ゲーム機
ネットで知り合ったトモダチ
実践は **p.34**

A-22 小5〜6年, 中学校
スマホで課金
気が付かないうちにこんなに…!?
実践は **p.38**

A-23 小5〜6年, 中学校
トークアプリ依存
スマホなしでは生きていけない
実践は **p.42**

A-24 小5〜6年
ネット上で知り合った人との約束は危険
えっ！こんな人だったの！
実践は **p.46**

A-25 小5〜6年, 中学校
セキュリティソフト
ウイルスなんて
関係ないと思っていたのに…
実践は **p.50**

A-26 小3〜4年
情報の信憑性
インターネットには
間違った情報も存在する
実践は **p.54**

その他の事例

A-02 小5〜6年
なりすまし
私は、書いていない

A-03 小3〜4年
ID とパスワードの役割
ぼくの作品が変わってしまっている

A-05 小5〜6年
個人情報を奪う Web サイトを見抜く
甘いことばにご用心

A-06 小5〜6年
ケータイと私たちの生活
この差はなんなの？

A-08 中学校
フィッシングへの対処
なんでこうなるの？

A-12 小1〜4年
安全と健康への配慮
ゲームに熱中すると

A-17 小5〜6年
アプリのインストール
このアプリでいいよね？

A-18 小5〜6年, 中学校
個人情報の管理
アドレス帳はだれのもの？

A-19 小1〜4年
安全なネットの使い方
やくそくをまもっていれば…

B 責任ある情報発信

B-18 小5〜6年, 中学校
情報を発信するときの責任
確かめなかったせいで
実践は **p.58**

B-19 小5〜6年, 中学校
ネットショッピング
とどいたけれど…
実践は **p.62**

B-21 小5〜6年, 中学校
行き違い
そんな意味じゃないのに…
実践は **p.66**

B-22 小5〜6年, 中学校
グループトークでいじめ
そんなつもりじゃなかったのに…
実践は **p.70**

B-23 小5〜6年, 中学校
不適切な書き込み
冗談のつもりだったのに…
実践は **p.74**

B-24 小5〜6年, 中学校
写真の投稿
私の写真，誰が見ているの？
実践は **p.78**

B-25 小5〜6年, 中学校
SNS
気を付けていたはずなのに…
実践は **p.82**

B-26 小5〜6年
ネットいじめ
ネットいじめは絶対やめよう
実践は **p.86**

B-04 小5〜6年
情報を発信するときの責任
情報を発信するときの責任

B-06 小5〜6年, 中学校
チェーンメールへの対応
不幸のメールって，ほんとう？

B-17 小3〜6年
メールで伝えるとき
ことわったつもりなのに

B-20 小5〜6年, 中学校
ネット選挙
これって選挙運動!?

B-27 中学校
フリマアプリ
やらなければよかったのかな…？
開発中

C 健全な情報社会の形成

C-14 小3〜6年
著作物の利用
CD にこめられた思い
実践は **p.90**

C-16 小1〜2年
ルールやマナーを守る
みんなのやくそく
実践は **p.94**

C-18 小3〜4年
作った人の気持ち
クラスのマーク "ピーチくん"
実践は **p.98**

C-19 小3〜6年, 中学校
スマホ・ゲーム依存
やめられないスマホ・ゲーム
実践は **p.102**

C-20 小3〜6年
調べ学習と著作権
勝手に使っていいのかな
実践は **p.106**

C-21 小5〜6年, 中学校
架空請求や不当請求
あなたならどうする？
実践は **p.110**

C-22 中学校
ワンクリック詐欺
安易なタップで…
実践は **p.114**

C-23 小3〜6年
ネットワークの公共性
みんなのネットワークをよりよくしよう
実践は **p.118**

C-01 小3〜4年
写真と肖像権
一枚の写真

C-04 小5〜6年, 中学校
ネット依存症
私もネット依存症になっちゃうかも

C-11 小5〜6年, 中学校
ケータイのフィルタリング
あなたのケータイ，どう使いますか？

C-13 小5〜6年, 中学校
動画投稿
どうして投稿しちゃいけないの？

C-15 小5〜6年, 中学校
違法ダウンロード
タダでダウンロードできるの？

C-17 小1〜2年
作品を大切に
わたしのえをかえないで

解説アニメ教材

G-02　小5〜6年, 中学校 正しい情報収集	K-09　小3〜6年, 中学校 スマホのマナーとルール
情報収集の基本を知ろう！	よく考えて！スマホの使い方
実践は p.126	実践は p.122

その他の事例

G-01　小5〜6年, 中学校 著作権	K-01　小5〜6年, 中学校 チェーンメール	K-05　小5〜6年, 中学校 ネット依存・メール依存
著作権の基本を知ろう！	気をつけて！それもチェーンメール！	よく考えて！その使い方でだいじょうぶ？
G-03　小5〜6年, 中学校 情報発信の責任	K-02　小5〜6年, 中学校 プロフ	K-06　小5〜6年, 中学校 電子掲示板・ブログ
責任を持って情報を発信しよう！	気をつけて！個人情報がネット上に！	よく考えて！その書き込みは許される？
G-04　小5〜6年, 中学校 情報通信ネットワーク	K-03　小5〜6年, 中学校 迷惑メール・詐欺	K-07　小5〜6年, 中学校 著作権
インターネットの基本を知ろう！	気をつけて！甘い言葉は危険な罠	よく考えて！それは違法です！
	K-04　小5〜6年, 中学校 ミニブログ	K-08　小5〜6年, 中学校 ソーシャルゲームサイト
	気をつけて！安易な書きこみで炎上!?	よく考えて！ゲームコインは有料です！

道徳用読み物

EB-01　小3〜4年 クラスのマーク	ED-03　中学校 ゴール下のファウル
実践は p.130	実践は p.134

その他の読み物

EA-01　小1〜2年 おじいさんの絵	EC-01　小5〜6年 にぎりしめたこぶし	ED-01　中学校 思い違い
EA-02　小1〜2年 でんわばんごう	EC-02　小5〜6年 ひびけ！心のハーモニー	ED-02　中学校 授業参観日
EB-02　小3〜4年 なかよしまわり	EC-03　小5〜6年 父の手紙	ED-04　中学校 トオル
		ED-05　中学校 ネパクラ小学校

保護者用

P-01 ネットと上手につきあうために	P-02 安全に利用するために
P-03 知っておきたい！著作権のきまり	P-04 知っておきたい！身近なきまり

事例で学ぶe-セキュリティ ラインナップ

授業用 事例アニメ教材

SA-02 情報発信の責任
もしかして，私の書き込みのせい？

実践は p.142

SB-05 迷惑メールのしくみ
無料占いのはずだったのに…

実践は p.138

その他の事例

SA-01 アンケートと個人情報
アンケートに答えたら…

SC-01 個人情報の取り扱い
捨てられたプロフィール集

A-02 なりすまし
私は，書いていない

SA-03 ブログの個人情報
写真がアダルトサイトに掲載？

SC-02 ブログで起こるトラブル
ぼくのブログに非難集中!?

A-03 IDとパスワードの役割
ぼくの作品が変わってしまっている

SA-04 プロフ公開の危険
友だちがほしかっただけなのに…

SC-03 ワンクリック詐欺のわな
契約していないのに…

A-05 個人情報を奪うWebサイトを見抜く
甘いことばにご用心

SA-05 ソフトの押し売り？
ウイルスが発見されました！

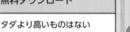

SC-04 無料ダウンロード
タダより高いものはない

A-08 フィッシングへの対処
なんでこうなるの？

SB-01 友だちの名前や住所
教えてあげてもいいの…？

SC-05 狙われた画像
あなたの画像が…

A-17 アプリのインストール
このアプリでいいよね？

SB-02 プライバシーの尊重
知られたくなかったのに

A-19 安全なネットの使い方
やくそくをまもっていれば…

SB-03 ブログとパスワード
たとえ知っていても

A-20 個人情報を守る
おしえちゃだめなの？

SB-04 Webページでウイルス感染
あまい誘いにご用心…

A-25 セキュリティソフト
ウイルスなんて関係ないと思っていたのに…

C-11 ケータイのフィルタリング
あなたのケータイ，どう使いますか？

188

教員研修用 事例アニメ教材

TC-02 USBメモリの紛失と盗難
気をつけなさいと言われていたのに…
実践は p.150

TC-09 裏紙の再利用
あれっ，このメモは？
実践は p.154

その他の事例

TA-01 不審なメール
ケータイに変なメールが

TB-01 アナログ情報の管理
机上の書類に要注意

TC-01 運用規程を守る
これぐらいなら大丈夫

TA-02 ケータイの紛失
なくしちゃったではすまされない

TB-02 IDとパスワードの管理
貼ってはダメと言っていたのに

TC-03 メールとファックスの誤送信
ちょっと待って！そのメール

TA-03 コンピュータウイルス
私のコンピュータが悪用されている？

TB-03 パスワードによるロック
盗み見られたテスト問題

TC-04 データのバックアップ
取り返しがつかないハメに

TA-04 パソコンの放置
のぞかれた成績データ

TB-04 ソフトウェアの管理
不正インストールの誘惑

TC-05 ファイル共有ソフト
どうして私から情報漏洩？

TA-05 スパイウェア
知らぬ間に残高ゼロ？

TB-05 ホームページ公開での注意
え？マニア系サイトに写真が…

TC-06 廃棄時のデータ消去
何もそこまでしなくても

TA-06 無線LANの不正アクセス
児童名簿が電波にのって…

TB-06 CDからのウイルス感染
インターネットしなくてもウイルスに…

TC-07 アップデートの重要性
ウイルス対策ソフトを入れていたのに

TA-07 同報メール
To・CCはアドレスが丸見え

TC-08 私物コンピュータの持ち込み
校内ネットワークにウイルスが…

情報セキュリティの基礎知識

情報セキュリティとは

セキュリティに関する事故への対応

情報セキュリティポリシーの運用

社会的背景

情報セキュリティポリシーの概要

情報セキュリティ セルフチェック

組織体制と校内研修

情報セキュリティポリシーの構成

問題解決のための「問い合わせ窓口」

あとがき

　2000 年 3 月に当時の文部省が「インターネット活用ガイドブック―モラル・セキュリティ編―」を作成してから，18 年が経ちました。学校教育にインターネットが取り入れられようとするのに先だって，一般家庭のインターネット普及率が 20％にも満たない（総務省「通信利用動向調査世帯編」）頃に，インターネットを活用するために，子供たちに身につけさせておきたいことがこのガイドブックでは整理されています。この中に書かれていたディレクトリ型検索（構造的に調べようとすることに絞り込む）は，2018 年 3 月には姿を消したり，今のコミュニケーションの中心はメールや掲示板からメッセージツールや SNS へと変わったり，携帯電話が一般化し今ではスマートフォンへとメディアが変わったりしてくる中で，ガイドブックに書かれている，「人間関係」，「セキュリティ」，「個人情報」，「誹謗中傷」，「なりすまし」といった内容は，今のネット社会の問題に通じることです。

　本書では，「事例で学ぶ Net モラル」の教材を使った指導を事例として取り上げ，日常的に，全ての学級で，全ての子供たちに情報モラルの指導が行われることを願ってまとめました。現代の課題であるとともに，将来にわたって生きていく子供たちに身につけておいてほしい知識や考え方の基本となる部分が，たくさん取り上げられています。

　情報モラル指導では，不易と流行があると言われますが，その両面の指導が必要です。特に義務教育では，全ての子供たちが学ぶ機会を提供できる場としての役割も大きなものです。学校だけではなく，地域や保護者とも連携して取り組んでいくために，学校が果たす役割についても触れました。

　新学習指導要領では，情報の扱いが重きを増しています。情報を活用するための知識や考え方の一つとして，情報モラルもますます重要になっていくでしょう。そして，これまでの実社会での人との関係と同じように，ネット社会でも人との関係が生じ，そこでは，情報や情報社会の特質を踏まえた上で考えていくことが求められています。子供たちに必要な資質・能力を育むためにも本書が皆様の参考となり，子供たちが情報やその扱いについて，情報モラルの側面から学ぶ機会を作っていく一助となることを願っています。

2018 年 1 月　編著者　西田光昭

だれもが実践できる　ネットモラル・セキュリティ
実践者・執筆者 (2018年1月現在・五十音順)

足立 賢治	島根県情報教育研究会・会長
新井 久美	神奈川県二宮町立山西小学校・総括教諭
池田 和幸	公益財団法人日本財団ソーシャルイノベーション本部海洋事業部海洋チーム
石堂 裕	兵庫県たつの市立新宮小学校・教諭
石原 一彦	岐阜聖徳学園大学教育学部・教授
遠藤 裕美子	東京都世田谷区立尾山台小学校・主任教諭
大久保 紀一朗	島根県江津市立津宮小学校・教諭
表 克昌	富山県氷見市立宮田小学校・教諭
梶本 佳照	新見公立短期大学幼児教育学科・教授
上水流 信秀	岐阜県本巣市立弾正小学校・教頭
神田 京子	富山県高岡市立成美小学校・教諭
木村 明憲	京都教育大学附属桃山小学校・京都教育大学大学院連合教職実践研究科
清久 利和	兵庫県たつの市教育委員会学校教育課・課長
金 隆子	Bellevue Children's Academy・Teacher
金 俊次	Bellevue Children's Academy・Teacher
佐々木 弘記	中国学園大学子ども学部子ども学科・教授
佐藤 和紀	常葉大学教育学部初等教育課程・専任講師
重政 昌子	岡山県笠岡市立中央小学校・教諭
島本 圭子	広島県広島市立藤の木小学校・校長
髙田 稔	広島県広島市立大町小学校・主幹教諭
髙橋 あゆみ	徳島県三好郡東みよし町教育委員会・学校ICT教育支援員
高橋 純	東京学芸大学教育学部・准教授
武野 結基	神奈川県川崎市立平小学校・教諭
田中 雅也	愛知県春日井市立高森台中学校・校長
月田 清乃	北海道札幌市立幌西小学校・教諭
土屋 亜矢子	東京都江東区立明治小学校・主幹教諭
常深 晃史	兵庫県神戸市立東灘小学校・教諭
土井 国春	徳島県東みよし町立足代小学校・教諭
長井 寛	フリーライター
中川 斉史	徳島県東みよし町立足代小学校・教頭
中山 均	富山県高岡市立伏木小学校・教頭
野上 真二	前広島県広島市教育センター・主任指導主事
野間 俊彦	東京都北区立赤羽台西小学校・校長
原 圭史	宮崎県北諸県郡三股町立三股西小学校・教諭
福山 創	神奈川県川崎市立平小学校・総括教諭
福山 里加	神奈川県川崎市立西有馬小学校・教諭
舟川 宗吾	富山県富山市立東部小学校・教諭
古内 祐介	北海道野付郡別海町立別海中央小学校・教諭
前川 健治	愛知県春日井市立藤山台小学校・校長
丸山 岳志	兵庫県たつの市立御津小学校・教諭
水谷 年孝	愛知県春日井市立出川小学校・校長
宮脇 康一	東京都荒川区立尾久第六小学校・主任教諭
山根 僚介	広島県福山市立日吉台小学校・教諭
横山 隆光	岐阜女子大学・教授
渡邉 光浩	宮崎県都城市立南小学校・教諭

【編著者】

堀田龍也（ほりた・たつや）

1964年生まれ。東京学芸大学教育学部卒，東京工業大学大学院社会理工学研究科修了。博士（工学）。東京都公立小学校教諭，富山大学教育学部助教授，静岡大学情報学部助教授，メディア教育開発センター准教授，玉川大学教職大学院教授，文部科学省参与（併任）等を経て，2014年より東北大学大学院情報科学研究科教授。

中央教育審議会初等中等教育分科会臨時委員，同教員養成部会臨時委員，情報ワーキング主査，文部科学省「デジタル教科書」の位置付けに関する検討会議座長，学校におけるICT環境整備の在り方に関する有識者会議座長等，教育の情報化に関する政策編成の委員を多数歴任。2011年文部科学大臣表彰（情報化促進部門・個人）。

著書に『学校で取り組む 情報社会の安全・安心』『事例で学ぶNetモラル』（以上，三省堂），『情報教育・情報モラル教育』（ミネルヴァ書房），『メディアとのつきあい方学習』（ジャストシステム）など多数。

西田光昭（にしだ・みつあき）

1957年生まれ。玉川大学卒，千葉県公立小学校教諭，千葉県柏市教育委員会指導主事，千葉県公立学校教頭，校長を勤め，2017年3月に定年退職。2017年4月より，柏市教育委員会　教育専門アドバイザー。

2020年代に向けた教育の情報化に関する懇談会委員，教育の情報化に関する手引き作成検討会委員，子どもの携帯電話等の利用に関する調査委員会委員，ICTを活用した教育の推進に資する実証事業企画委員会委員，ICTを活用した教育推進自治体応援事業企画委員会委員，ICT活用教育アドバイザー（以上，文部科学省），青少年のインターネット利用環境実態調査　企画分析会議委員」（内閣府）等を歴任し，これまでに，「情報モラル指導事例集」（文部省），「ネット社会の歩き方」（コンピュータ教育開発センター），「情報モラルネットワーク」（文部省），「情報モラル研修教材」（教員研修センター），「情報モラル指導者研修ハンドブック」（文部科学省）等の実践事例，「情報モラルキックオフガイド」（文部科学省）などの情報モラルコンテンツや，研修教材の作成に携わってきている。

2016年度 文部科学大臣表彰「視聴覚教育・情報教育功労者表彰」受賞，2017年3月 柏市教育委員会教育功労賞受賞。

著書に『必携！教師のための学校著作権マニュアル』（教育出版），『中学生のための「総合」アイデアBOOK: 情報』（ポプラ社）など。

だれもが実践できる　ネットモラル・セキュリティ

2018年1月30日　第1刷発行

編著者　堀田龍也　西田光昭
発行者　株式会社　三省堂　代表者　北口克彦
印刷者　三省堂印刷株式会社
発行所　株式会社　三省堂
　　　　〒101-8371　東京都千代田区神田三崎町二丁目22番14号
　　　　電話　編集（03）3230-9411　営業（03）3230-9412
　　　　http://www.sanseido.co.jp/
　　　　©T.Horita, M.Nishida 2018　Printed in Japan

落丁本・乱丁本はお取り替えいたします。　　　　　＜ネットモラルセキュリティ・192pp.＞
ISBN978-4-385-36266-3

本書を無断で複写複製することは、著作権法上の例外を除き、禁じられています。また、本書を請負業者等の第三者に依頼してスキャン等によってデジタル化することは、たとえ個人や家庭内での利用であっても一切認められておりません。